부의 삼각형

170만 원 월급쟁이에서 순자산 30억 투자가로 사는 비법

부의 삼각형

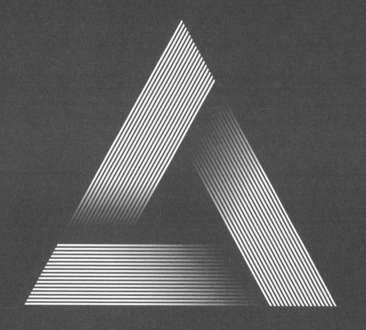

MONEY TRIANGLE

리치맘 그릿 **권은진** 지음

Booksgo

결국 부자가 될
당신에게

2021년 4월 나는 교사를 그만두었다. 일하지 않아도 될 정도의 경제적 자유를 얻은 덕분이다. 돌이켜 보면 내가 일해서 모은 돈은 5,000만 원이 전부다. 결혼 후 일한 기간은 3년뿐 나머지 7년은 휴직을 했다. 투자금도 월급도 적은 내가 어떻게 경제적 자유를 얻게 됐을까?

먼저 물건을 비웠다. 내가 머무르고 있는 공간이 깨끗해지는 만큼 시간과 여유 자금이 생겼다. 그 시간에 좋은 책을 많이 읽으면서 부자들의 사고방식과 습관을 배웠고, 내 인생에 하나씩 적용했다. 올바른 방향으로 투자를 공부하고 행동했다. 그러다 보니 '부'는 저절로 따라왔다.

삶에서 불필요한 것들은 비우고 꼭 필요한 것들로 나를 채우는 일상에서부터 모든 것이 시작되었다. 지금부터 내가 경험하고 성공했던 미니멀 라이프, 돈 공부, 투자에 대한 이야기를 하려고 한다.

내가 했던 것은 특별한 비법이 있거나 나만 할 수 있는 어려운 것들이 아니다. 누구나 할 수 있는 간단한 방법이다. 당신도 '선순환 라이프 스타일'에 대해 제대로 알고 꾸준히 행동한다면 풍요롭고 행복한 사람, 사회에 공헌하는 사람이 될 수 있다. 이 책을 읽는 순간부터 시작된 당신의 '미라클 라이프'를 응원한다.

누구나 부자가 될 수 있다

나는 2010년부터 지금까지 약 10년 동안 돈 공부와 투자를 해 왔다. 그 과정은 다음과 같다.

2010년 ~   자본주의 사회에서 현실 자각

2014년   내 집 마련

2016년 ~ 2017년   아파트 5채, 오피스텔 1채 매수

2018년 말 ~   국내 주식 투자

2020년 ~   미국 주식 투자

나름 좋은 성적을 거두며 학교에서 인정받고 살아 왔는데, 사회에 나와 보니 현실은 성적순이 아니었다. 나는 신혼집 전세금 5,000만 원을 전부 대출받아서 결혼 생활을 시작했다. 반면, 비슷한 시기에 결혼한 직장 동료는 부모의 도움으로 1억짜리 전세에서 살았고, 좋은 차도

받았다. 그때 결심했다. 내 인생의 판을 새로 짜야겠다.

나는 부모에게 도움을 받을 수도 없었고, 공무원이라 월급도 적었기에 투자 밖에는 답이 없다고 생각했다. 월급을 받아서 60% 이상 저축한다고 해도 서울에 내 집 마련은 힘들다는 계산이 나왔다. 그래서 나는 앞으로 투자를 통해 부자가 되겠다고 마음먹었다. 지금은 가진 것이 없지만 나의 끝은 완전히 달라질 거라고 생각했다. 나는 나에게 노동자가 아닌 '자본가'라는 새로운 직함을 부여했다. 가정에서, 학교에서 가르쳐 주지 않은 돈 공부를 시작한 것이다.

일단 신혼 2년간 부부가 힘을 합쳐 5,000만 원을 모았다. 동시에 부자들이 쓴 책을 많이 읽으면서 내 것으로 받아들였다. 독서를 하면서 '이건 이 사람이기에 가능한 거지. 나는 안 돼'라고 생각하는 사람들이 많다. 그럼 발전이 없다. '나도 이 사람처럼 될 수 있어'라는 희망을 가져야 한다. 책에 있는 내용을 한 번에 전부 따라 할 수는 없다. 그래도 최소 한 가지는 적용해서 나의 것으로 만들려고 노력했다.

그러다 2014년 드디어 서울에 내 집 마련을 했다. 사회에 나와서 받았던 첫 설움이 '집'이었기 때문에 내 집부터 갖고 싶었던 것 같다. 열심히 모은 5,000만 원으로 그 당시 우리에게는 굉장히 큰 금액이었던 2억 3,000만 원짜리 집을 샀다.

이 아파트 가격이 2년도 채 되지 않아 5,000만 원이 올랐다. 둘이 2년 동안 맞벌이해서 모은 돈이 5,000만 원이었는데, 나 대신 나의 자산이 일해서 돈 버는 것을 경험한 것이다. 이때 깨달았다.

'자산을 갖고 있다는 것은 이런 거구나. 자산은 내가 일하는 것보다 훨씬 많이 빠르게 돈을 버는구나.'

이 경험 덕분에 돈 그릇이 커졌고 적극적으로 부동산 투자를 하게 되었다. 그러다가 더 이상 부동산에 투자할 자본금이 없어서 다른 방법을 찾았는데, 바로 주식 투자였다. 국내 주식으로 시작해서 미국 주식까지 꾸준히 공부하면서 실행했고 성과를 얻었다.

돈 공부를 10여 년 하다 보니 점점 더 부자가 되겠다는 확신이 든다. 아무것도 가진 것이 없던 상태에서 우리의 힘으로 여기까지 달성했기에 그 경험과 노하우가 큰 자산으로 남아 있다. 물론 투자를 하면서 흔들리고 힘든 순간도 있지만, 성공해 본 경험이 있기에 이겨낼 수 있다.

풍요로운 부자가 된다는 것은 그리 어렵지 않다. 올바른 방향을 알고 행동하는 사람은 모두 부자가 될 수 있다. 부자들이 어떻게 자산 증식을 하고, 현금 흐름을 창출하는지 큰 그림을 볼 줄 알면 된다. 이 책이 경제적 자유라는 목적지까지 가는 지름길을 안내하는 지도가 되어 줄 것이다. 부자로 사는 인생, 이제 당신 차례다.

부의 삼각형 3단계

> 부동산 + 미국 주식 + 국내 주식 = 상위 1% 부자

내가 순조롭게 경제적 자유를 이룰 수 있었던 이유를 자청의 《역행자》를 읽으며 깨달았다. 나는 '인생 공략의 비밀'을 알고 있었던 것이다. 그가 말하는 인생 공략의 비밀은 다음과 같다.

"어떤 분야에서 상위 1%가 된다는 건, 타고난 재능에 노력이 합쳐

져야 가능한 일이다. 하지만 상위 20% 정도, B 정도의 실력은 누구나 노력만 하면 얻을 수 있다. B 정도의 무기를 몇 가지 수집하면 대체 불가능한 사람이 된다. 우리는 공부로 1%에 들 수 없다. 운동이나 예술로 1%가 될 수도 없다. 그곳은 천재들의 영역이다. 하지만 평범한 사람도 타이탄의 도구들을 모으면, 상위 20%의 실력 몇 가지를 합쳐서 1%를 이길 수 있는 괴물이 된다."

투자도 마찬가지다. 부동산이나 주식으로만 그 실력이 상위 1%가 되는 것은 어렵다. 그런데 만약, 두 가지 투자를 다 할 줄 알면 어떨까? 훨씬 쉬운 방법으로 부자가 될 수 있다. 부동산과 주식 투자에서 B 정도의 실력을 갖는 것은 누구나 가능하기 때문이다.

나의 부동산 투자 실력, 주식 투자 실력은 최고가 아니다. 하지만 나는 부동산, 미국 주식, 국내 주식 등 세 가지 이상의 '타이탄의 도구'를 갖고 있다. 미국 주식을 하기에 전 세계 거시 경제를 바라보는 능력이 있다. 부동산과 주식 투자를 다 할 줄 알기에 한쪽으로 쏠리지 않은 균형 잡힌 시각을 갖고 있다. 각 자산의 장단점을 알기에 장점만 쏙쏙 골라서 편하게 투자할 수 있다.

핵심은 자산 증식과 현금 흐름 창출이다. 그래야 하루라도 빨리 회사를 그만둘 수 있고 점점 더 부자로 살 수 있다. 두 마리 토끼를 다 잡을 수 있는 방법을 찾아야 한다. 나도 오랜 시간 은퇴 자금 20억과 내 월급 정도의 현금 흐름을 만들기 위해 고민했다. 그 결과 부동산, 미국 주식, 국내 주식으로 이루어진 '부의 삼각형 3단계'를 통해서 경제적 자유를 이뤘다. 이 책을 끝까지 읽고 나면 당신도 세 가지 부자 되는 무기를 가질 수 있다. '투자 별거 아니구나, 나도 할 수 있겠다'는 자신감이 생길 것이다. 다시 한 번 말하지만 내가 경제적 자유를 얻은 방법은 어렵지 않다.

당신도 할 수 있다. 처음부터 잘하는 사람은 없다. 하지만 꾸준히 실천하고 경험을 쌓으면 돈은 저절로 따라오게 되어 있다. 부동산, 미국 주식, 국내 주식에서 B 정도의 실력을 쌓자. 스스로에게 새로운 역할을 부여하자. 나는 지금 가진 것도 없고, 물려받을 유산도 없는 평범한 직장인이지만 10년 후에는 완전히 다른 인생을 살 수 있다고 원대하게 꿈꾸자. 부자로 사는 인생은 꿈꾸는 자의 것이다.

제1장에서는 더 이상 투자를 미루면 안 되는 이유에 대해 다양한 사례를 통해 설명했다. 투자를 시작해야겠다고 마음먹는 계기가 될 것이다. 제2장에서는 본능을 거슬러 부자가 되려면 어떻게 해야 하는지 비법들을 구체적으로 소개했다. 부자 로드맵을 설정하고, 세부 계획을 짜서 실행을 해야 성공을 할 수 있다. 제3장, 제4장, 제5장에서는 부의 삼각형인 부동산, 미국 주식, 국내 주식 실전 투자 방법에 대해 제시했다. 나만 할 수 있는 어렵고 까다로운 투자 방법이 아니다. 이 책을 읽는 누구라도 성공할 수 있는 방법들이다. 아무리 좋은 투자 방법도 따라 하지 못하면 소용이 없다. 마지막 제6장에서는 평생 부자로 사는 인생을 위해 내가 그동안 깨달은 것들을 담았다. 당신도 부자의 마인드, 흔들리지 않는 멘탈을 가질 수 있다. 현명한 투자자의 삶, 자본가의 삶을 살 수 있다.

책을 읽는다고 바로 결과가 나오는 것은 아니다. 하지만 로드맵이 있는 것과 없는 것은 어마어마한 차이가 있다. 이 책이 당신의 시행착오를 줄이고 시간을 아껴 줄 것이라고 확신한다. 부자로 향하는 지름

길을 안내해 줄 제대로 된 지도를 가지고 경제적 자유로의 여정을 시작하기를 바란다.

행운은 준비된 자에게 어느 날 갑자기 찾아온다

누군가는 '운이 좋았네'라고 말할 수도 있다. 2017년부터 부동산 값이 많이 올랐고 2020년에는 양적 완화로 인해 주식 시장이 좋았기 때문이다. 하지만 2013년 첫 아파트를 사려고 알아볼 때는 부동산 침체기였다. 우리나라 부동산은 곧 일본처럼 될 거라고, 점점 더 하락할 거라는 분위기가 우세하던 시절이다. 2018년부터는 미중무역전쟁으로, 2020년 3월에는 코로나19 경제 위기로 주식 시장이 매우 좋지 않았다.

신혼 초 종자돈을 모으면서 돈 공부, 부자 공부를 했다. 나는 부동산, 주식 투자 모두 다른 사람들이 관심을 갖기 전부터 시작했다. 공부를 바탕으로 행동을 한 덕에 위기를 이겨내고, 오히려 위기를 기회로 만들 수 있었다. 나도 공부하고 행동하고 결정하는 모든 순간이 두려웠다. 이렇게 한다고 정말 부자가 될까, 회사를 그만둘 수 있을까 막막하고 답답했다. 혼자 고군분투하며 시행착오를 많이 겪었다.

그 두려움과 막막함, 답답함을 잘 안다. 그래서 다른 분들은 투자를 할 때 나보다 덜 힘들고 덜 고생하면 좋겠다는 마음으로 책을 쓰게 되었다. 부자가 되는 방법, 경제적 자유를 이루는 방법은 이미 넘치게 많다. 그 방법을 당신이 적용할 수 있느냐가 문제다.

때로는 너무 많은 정보와 뉴스들 때문에 혼란스러워서 시작 자체를 하지 못한다. 나는 당신의 시간을 아껴 주고 싶다. '저 사람도 5,000

만 원으로 시작했는데, 나도 돈 공부로 30억을 만들 수 있겠다'는 희망
을 주고 싶다. 이 책을 읽고 나면 당장 시작해 보고 싶은 마음이 생길
것이다. 더 이상 고민만 하지 않도록, 행동할 수 있도록 단순하고 쉬운
길을 안내할 것이다. 기억하자. 미리 공부해 놓으면 기회가 왔을 때 잡
을 수 있다. 행운은 준비된 자의 것이다.

평생교육원 리치맘 라이프 아카데미 대표
리치맘 그릿 **권은진**

contents

▼

PART 01

더 이상 투자를
미루면 안 되는 이유

투자 없이는 직장 탈출도, 노후 준비도 어렵다

| 직장인의 삶은 구조적인 문제를 갖고 있다 |

살아가는 데 최소한의 돈은 꼭 필요하다. 일반적으로 돈을 버는 방식은 세 가지로, 직장 생활을 통한 노동 소득, 사업 소득, 돈이 돈을 버는 투자 소득이 있다. 대부분의 사람은 회사에서 일하고 받는 월급인 노동 소득으로 살아간다.

연봉 5,000만 원 직장인이 세금을 제하고 매월 받는 실수령액은 약 420만 원이다. 월급을 받아서 어디에 얼마나 지출을 하는지에 대한 글을 본 적이 있는데, 그 글을 토대로 작성해 보면 다음과 같다. 아마 직장인이라면 대부분 공감할 것이라고 생각한다.

〈표 1-1〉 4인 가족 / 외벌이 / 연봉 5,000만 원			
주택 담보 대출 원리금	80만 원	자동차 할부	40만 원
아파트 관리비	25만 원	주유비	20만 원
4인 가족 보험비	30만 원	자동차 유지비	10만 원
통신비	10만 원	여행 적금	20만 원
정수기	2만 원	경조사비	15만 원
첫째 유치원, 교육비	50만 원	아빠 용돈 (교통비, 점심 포함)	35만 원
둘째 어린이집, 기저귀	30만 원		
지출		총 367만 원	

월급 420만 원을 받아서 367만 원을 지출하고 나면 60만 원이 남는다. 여기에는 식비, 문화생활비, 의류·물품 구입비 등은 포함되지도 않았다. 그나마 맞벌이라면 사정이 조금 더 나을 수도 있지만, 엄청 큰 차이는 아닐 것이다. 의류비, 주유비, 경조사비, 자녀 보육·교육비가 더 들기 때문이다. 자녀가 커갈수록 식비, 교육비 등의 지출은 점점 더 많아지고 부모님의 노후 생활을 도와야 하는 일도 생긴다.

게다가 물가는 계속 오르고 있다. 통계청에서 발표한 우리나라 소비자 물가는 1986년부터 2020년까지 연평균 3.57%씩 증가했다. 이런 추세면 현재의 현금 가치는 25년 후 반토막이 된다.

우리는 모두 사회에서 정해 놓은 방식으로 열심히 살았다. 초, 중, 고등학교에서 열심히 공부해서 대학에 갔고 취업을 했다. 가정에서도 학교에서도 돈에 대해서 알려 주지 않고 돈에 대해 말하는 것을 불편해 했다. 그저 공부 열심히 해서 취업만 잘하면 모든 것이 해결될 것이라 생각했지만 현실은 전혀 그렇지 않다.

기업과 정부는 노동자에게 월급을 많이 주지 않는다. 딱 한 달 생활할 수 있을 정도의 월급만 주는데, 그 이유는 크게 두 가지다.

첫째, 꾸준한 노동력 확보를 위해서다. 한 달 생활비만 주어야 사람들은 다음 달에도 계속 일을 할 것이다. 둘째, 기업과 정부도 돈이 필요하기 때문이다. 고용주가 직원에게 주는 월급은 비용이다. 이 비용이 많아지면 기업의 이익이 줄어들기 때문에 월급을 풍족하게 줄 수 없다.

직장인의 삶은 이런 구조 속에 놓여 있다. 매일 자신에게 주어진 일을 하느라 다른 곳을 볼 여유가 없고, 그것이 전부인 줄 알고 살아간다. 누가 먼저 이 구조를 깨닫고 벗어나기 위해 노력하느냐에 따라 미래가 달라진다.

❙ 준비하지 않은 사람에게 긴 노후는 재앙이다 ❙

〈표 1-2〉 각 연령별 기대여명			(단위 : 년)
연령	기대여명(전체)	기대여명(남자)	기대여명(여자)
20	63.9	60.9	66.8
30	54.1	51.2	57.0
40	44.4	41.5	47.3
50	34.9	32.2	37.7
60	25.9	23.4	28.2

출처 2021.12.1 통계청 생명표

기대여명이란 사람이 앞으로 생존할 것으로 기대되는 평균 생존 연수다. 2021년에 20세인 여자는 평균적으로 66.8년을 더 산다는 것을 의미한다. 대략 우리나라 전체 평균 수명이 85세, 남자는 80세, 여자는 87세로 OECD 6위라고 한다. 여자가 남자보다 7~8년 더 오래 산다.

　　한국경제연구원이 2021년 발표한 자료를 보면 최근 10년간 우리나라 고령 인구 연평균 증가율은 4.4%로 OECD 평균보다 1.7배나 높다. 이런 추세라면 20년 후인 2041년에는 고령 인구가 33.4%로, 인구 셋 중 한 명은 노인이라는 이야기가 된다.

　　우리나라의 노인 빈곤율은 OECD 중 최고 수준이다. 2018년 기준 한국의 노인 빈곤율은 43.4%로 OECD 평균 14.8%와 비교해 세 배나 높다. 2021년을 기준으로 우리나라 노인들의 상대 빈곤율, 즉 우리나라 중위 소득을 100으로 봤을 때 소득이 50%도 되지 않는 노인 빈곤율이 43.4%라는 뜻이다. 또한 우리나라의 65세 이상 자살률은 46.6%로 OECD 평균 17.2%의 약 2.7배다. 65세 이상 노인 10만 명당 46.6명이 자살을 한다는 뜻이다.

　　우리나라 노인들은 어떤 이유로 자살을 선택하는 것일까? 한국보건사회연구원이 2018년 발표한 '노인 실태 조사'를 보면 자살을 생각하는 이유 중 1위는 바로 경제적 어려움이다.

　　자살을 생각해 본 적이 있는 65세 이상 노인 가운데 27.7%가 경제적 이유를 꼽았다. 이어 건강 문제 27.6%, 부부·자녀 등과의 갈등·단절이 18.6%, 외로움이 12.4%였다. 전부 합하면 86.3%인데, 나는 이 모든 것이 '돈 문제'와 연관되어 하나로 보인다. 인성이 뒷받침된다는 가정 하에 경제 상황이 풍족하고 여유롭다면 건강도, 부부 사이도, 자녀와의 관계도 대부분 좋을 확률이 높다. 취미 생활을 즐기는 것이 바빠서 외로울 틈도 없을 것이다.

65세까지 일을 한다면 그 후 기대여명인 약 85세까지 20년을 소득 없이 그동안 모아 놓은 돈으로 생활을 해야 한다. 한 달 생활비를 300만 원이라고 하면, 20년 동안 7억 2,000만 원이 필요하다. 평생 일하면서 아이들을 교육시키고, 집 대출금을 갚느라 대부분은 은퇴 자산이 없을 것이다.

65세까지 계속 일한다는 것도 힘들지만, 노후 준비가 전혀 되어 있지 않은 상황은 정말 끔찍하다. 현재의 선택과 행동이 당신의 노후를 결정한다.

나는 좀 더 나이가 들면 겨울에 2~3개월 동안 따뜻한 나라에 가서 지내고 싶다. 여행, 운동, 문화생활을 풍족하게 즐기고 내 주위 사람들에게 지금보다 더 넉넉하게 베풀고 싶다. 사회에 많은 공헌을 하고 자녀에게 든든한 버팀목이 되어 줄 것이다.

노후에 어떻게 살고 싶은지 꿈꾸고 준비를 시작하길 바란다. 풍요로운 노후는 물론이고, 생각보다 빨리 직장을 탈출할 수도 있다. '월급생활자의 차선'에서 벗어나 '부자의 차선'으로 옮겨 타길 바란다.

이것을 알면
당신도 부자가 될 수 있다

| 당신은 '부의 피라미드' 어디에 속하는가 |

우리 모두는 월급생활자, 자영업자, 투자자, 사업주 범주 중 하나
에 포함된다. 부의 피라미드 제일 아래가 월급생활자이고, 그 위로 자
영업자, 사업주, 투자자가 있다.

● **월급생활자**

회사를 다니면서 고용주로부터 월급을 받는 사람이다. 아무리 일을 잘 해도 고용주보다 수입이 많을 수 없고, 자신의 시간과 자유를 돈과 맞 바꿔야 한다.

● **자영업자**

자기 혼자 힘으로 작은 규모의 사업장을 운영하는 사람이다. 자기 병 원이나 법률사무소가 있는 의사, 변호사 등 전문직도 여기에 속한다. 이들도 자신의 시간과 자유를 돈과 맞바꾼다. 요즘 식당, 병원 등을 보 면 영업 시간이 굉장히 길고 휴가도 거의 없다.

● **사업주**

사업주를 사전에 검색해 보면 사업의 임자나 자본주라고 나온다. 사업 주는 자영업자가 갖지 못한 자동으로 돈 버는 시스템, 내가 없어도 저 절로 굴러가는 시스템을 가진 사람이다. 좋은 시스템 안에서 나 대신 일할 직원을 고용한다.

● **투자자**

돈으로 구매한 좋은 자산이 이들을 위해 24시간 일을 해 준다. 자신의 노동력과 시간을 돈과 교환하는 월급생활자, 자영업자와는 달리 투자 자는 부동산, 주식 등의 자산으로 돈을 번다. 미국 S&P 500에 투자해 놓으면 10년을 놀아도 자산이 3.7배가 되는 식이다.

당신은 이 네 가지 범주 중 어디에 속하는가. 대부분의 사람이 월급생활자거나 자영업자다. 처음에는 당연히 노동 소득이 필요하다. 하지만 그 돈을 모아 종자돈을 만들어 점차 사업주와 투자자 쪽으로 가야 한다.

월급생활자와 자영업자는 일반적으로 자신의 시간과 돈을 교환하는 셈이다. 하루 24시간은 누구에게나 공평하게 주어지지만, 그들은 많은 시간을 일하는 데 사용한다. 월급만으로는 매년 올라가는 물가 속에서 생활하기도 빠듯하다. 게다가 우리의 몸은 시간이 흐를수록 늙어가고 힘에 부치게 된다. 아무리 열심히 일해도 나아지는 것이 없는 것이다.

상황을 개선하고 싶다면 사업을 해서 소득을 높이거나 월급으로 좋은 자산을 사 모으는 투자를 해야 한다. 나도 부자가 되기로 결심했을 때, 사업과 투자 중에서 고민했다. 공부만 해왔기 때문에 사업을 시작할 자금, 정보, 경험이 없었다. 그래서 투자를 선택했다. 부동산과 주식 투자는 어떻게 하는 것인지 공부할 수 있는 책이 있었기 때문이다. 월급생활자에게는 사업보다 투자가 현실적으로 더 쉽다고 생각한다. 적은 돈으로 시작할 수 있고, 회사 생활과 병행할 수 있기 때문이다.

| 상위 1% 사람들은 어떻게 부를 축적했을까 |

프랑스 파리경제대학의 연구소는 지난 4년 동안 주요 통계 기관, 세무 당국, 대학, 국제기구와 협력해 데이터를 수집, 분석하여 〈세계불평등보고서 2022〉를 발표했다. 이 보고서에 따르면, 전 세계 성인의 평균 소득은 2021년 기준 약 2,223만 원, 이 중 상위 10%의 평균 소득은 약 1억 1,604만 원, 하위 50%의 평균 소득은 약 373만 원이다. 상위 10%의 사람이 전 세계 소득의 52%를 가졌고, 하위 50%의 사람은 전체의 8%를 가졌다.

소득 불평등보다 부의 불평등은 더 심각했다. 상위 10%가 전체 자산의 76%를 차지하며 하위 50%가 가진 비중은 2%뿐이다. 상위 10%가 하위 50%에 비해 소득은 31배, 자산은 38배가 많다는 것이다. 특히 코로나19 유행 기간에 자산 격차가 더욱 악화됐고, 지난해는 세계 억만장자의 재산 점유율이 역사상 가장 가파르게 증가한 시기로 꼽힌다고 한다.

〈표 1-3〉 2020년, 2021년 순자산 상위 커트라인
(단위 : 원)

구분		2020년	2021년	상승금액	상승률
순자산 상위가구 백분위	0.1%	73억 1,140만	76억 8,000만	3억 6,860만	5.0%
	0.5%	34억 3,480만	38억 7,800만	4억 4,320만	12.9%
	1%	26억 1,000만	29억 2,010만	3억 1,010만	11.9%
	5%	11억 5,100만	13억 3,510만	1억 8,410만	16.0%
	10%	7억 8,510만	9억 731만	1억 2,221만	15.6%

출처 2020년 2021년 가계금융복지조사(통계청), NH투자증권 100세시대연구소

우리나라의 2021년 기준 순자산 통계를 보자. 순자산이란 자산에서 부채를 뺀 것을 말한다. 상위 1% 가구의 순자산 커트라인은 29억 2,010만 원으로 2020년 대비 약 12%가 상승했다. 나이로 보면 50대 이상이 전체의 88.5%를 차지했다. 10가구 중 9가구는 자기 아파트에

살고 있고, 50평대 아파트가 많다고 한다.

　상위 1%의 사람들은 어떤 식으로 순자산을 늘리고 있을까. 29억이라는 돈을 노동 소득만으로 모을 수 있을지 계산해 보자. 〈2021년 국세통계연보〉를 보면, 2020년 근로소득세 연말정산을 신청한 노동자들의 1인당 평균 급여는 3,828만 원이라고 한다.

　여기에서 국민연금, 건강보험, 요양보험, 근로소득세, 지방소득세를 제하면 월 실수령액은 약 276만 원이다. 월급의 50%를 저금한다 해도 29억을 모으는 데 무려 175년이 걸린다. 월급을 모아서 부자가 된 것은 아니라는 것이 확실하다. 88.5%가 50대 이상이라고 하는 것을 보면, 젊을 때부터 자산을 모았고 복리의 힘으로 부자가 됐음을 알 수 있다.

　2021년 10월 기준으로 서울 아파트 평균 매매 가격은 약 12억으로 월급을 모아서 집을 사려면 72년이 걸린다. 반면 2011년에 5억 4,000만 원에 매수 후 10년 동안 실거주하면서 갖고만 있어도 집값이 2배로 뛰었다. 가구 소득에서 감당 가능한 수준의 대출을 받아 아파트를 매수했다면, 실거주 아파트에서 안락하게 살면서 저절로 돈을 버는 것이다.

　미국의 대표적인 주가 지수인 S&P 500과 나스닥 100은 같은 기간 3.7배, 6.5배가 됐다. 부동산이든 주식이든 이런 자산을 보유하지 않고서 소득과 저축만으로 부자가 되는 길은 정말 어려운 일이다. 그렇기에 부자들은 부동산과 주식을 소유하는 방식으로 부를 축적하고 자손에게 대물림한다.

| 부자들은 자산을 구입한다 |

대부분의 부자는 투자자나 사업주지 월급생활자가 아니다. 소득도 중요하지만 진짜 부를 만드는 것은 자산이다.

기획재정부 자료를 보면 소비자 물가는 0.38%에서 2.4%까지 매년 상승하고 있다. 물가가 상승하는 만큼 현금 가치는 지속적으로 떨어지는 것이다. 30년 전 짜장면 한 그릇의 가격은 966원이었다. 2022년 짜장면 가격을 7,000원이라고 하면, 30년 동안 짜장면 가격이 약 7배 상승했다. 그래서 속된 말로 '현금'을 '쓰레기'라고도 한다. 회사에서 시키는 대로 열심히 일하고 남는 돈으로 저축을 했을 뿐인데, 30년 후 내 현금의 가치는 몰락하고 마는 것이다.

각 정부에서도 현금 가치는 떨어지길 바란다. 나라에 빚이 많기 때문이다. 시간이 흐를수록 갚아야 할 빚의 돈 가치가 떨어져야 나라 재정에 좋지 않겠는가. 그래서 10년, 30년 장기 국채가 많은 것이다. 일단 긴 시간 돈을 빌려 놓고 최대한 늦게 현금 가치가 떨어진 후 빚을 상환하는 방식을 취한다.

안타깝지만 대부분의 사람들은 자산을 구입하지 않고 노동 소득으로만 살아가고 있다. 그래서 부자들이 자산을 쉽게 모을 수 있고, 그로 인해 점점 더 자산의 격차가 심해지는 것이다.

● 능동적 소득 active income
적극적인 활동을 통해 얻는 소득. 회사를 다니거나 사업을 하는 등 일해서 얻는 노동 소득을 말한다.

● 수동적 소득 passive income
시간을 들여 일하시 않아도 사동으로 들어오는 소득. 이사 소득, 배당 소득, 임대 소득, 투자 소득 등이 있다.

소득은 능동적 소득, 수동적 소득으로 나눌 수 있다. 우리는 대부분 능동적 소득에만 의지한다. 그런데 이 노동 소득만으로 부자가 될 수 있을까? 하루라도 빨리 회사를 그만두고 여유롭게 살 수 있을까? 죽을 때까지 쓸 생활비는 모을 수 있을까? 주말 이틀을 바라보며 닷새를 괴롭고 힘들게 사는 인생, 도대체 언제까지 해야 할까.

그래서 한 살이라도 어릴 때부터 힘들게 번 월급을 아껴쓰면서 여유 자금을 만들어 부자들처럼 자산을 사 모아야 한다. 돈이 돈을 버는 구조, 자동으로 돈 버는 시스템을 만들어야 한다. 한 번 만들어 놓은 이 시스템은 늙지도 않는다. 오히려 시간이 흐를수록 점점 더 위대해진다. 당신만을 위한 영원한 현금인출기가 되어 준다.

매일 주말 같은
삶을 꿈꾼다면 당장 시작하라

| 은퇴 자금 계산 공식 '4% 룰' |

경제적 자유를 얻고 풍요로운 삶을 살려면 구체적인 목표 설정이 필요하다. 막연하게 '그때 되면 어떻게 되겠지'라는 마음보다 구체적이고 기한을 정해 놓은 목표 금액이 있으면 달성할 확률이 높아진다. 당신이 꿈꾸는 인생을 상상하고, 그에 맞는 목표를 세워 보자.

노동을 통해 돈을 벌지 않고도 매일 주말처럼 편하게 살 수 있으려면 얼마가 필요할까? 트리니티 대학의 세 교수가 1998년 〈트리니티 연구〉에서 발표한 '4% 룰'에 대해 알아 두면 도움이 된다.

'4% 룰'이란 자신이 모아둔 은퇴 자금의 4%만을 사용하면 죽을 때까지 파산하지 않는다는 법칙이다. 4%인 이유는 은퇴 자금을 미국 주식 75%, 채권 25%의 비중으로 투자한다면 연간 7%의 수익을 얻을 수 있고, 물가 상승률을 3%로 가정하면 4%를 사용할 수 있기 때문이다.

> 은퇴 자금 × 4 ÷ 100 = 일 년 생활비
> 10억 원 × 4 ÷ 100 = 4,000만 원

예를 들어 10억을 은퇴 자금으로 모으고 퇴사한다면, 은퇴 후 일 년 수익금은 10억의 7%인 7,000만 원이다. 7,000만 원 중 물가 상승률 3%를 제외하고, 4%에 해당하는 4,000만 원을 원금 고갈 없이 매년 사용할 수 있는 것이다.

> 필요한 은퇴 자금
> = 일 년 생활비 × 100 ÷ 4 = 일 년 생활비 × 25

〈표 1-4〉 생활비에 따른 은퇴 자금

일 년 생활비	필요한 은퇴 자금
2,000만 원	5억 원
3,000만 원	7억 5,000만 원
4,000만 원	10억 원
5,000만 원	12억 5,000만 원

핵심은 일 년 생활비의 25배에 해당하는 은퇴 자금이 있으면 더 이상 일하지 않아도 된다는 것이다. 일 년에 2,000만 원만 지출한다면 5억 원이 필요하고, 3,000만 원을 지출한다면 7억 5,000만 원, 4,000만 원을 지출한다면 10억 원, 5,000만 원을 지출한다면 12억 5,000만 원이 필요하다는 결론이 나온다.

그런데 여기에서 한 가지 더 고려할 것이 있다. 바로 물가 상승이다. 현재 생각으로 은퇴 후 생활비 연 3,000만 원, 은퇴 시기는 20년 후라고 정했다면, 필요한 연 생활비는 3,000만 원이 아니라 5,400만 원이다. 20년 동안 물가가 연평균 3%씩 올라 현금 가치가 떨어지기 때문이다. 따라서 20년 후 은퇴를 위해 필요한 자금은 5,400만 원의 25배인 13억 5,000만 원이 된다.

또한 '4% 룰'을 이용해서 목표 은퇴 자금을 설정하려면 매년 7% 이상의 수익을 낼 수 있어야 한다. 생활비를 원금이 아닌 수익금에서만 인출해야 하기 때문이다. 그래서 은퇴 후 풍요롭게 살려면, 더 나아가 부자가 되려면 반드시 투자할 줄 알아야 한다.

| 영구 포트폴리오 |

유명한 자산 배분 전략 중 영구 포트폴리오Permanent Potfolio라는 것이 있다. 이 포트폴리오는 미국 주식, 미국 장기 채권, 금, 현금에 자산의 25%씩을 투자하고 일 년에 한 번 25% 비중을 다시 맞추는 전략의 포트폴리오다. 최근 50년간 이렇게 투자했을 경우 연평균 수익률이 약 8.5% 정도라고 한다. MDDMaximum Drawdown는 특정 기간 동안 투자자가 겪을 수 있는 가장 큰 손실 최대 낙폭을 의미하는데, 이 포트폴리오의 50년 최대 낙폭 MDD는 12.7%다.

〈표 1-5〉 영구 포트폴리오 구성				
투자 자산	미국 주식	미국 장기 채권	금	현금
비중(%)	25	25	25	25
미국 상장 ETF	SPY, VOO	TLT	GLD, IAU	달러

〈표 1-6〉 영구 포트폴리오 1970.1~2022.4 통계			
은퇴 자금(억 원)	50년 후 자산(억 원)	연평균 수익률(%)	MDD(%)
10	728	8.5	12.7

연평균 8.5%의 수익을 얻을 수 있다면, 현재 은퇴 자금 10억은 50년 후 72.8배인 728억이 된다. 아주 간단하고 쉬운 영구 포트폴리오만 운용할 줄 알아도 '4% 룰'을 따라 조기 은퇴 목표를 세울 수 있다. 여기에서 부동산, 미국 주식, 국내 주식 투자를 조금만 더 할 줄 알아도 훨씬 더 빨리 은퇴가 가능하다.

| 72 법칙으로 스노우볼 효과 계산해 보기 |

스노우볼 효과Snowball effect란 눈사람을 만들 때 주먹만 한 눈덩이를 계속해서 굴리고 뭉치다 보면 어느새 산더미처럼 커지는 현상을 말한다. 세계적인 투자자 워런 버핏이 주식 투자의 복리 효과를 설명하기 위해 사용하면서 유명해진 용어다.

처음에는 적었던 돈이 계속 이자가 붙다 보면 나중에는 큰돈이 되는 것을 눈덩이에 비유해서 말한 것이다. 같은 눈덩이라도 높은 산에서 굴리면 낮은 산에서 굴리는 것보다 오랫동안 구르기 때문에 더 큰 눈덩이가 된다. 주식 투자에 있어서도 원금이 커지려면 긴 시간이 필요하다.

투자하면서 스노우볼 효과를 계산해 볼 수 있는 아주 쉬운 법칙이 있다. 이것만 알아도 내 자산이 얼마나 불어날지 대략 계산이 가능하다.

72 법칙
72를 연간 수익률(이자율)로 나눠 나온 값이 원금의 2배가 되는 데 걸리는 시간과 같다.

> **72 ÷ 연간 수익률 = 원금이 두 배가 되는 데 걸리는 시간**

〈표 1-7〉 원금이 2배 되는 데 걸리는 시간

연간 수익률 (이자율)	원금이 2배 되는 데 걸리는 시간	원금이 4배 되는 데 걸리는 시간
2%	36년	72년
4%	18년	36년
8%	9년	18년
12%	6년	12년

예를 들어 1,000만 원을 연복리 2%로 투자하면 72÷2=36, 원금

1,000만 원이 36년 후에 2,000만 원이 된다는 것이다. 원금이 2배가 되기까지 4%로 투자하면 18년, 8%로 투자하면 9년, 12%로 투자하면 6년이 걸린다.

'72 법칙'을 통해서 우리가 주목해야 할 것은 초기 투자금이 클수록, 연간 수익률이 높을수록 자산이 빠르게 늘어난다는 것이다. 연간 12%의 수익만 낼 수 있어도 당신의 자산은 6년마다 2배가 된다.

그래서 투자를 빨리 시작해야 하고 수익률을 높여야 한다. 최대한 목돈을 만들고 잘 굴리는 것이 핵심이다. 은행 예금 2%는 물가 상승률보다 낮아서 수익이라고 볼 수가 없다.

〈표 1-8〉 투자 기간에 따른 자산 변화

	Ⓐ	Ⓑ	ⓒ
투자 시작 나이	28살 취업하면서 바로 투자 시작	28살 취업 후 욜로족으로 살다가 35살부터 투자 시작	욜로족
투자금 / 수익률	초기 투자금 1,000만 원, 매년 1,000만 원씩 투자, 연 8% 수익	초기 투자금 1,000만 원, 매년 1,000만 원씩 투자, 연 8% 수익	월급 받아서 여행, 명품, 사교육 등에 모두 소비
50세	6억	3억	0
55세	9억 5,000만	5억	0
60세	14억 6,000만	8억	0

고등학생 동창 Ⓐ, Ⓑ, ⓒ가 있다고 하자. Ⓐ는 28살에 취업하면서 첫해 1,000만 원을 모아 바로 투자를 시작하면서 매년 1,000만 원씩 더 투자했고, Ⓑ는 욜로족으로 살다가 35살부터 투자 시작, ⓒ는 국민

연금만 믿으며 월급을 모두 소비했다고 가정했다.

　연 8%로 꾸준히 투자하면 50살에 Ⓐ는 6억, Ⓑ는 3억, Ⓒ는 0원의 자산을 이룬다. 그리고 시간이 흐를수록 자산의 차이는 급격하게 더 벌어진다.

　결론은 매일매일 주말 같은 삶, 돈과 시간과 공간의 자유를 원한다면 투자를 당장 시작해야 한다는 것이다. 최대한 목돈을 늘리고 안정적으로 자산을 운용할 능력이 있다면, 스노우볼 효과에 의해 시간이 흐를수록 자산은 눈덩이처럼 불어날 것이다.

부자가 될
기회가 오고 있다

부동산이든 주식이든 좋은 자산은 기간을 길게 잡고 보면 모두 우상향한다. 하지만 매년 수익률이 일정하지는 않다. 어떤 자산이든 침체기, 횡보기가 있다. 세계적인 투자자 워런 버핏도 매년 수익을 낸 것이 아니다. 손해를 보는 해도 있었지만 지속적으로 꾸준히 투자에 참여한 결과 연평균 20%라는 수익률을 얻은 것이다. 지금 가진 부의 99%를 50세 이후에 벌었다고 한다.

사업으로 돈을 잘 버는 사람을 제외하고, 부자면서 투자를 하지 않는 사람은 없다. 일단, 투자 시장에 참여해야 한다. 투자를 하다 보면 수익을 얻는 해도 있고 잃는 해도 있다. 하지만 꾸준히 시장과 친하게 지내고 있으면 나의 자산을 비약적으로 증가시켜 줄 기회가 온다.

자산 시장의 급등과 급락, 과열과 침체는 모두 사람이 만들어 낸다. 처음에는 관심 없던 사람들이 부동산과 주식 가격이 계속 오르니까 뒤늦게 너도 나도 뛰어 들어 상승장이 펼쳐진다. 코로나19, 금리 인상, 인플레이션 등의 뉴스를 보면서 사람들이 공포심에 매도하기 시작하면 패닉셀이 이어지며 하락장이 펼쳐진다.

한 번 형성된 상승 추세, 하락 추세는 몇 년을 지속하다가 끝이 난다. 이렇게 자산의 사이클이 생긴다. 영원한 상승도, 영원한 하락도 없다. 끊임없이 상승과 하락, 횡보를 반복한다. 내가 투자하는 지금이 꼭 지인지는 아무도 알 수가 없다. 자산 가격이 꽤 상승했을 때 투자를 시작한다면 처음부터 마음을 단단히 먹고, 이제부터 어떤 하락장이나 횡보기가 와도 보유할 수 있는 자산을 선택해야 한다.

반대로 자산 사이클상 지금이 위기이자 침체기라면, 이때가 자산을 빨리 불릴 수 있는 기회라는 것을 알아야 한다. 이런 시기에 투자를 한다는 것이 말처럼 쉬운 일은 아니다. 그래서 일단 투자 공부와 직접 투자를 병행하면서 경험을 쌓고 있어야 한다. 자산 시장에 참여해 사이클을 주시해야 한다.

| 역사는 반복된다 |

부동산 시장은 침체기, 회복기, 상승기, 급등기, 쇠퇴기를 반복한다. 회복기의 특징은 정부가 경기 부양을 위해 미분양 주택에 대한 혜택, 분양권 전매 허용, 대출 규제 완화 등 친부동산 정책을 펼친다.

그러면 회복기에서 상승기로 가면서 시장이 과열되고 정부에서는 집값을 잡기 위해 부동산 규제 정책을 내놓지만, 일단 한 번 과열된 시장은 당분간 계속 상승한다. 규제를 하면 할수록 집값이 오른다는 것을 학습하면서 집값이 덜 오른 지역으로 확산되고 전국이 모두 오르게 된다. 그러다가 공급을 많이 늘리면서 다시 쇠퇴기로 접어드는 것이다.

서울 부동산을 보면 2008년~2009년 무렵 고점을 찍고, 2010년~2014년까지 하락이 이어졌다. 이때 우리나라도 일본처럼 될 것이라면서 TV 다큐와 뉴스 등에서 '하우스 푸어'라는 말을 많이 사용했다. 그러다가 2015년~2016년부터 서서히 상승하기 시작했다.

주식 시장은 부동산보다 선행해서 움직인다. 매수, 매도가 쉽기 때문이다. 몇 년에 한 번씩 경제 위기가 오면 더 크게 하락을 한다. 하지만 IMF 외환 위기 때 위기를 기회로 잡은 사람들이 오늘날 전설의 슈퍼개미가 되었다.

나는 최근 부동산, 주식 시장 상승 사이클을 제대로 이용해서 자산을 일궜다. 비결이 뭘까? 상승 사이클이 오기 전부터 공부하면서 경험을 쌓고 있었기 때문에 가능했다.

투자를 하면서 매년 큰 수익을 내는 것은 거의 불가능하다. 하락장도 겪고 침체기·횡보기도 겪고 그러다가 몇 년에 한 번씩 큰 상승장이 오면, 그때 자산이 크게 증가한다.

당신도 충분히 가능하다. 지금부터 투자에 대해 공부하고 경험을 쌓고 있으면, 어느 날 갑자기 찾아온 기회를 잡을 수 있는 안목과 결단력이 생긴다. 그 기회를 잡기까지 잘 버틸 수 있는 힘과 멘탈을 길러야 한다.

부자가 되는 방법은 책과 유튜브를 보면 무수히 많다. 그것을 내 것으로 만드느냐, 알고만 있느냐, 거기에 모든 것이 달려 있다.

가난과 부는
자녀에게 대물림된다

나도 교사였지만 학교에서는 인생에서 가장 중요한 '돈'에 대해 가르치지 않는다. 내 과목인 수학 시간에 조금씩 알려 주고 싶었지만, 정규 교육 과정이 아니었기에 고민만 하다가 가르쳐 주지 못했다.

그래서 아이들이 돈에 대해 배울 수 있는 곳은 가정뿐이다. 돈의 개념을 이해하는 가정에서 자란 아이들이 돈의 개념을 모르는 집안에서 자란 아이들보다 백만장자가 될 확률이 100배나 높다는 연구 결과도 있다.

하지만 교육부도 부모도 아이들의 경제 금융 교육에는 별 관심이 없다. 경제 금융 교육은 수능 시험이나 수행평가 등 대학 입시에 도움이 되지 않기 때문이다. 대학 입시를 위한 당장의 학교 교과 과정을 따라가기에만 급급하다 보니 금융에 대해 교육하고 대화할 시간도, 기회도 없다.

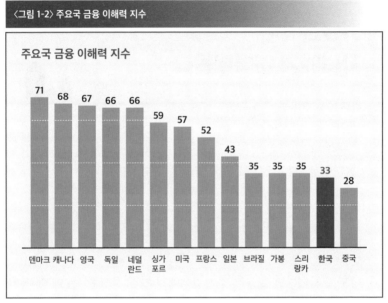

〈그림 1-2〉 주요국 금융 이해력 지수

주요국 금융 이해력 지수

덴마크 71 / 캐나다 68 / 영국 67 / 독일 66 / 네덜란드 66 / 싱가포르 59 / 미국 57 / 프랑스 52 / 일본 43 / 브라질 35 / 가봉 35 / 스리랑카 35 / 한국 33 / 중국 28

출처 S&P 글로벌 핀릿 서베이

미국 신용 평가 기관인 S&P Standard & Poor's가 2015년에 조사한 세계 각국의 금융 이해력 순위에서 한국은 33점으로 아프리카의 가봉 35점, 우간다 34점보다 낮았다. 우간다가 76위, 한국이 77위다. 우리나라의 67%는 금융 문맹이라는 의미다.

OECD가 각국 학생의 교육 수준을 평가하기 위해 치르는 PISA(국제 학업 성취도 평가)라는 시험이 있다. 이 시험에서 한국 학생들은 늘 최상위권이다. 특히 수학에서는 언제나 '1위~4위'를 차지한다. 한국 15세

학생들의 PISA 수학 점수는 최상위권인데, 성인의 67%가 금융 문맹이다.

"문맹은 생활을 불편하게 하지만 금융 문맹은 생존을 불가능하게 만든다."

미국 Fed(연방준비제도) 의장을 역임한 경제학자 앨런 그린스펀이 한 말이다. 부모가 금융 문맹이면서 자녀에게 제대로 된 경제 교육을 할 수 없다. 부모부터 바뀌어야 한다.

부모가 자본주의에 대해 먼저 공부해서 자녀에게 알려 줘야 한다. 고등학교를 졸업하고 80년 가까이 자본주의 속에서 살아야 하는 아이들에게 부자로 살 수 있도록 길을 제시해 줘야 한다.

사람의 일자리는 인공지능·로봇 등에 의해 점점 더 위협받고 있다. 더 이상 공부만을 강요해서는 안 된다. 명문대학을 나온다고 쉽게 취직되는 세상은 지나갔다. 회사는 점점 더 사람을 적게 뽑으려 할 것이다. 회사 입장에서 직원에게 주는 월급은 비용이고 지출이다. 이 지출을 줄여야 기업의 이익이 더 커진다.

4차 산업혁명이 사람의 일자리 감소 속도를 점점 더 빠르게 만들고 있다. 회사에 취직해 열심히 일해서 노동 소득을 받는 사람이 아닌, 그런 좋은 회사에 투자하는 자본가를 만들어야 한다. 절약을 통해 1,000만 원을 모을 줄 아는 사람, 매달 10만 원이라도 꾸준히 투자할 줄 아는 사람으로 키워야 한다.

'72 법칙'에서 알 수 있듯이 자산이 성장하는 데는 처음 투자금과 시간이 필요하다. 부모가 먼저 솔선수범해서 현명한 소비와 투자 생활을 보여 줘야 한다. 거기에 내 자녀의 미래의 부가 결정된다.

<표 1-9> 10년 기준, 증여 공제 금액

	자녀(미성년자)	자녀(성인)	손자녀
증여 공제 금액(원)	2,000만	5,000만	5,000만

만약 자녀 출생 직후부터 증여를 시작한다면, 태어났을 때 2,000만 원, 11세에 2,000만 원, 21세에 5,000만 원, 31세에 5,000만 원씩 세금 없이 증여가 가능하다. 만 30세까지 최대 1억 4,000만 원을 합법적으로 자녀에게 물려줄 수 있는 것이다.

1991년 삼성전자는 626원, 30년 후인 2021년 12월 7만 9,400원(액면 분할을 고려하여 환산한 금액)으로 무려 126배 상승했다. 앞으로도 이렇게 성장한다고 가정하면, 지금 증여한 2,000만 원은 30년 후에는 25억 2,000만 원이 된다.

우리나라 자녀 1명당 사교육비를 한 달에 약 50만 원 쓴다고 한다. 나는 주식 투자를 시작하면서 사교육비를 많이 줄였다. 그것으로 주식을 사 주는 것이 훨씬 좋다고 생각했기 때문이다. 그래서 큰아이와 작은아이가 초등학교 2학년, 7세 때 각각 2,000만 원씩 증여해서 미국 주식을 사 두었다. 이 자산은 아이들이 성인이 되었을 때 아주 크고 풍성한 나무가 될 것이다. 자신의 꿈을 펼치며 하고 싶은 일을 하면서 살 수 있는 든든한 자산이 될 거라고 생각한다.

고등학생 전교 석차 상위 4%가 내신 1등급이다. 내신 1등급을 받아야 서울에 있는 좋은 대학에 입학할 수 있다. 그 좁은 길로 아이들을 어릴 때부터 몰아넣으며, 부모도 힘들고 아이들도 힘든 그런 생활을 하지 않길 바란다. 저축하고 투자하는 습관, 그것만 있으면 누구나 풍요롭게 부자로 살 수 있다. 상위 4%에 들기 위해 남과 경쟁할 필요 없다. 일찍 시작하고 꾸준히 하는 사람은 모두가 갈 수 있는 곳이 부자의 길이다.

| 자녀에게 부자 습관을 물려줘야 한다 |

우리가 매일 무의식적으로 하는 생각, 행동, 결정 방식 등은 모두 습관에서 온다. '세 살 버릇 여든까지 간다'는 속담이 있다. 어릴 때 몸에 밴 버릇은 나이가 들어도 쉽게 고칠 수 없다는 의미다. 그만큼 자녀가 어릴 때부터 좋은 습관이 생기도록 가르쳐야 한다.

좋은 습관이란 성공한 사람의 습관, 부자들의 습관이다. 부모가 가난한 자의 습관을 갖고 있다면 아이들도 그것을 그대로 배운다. 부모는 자녀에게 가장 중요한 롤모델이자 멘토다. 그래서 부모가 먼저 부자 습관을 가지면, 자녀 역시 부자 습관을 자연스럽게 습득하고 성공하여 풍요로운 인생을 살 가능성이 높아진다.

"아이들은 어른들의 말을 새겨듣는 법이 없지만 어른들의 행동을 모방하는 데는 선수다."

작가이자 사회운동가인 제임스 볼드윈이 한 말이다.

자녀들이 다음과 같은 습관을 가질 수 있도록 부모가 도와줘야 한다. 단언컨대, 공부 잘하는 것보다 훨씬 중요한 것들이다.

❶ 용돈의 30% 이상 저축 및 투자하기

일단 아이가 사용할 체크카드를 발급받자. 부모 명의의 체크카드를 줘도 되고, 요즘에는 아이 전용 체크카드를 발급받을 수도 있다. 용돈을 이 체크카드에 넣어 주어야 한다. 그래야 부모와 자녀가 돈의 흐름을 함께 파악하기 좋다. 용돈을 받으면 반드시 먼저 저축과 투자를 하게 해야 한다. 저축과 투자의 즐거움을 어릴 때부터 직접 체험해 보는 것이 중요하다.

첫째 아이의 연금저축 계좌를 운영하고 있는데, 2023년 말부터 아이 용돈과 우리가 증여한 돈의 일부로 적립식 매수를 진행 중이다. 이투자를 통해 아이는 ETF, 미국 S&P 500, 채권, 평가손익, 수익률, 평가금액, 매입금액, 현재가, 평균단가의 뜻을 알게 되었다. 돈이 자신을 위해 계속 일하고 있다는 것을 안다.

❷ 우선순위 정해서 소비하기

정해진 예산 안에서 생활해야 하므로 모든 분야에 골고루 많이 소비할 수 없다. 가장 중요한 것부터 우선순위를 정하고 돈이 부족하면 쓰지 않아야 한다는 것을 가르치자.

❸ 원하는 것과 필요한 것 구분하기

사람들이 무심코 소비하는 항목을 보면 필요하지 않은 것들이 많다. 단지 원하는 것, 갖고 싶은 것이다. 특히 모방 소비를 조심해야 한다. 다른 사람이 가지고 있어서 그냥 따라서 사고, 다른 사람이 놀러 갔으니까 나도 가야 할 것 같은 마음이 모방 소비다. 정말 필요해서 소비하는지 점검해야 한다. 지금은 꼭 필요하다는 생각이 들고 사고 싶은 마음이 간절해도 며칠 지나면 금방 잊어버린다. 현재 갖고 싶은 것을 많이 살수록 가난하게 살 확률이 높다는 것을 알려 주자.

❹ 돈이 돈을 벌 수 있음을 알려 주기

소득에는 노동 소득, 투자 소득, 사업 소득이 있다는 것을 알려 줘야 한다. 노동 소득도 중요하지만, 점차 투자 소득과 사업 소득을 키워야 한다. 좋은 자산을 하루라도 빨리 많이 모아야 편하고 부유한 인생을 살 수 있음을 가르쳐라.

❺ 행동하는 사람에게 운이 따른다

꿈을 생각만 하면 자면서 꿈꾸는 것과 다르지 않다. 꿈을 현실로 만들려면 구체적인 목표를 갖고 매일 행동해야 한다. 실패를 많이 해봐야 한다. 그러다 보면 어느 날 갑자기 운이 따라온다. 그것을 부모가 먼저 경험하고, 아이들에게 알려 줘야 한다.

우리나라의 모든 아이들이 올바른 라이프 스타일과 투자관을 갖고, 선한 부자가 되길 꿈꾼다. 자본가가 되어 풍성한 부를 누리고, 돈을 세상에 흘려보내는 기버giver가 되는 상상을 해 본다.

더 이상 투자를 미루면 안 되는 이유

| 요약 정리 |

✔ 지금 당장 자본가의 삶을 시작하라

월급쟁이가 돈을 저축해서 부자가 되는 일은 없다. 기업과 정부가 대부분의 이익을 가져가고, 월급쟁이에게는 딱 한 달 생활할 정도의 월급만 주기 때문이다. 그마저도 인플레이션 때문에 당신이 저축한 현금의 가치는 점점 떨어진다.

자본주의 사회에서는 생산 수단을 가져야 편하게 살 수 있고 부자가 된다. 과거의 생산 수단은 땅이었다. 땅이 있는 사람은 직접 농사를 하지 않고 소작농을 고용했다. 그리고 그들이 수확한 작물의 대부분을 가져갔다. 현대의 생산 수단 중에는 부동산과 주식이 있다. 따라서 이런 자산을 사서 모아야 한다. 당신이 일해서 힘들게 번 돈을 발판 삼아 생산 수단을 가진 자, 자본가의 삶을 시작하자.

✔ 자본주의 사회에서 투자는 선택이 아닌 필수다

100세 시대 당신의 노후를 위해서, 사랑하는 자녀와 가족을 위해서 돈 공부를 해야 한다. 돈이 전부는 아니지만 돈이 있으면 많은 것이 해결된다. 투자자의 삶을 시작하고, 자동으로 돈 버는 시스템을 구축하라. 그 시스템은 당신에게 경제적 자유와 시간의 자유를 줄 것이며, 당신의 자녀도 영앤리치로 만들어 줄 것이다.

✔ '4% 룰'로 필요한 은퇴 자금을 계산하라

머리로 막연하게 생각하는 것보다 구체적으로 계산해서 목표를 세우면 명확해진다. 달성할 확률이 높아진다. 이제부터 당신의 은퇴 목표 자금은 일 년 생활비의 25배다. 소비를 줄여서 그 돈으로 투자를 시작하라. 오랫동안 지속적으로 반복하라. 인생을 설계해서 주도적으로 사는 모습을 자녀에게 보여 줘야 한다. 부모의 사고방식과 습관, 라이프 스타일은 자녀에게 고스란히 영향을 미친다.

PART 02

당신을 부자로
만들어 줄 비법

평범한 사람이 부자 되는
가장 단순한 방법, 부의 삼각형

나는 누구나 마음만 먹으면 순자산 20억을 만들 수 있다고 생각한다. 순자산 20억에서 주거용 자금으로 5억을 사용한다면 15억이 남는다. 15억을 보수적으로 연 수익률 8%, 물가 상승률 3%를 반영해서 계산하면 일 년 후부터 매월 819만 원을 사용할 수 있다.

1장에서 다룬 '영구 포트폴리오'의 연 수익률은 8.5%였다. 20억이 있으면 이런 '투자 시나리오'를 통해 조기 은퇴가 가능하다. 물론 주거 비용과 연 수익률에 따라 사용할 수 있는 생활비는 달라진다.

지금부터 평범한 사람이 20억을 만들 수 있는 가장 단순한 방법인 '부의 삼각형'을 소개하겠다.

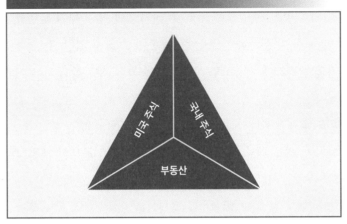

〈그림 2-1〉 부의 삼각형

미국 주식

국내 주식

부동산

보통 부동산 투자를 하는 사람은 부동산 투자만, 주식 투자를 하는 사람은 주식만 하는 경향이 있다. 또한 주식 투자할 때도 미국 주식, 국내 주식 한 분야만 하는 경우가 많다.

나는 부동산, 미국 주식, 국내 주식을 조금씩 다 다룰 줄 알아야 한다고 생각한다. 그것이 평범한 사람이 부자 되는 현실적인 방법이다. 각 자산의 장점을 알고 활용할 줄 알면 단순하지만 강력한 '부의 무기'를 가질 수 있다.

"주식에 투자하기 전에 집 사는 것을 고려해야 한다. 왜냐하면 집이란 결국 모든 사람들이 가지고자 하는 좋은 투자기 때문이다. 집값이 떨어지는 예외적인 경우도 있지만 99%의 경우에는 집값이 오른다."

주식 투자의 대가인 피터 린치의 말이다.

집은 누구나 갖고 싶어 하는 필수재고, 한 번 사면 웬만해서는 매도하지 않기에 저절로 장기 투자가 가능하다. 집값이 많이 떨어져도 너무 무리한 대출만 아니면 하락기를 버틸 수 있다. 내가 실거주하면서 주거의 안정감, 편안함을 누릴 수 있기 때문이다. 투자 사이클을 보면서 한두 채 더 투자하면 금방 큰 목돈을 모을 수 있다. 갭 투자와 레버리지를 현명하게 이용하면 누구나 가능하다. 부동산 투자는 이런 장점이 있다.

미국 주식은 ETF 투자를 추천한다. 부동산과 미국 ETF만으로도 충분하지만 조금 더 높은 수익률을 원한다면, 한국 주식 개별 종목에 투자하면 된다. 시대의 흐름을 읽을 줄 알고 기업을 분석할 능력, 잘 기다릴 수 있는 멘탈을 갖춘다면 좋은 성과를 낼 수 있다. 미국 주식 개별 종목에 투자해도 되지만 분산 투자 효과를 얻기 위해 국내 주식에 투자한다.

〈그림 2-2〉 MSCI 선진국 주가지수 대비 개발도상국 주가지수(1988년~2022년)

출처 longtermtrends

1990년대와 2010년대에는 미국 주식이 국내 주식보다 수익이 높았다. 하지만 1980년대, 2000년대에는 국내 주식이 미국 주식보다 수익이 높았다. 위 그래프에서 개발도상국 주가지수가 선진국 주가지수보다 높은 시기가 있는데, 그 흐름과 비슷하다. 한국이 개발도상국이기 때문이다. 미국 주식이 장기적으로 우상향하겠지만, 개도국이 특히 좋을 때도 있기에 병행해서 투자하면 좋다.

노력도 중요하지만 올바른 방향이 훨씬 중요하다. 부동산, 미국 주식, 국내 주식 한 분야에서 엄청나게 성공하는 사람들도 있다. 하지만 그런 사람은 지극히 일부고 타고난 감각과 재능, 통찰력, 관점이 탁월하다는 것을 알아야 한다.

투자할 때는 성공할 확률을 높이도록 선택해야 한다. 투자로 성공한 사람들의 책을 읽어 보면 투자 방법이 사람마다 다 다르다. 그 사람이 그 방법으로 성공했다고 해서 내가 성공할 수 있는 것이 아니다. 투자 성향과 생각, 마인드, 능력이 달라서 똑같은 기법을 적용해도 다른 결과가 나올 수밖에 없다.

나는 누구나 성공할 수 있는 이론을 만들어 제시하고 싶었다. 결심만 하면, 조금만 노력하면, 누구나 20억 만들 수 있다는 희망을 주고 싶다. 희망에서 끝나지 않고 실제로 가능하다. 앞으로 하나씩 다룰 '부의 삼각형 프로세스'를 당신의 삶에 적용하기를 바란다.

〈표 2-1〉 공격적 투자와 보수적 투자

공격적 투자	보수적 투자
자본 수익	인컴 수익
투자 자산의 가격 상승으로 인한 수익	보유 자산 매도 없이 얻는 수익
부동산 매도, 주식 매도 시세 차익	월세, 배당 등 안전한 현금 흐름 확보
부동산 갭 투자, 성장주 투자	오피스텔, 상가, 배당주, 리츠주, 자산 배분 투자

공격적 투자와 보수적 투자를 병행할 줄 알아야 리스크 관리가 되면서 수익률도 높일 수 있다. 부동산과 미국 ETF는 서로 보완하면서 지속적으로 자산을 증가시킬 수 있는 훌륭한 투자 파트너다. 여기에 국내 주식 투자까지 할 수 있다면 금상첨화다. 자세한 내용은 3, 4, 5장에서 다루겠다.

| 풍요로운 삶을 위한 부자 로드맵 |

아무것도 하지 않으면서 부자가 될 수는 없다. 지금 당장 당신에게 돈이 없어도 구체적인 부자 로드맵을 그려야 한다. 어떻게 하면 부자가 될 수 있을지 미리 공부하면서 큰 그림을 알아 두자.

요즘 사람들은 100억 부자가 되고 싶다고 쉽게 말한다. 하지만 어떻게 100억을 만들 것인지 구체적인 방법과 실천하기 위한 노력이 없다. 처음에는 현실적인 목표 20억을 정해 놓고 이룰 수 있는 방법을 찾자. 달성하기 위한 방법을 알아야 기회가 왔을 때 놓치지 않고 잡을 수 있다.

부동산 침체기에서 호황기로 넘어가는 순간을 포착해서 목돈을 만들려면 평소에 부동산 공부를 해 놔야 한다. 투자금을 만들기 위한 지출 관리와 절제 능력은 필수다. 그러면서 전 세계 부자들이 관심을 갖고 있는 미국 주식으로 안전하게 자산을 운용할 수 있는 능력을 키워야 한다.

소액이라도 반드시 직접 투자를 해 보면서 주식 시장의 특성인 잦은 변동성을 경험해야 한다. 소액을 가지고 투자를 해 봐야 나중에 큰돈도 투자할 수 있고, 안정적으로 꾸준한 수익을 얻을 수 있다.

투자금이 10억이 되면 연 10% 수익만 얻어도 1억이다. 투자 공부와 경험은 하루라도 빨리, 돈이 없어도 당장 시작해야 한다. 그럼 당신이 상상한 모든 것들이 현실이 되는 순간이 갑자기 찾아온다.

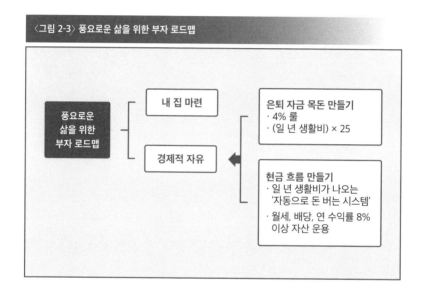

〈그림 2-3〉 풍요로운 삶을 위한 부자 로드맵

나는 처음 돈 공부를 시작할 때, 엄청 큰 부자가 되겠다는 것보다 내 집 마련과 경제적 자유가 목표였다. 제일 처음은 내가 편안하게 살 집을 사고 싶었고, 그 다음은 목돈과 현금 흐름을 만들어 회사를 그만두고 싶었다. 대부분의 사람들도 나처럼 이 두 가지를 꿈꿀 것이다.

저축으로만 10억을 다 모아서 아파트를 살 수 있을까? 저축으로 10억~20억 조기 은퇴 자금을 모을 수 있을까? 불가능하다. 그래서 당장 돈 공부를 시작해야 한다.

일단 지출을 줄여서 종자돈 5,000만~1억 원을 만들어야 한다. 내 집 마련을 하고, 부동산·미국 주식·국내 주식 투자로 경제적 자유를 위한 목돈과 현금 흐름을 준비해야 한다.

이 세 가지 투자가 바로 '부의 삼각형'이다.

부자 되는 핵심은
무조건 지출 관리부터

요즘 직장인들 사이에서 N잡이 유행이다. 본업 외에 여러 개의 부업을 통해 다양한 소득원을 만들고자 하는 것이다. 그중에서도 특히 온라인 건물주의 삶에 도전하는 사람들이 많다. 네이버 블로그, 티스토리, 카카오뷰, 인스타, 유튜브 등 SNS로 돈을 벌기 때문에 온라인 건물주라고 한다.

나도 퇴사하고 시간이 생겨서 네이버 블로그를 시작했고, 어쩌다 보니 애드포스트로 수익을 얻고 있다.

하지만 소득을 늘리는 것보다 먼저 해야 하고 더 중요한 것은 바로 지출 관리다. 지출을 줄이는 것이 소득을 더 많이 창출하기 위해 노력하는 것보다 훨씬 더 간단하고 편하며 목표를 달성하기도 쉬운데 많은 사람들이 간과하고 있다.

| 열심히 일해도 쪼들리는 이유 |

나는 대학생 때 수학 과외를 두세 개씩 꾸준히 했다. 졸업 후 임용 고시를 준비할 때는 학원 강사로도 일했다. 분명 성실하게 계속 일을 하는데 늘 돈에 쪼들렸고 돈이 부족했다.

월급을 받고 카드 값이 나가면 통장 잔고는 늘 0원이었다. 수입이 늘면 신기하게도 딱 그만큼 지출을 더 했다. 100만 원을 벌면 100만 원을 썼고, 200만 원을 벌면 200만 원을 썼다. 그렇게 통장을 늘 0원으로 만드는 재주가 있었다. 아마 당신도 이런 능력을 갖고 있을 것이다.

그래서 수입보다 지출이 중요하다. 당신이 부자가 될 비결은 멀리 있지 않다. 일단 수입을 늘리는 것보다 지출을 줄이는데 더 집중하자. 그런 다음 수입 늘리기를 목표로 하면 된다.

지출을 줄이면 여유 자금이 생긴다. 그 돈으로 자산을 쇼핑하자. 한 달에 200만 원을 벌다가 1,000만 원을 번다고 치자. 소비 습관이 제대로 갖춰지지 않은 사람은 분명히 1,000만 원을 다 쓰게 된다. 버는 것이 어렵지 쓰는 것은 순식간이다.

| 50만 원을 덜 쓰면 당신에게 일어나는 일 |

서울에 오피스텔 1억 3,500만 원짜리를 사면 월세 50만 원을 받을 수 있다. 한 달에 50만 원의 지출을 줄이는 것은 1억 3,500만 원짜리

오피스텔을 소유하고 있는 것과 같은 효과를 얻는 것이다. 월세를 주면 집이 고장 났을 때 수리 비용이 들고, 1~2년에 한 번씩 계약서를 작성하면서 부동산 중개 비용도 든다. 50만 원을 아끼기만 하면 이런 번거로움과 비용 없이 순수익을 얻을 수 있다.

지금 매월 50만 원을 아껴서 연복리 10%로 10년 동안 투자하면 1억이 되고 매월 46만 원을 사용할 수 있다. 20년 투자하면 4억 2,200만 원, 매월 136만 원 인출이 가능하다.

부자로 보이려고 물건을 구매하고 겉모습을 꾸미는 삶에서 벗어나 진짜 부자가 되길 바란다. 돈이 생기는 족족 다 소비했던 내가 확실하게 말할 수 있다. 돈 쓰는 재미보다 돈 모으는 재미, 돈이 점점 불어나는 것을 보는 재미가 훨씬 크다고 말이다. 이제는 쇼핑이 귀찮아서 하지 않는 단계까지 왔다.

BEFORE		AFTER
힘들게 일했는데 나한테 선물을 줘야지	➡	내가 나한테 주는 가장 좋은 선물은 주식 쇼핑
오늘 우울해서 맛있는 것 좀 먹어야겠어	➡	살만 찐다. 그 돈으로 스타벅스, 코카콜라, 코스트코 주식을 사자
일단 할부로 사자 미래의 내가 갚아 줄 거야	➡	한 달 50만 원 아끼면 오피스텔 건물주라는 걸 잊지 말자
인생 어떻게 될지 몰라 일찍 죽을 수도 있어	➡	반대로 100세까지 살게 된다면, 노인 빈곤은 남 일이 아니다
다 필요해서 사는 거야	➡	장바구니에 담아 두고 나중에 결제하기 아마 구매 욕구가 거의 사라질 것이다

가난했을 때 나는 **BEFORE**의 생각들을 하면서 월급을 다 썼다. 마음껏 쓰는 것도 아니고 나름대로 아끼려고 노력했는데도 악순환의 고리를 끊지 못했다. 여러 번 절약하기로 결심했지만 번번이 실패했다. 지금 한 푼 두 푼 아낀다고 뭐가 그렇게 달라지겠냐고 생각했다. 티끌 모아 태산이라는 말은 옛말이고, 티끌은 아무리 모아도 티끌일 뿐이라고 생각했다. 그래서 지출을 줄이는 것이 얼마나 어려운 일인지 잘 알고 있다.

이런 생각을 가지고 있던 내가 지금은 한 달 용돈을 받으면 책을 구입하고 주식을 사 모으는 데에 대부분 사용하고 있다. 단순히 절약이 목표였으면 이렇게 변화하기 힘들었을 것이다. 내가 지금 절약한 이 돈이 나중에 얼마나 불어나 있을지 계산도 해 보고 투자를 병행하면서 획기적으로 변할 수 있었다.

세상에서 가장 재미있고 신나고 행복하고 설레는 쇼핑은 부동산과 주식 쇼핑이다. 그리고 정말 포기하지 못하는 것과 중요한 것 한두 개를 정해서 예산을 잡아라. 무작정 모든 지출을 통제하면 지출 관리가 오래 지속되지 못하고 슬럼프에 빠지게 된다.

나는 커피, 책, 공부, 건강이 중요해서 이 네 가지는 넉넉하게 예산을 잡고 있다. 대신 쇼핑, 외식, 사교육 등에서 절제를 한다. 지출 관리도, 투자도 꾸준히 해야 하기 때문에 지치지 않도록 자기를 보살필 줄 아는 지혜가 필요하다.

| 대차대조표 작성하는 법 – 자산, 부채, 순자산 |

나는 분기별로 대차대조표를 작성하면서 우리집 순자산을 파악한다. 처음 목돈을 만들 때는 매달 작성했다. 돈 모으는 재미가 너무 크기 때문이다.

자본주의 사회에서 투자는 선택이 아닌 필수라는 것을 깨달았다면, 건강을 위해서 운동과 식이 조절을 해야 하는 것처럼 이제는 실질적으로 투자할 돈을 확보해야 한다. 날마다 돈이 쌓이는 경험을 하기 위해서는 일단 현재 나의 상태를 파악하는 것이 먼저다. 그래서 대차대조표를 작성해야 한다. 69쪽의 대차대조표 작성 예시를 참고하자.

대차대조표를 작성하려면 자산, 부채, 순자산(자본)에 대해 알아야 한다. 자산에는 현금, 예금, 적금, 주식, 부동산, 연금, 보험 등이 있다. 부채는 주택 담보 대출, 마이너스 통장, 자동차 할부금 등의 빚이다. 순자산은 자산에서 부채를 뺀 것으로 실제 내가 보유한 가치라고 보면 된다. 자산보다 부채가 많으면 순부채 상태에 해당하는 것으로 매우 좋지 않은 상황이고 반드시 개선해야 한다.

〈표 2-2〉 대차대조표 작성법

자산		부채	
현금	예금·적금	주택 담보 대출	마이너스 통장
주식 (현재 평가액 또는 원금)	부동산 (현재 거래 가격)	기타 대출	신용카드 (총 할부금·결제 예정액)
연금	보험	자동차 할부금	
총자산		**총부채**	

순자산 = 총자산 - 총부채

이렇게 자산과 부채를 작성한 후 순자산이 얼마인지 확인해 본다. 현재 상황이 좋지 않다고 낙담할 필요 전혀 없다. 앞으로 라이프 스타일을 바꾸기로 마음먹고 대차대조표를 작성했다는 자체로도 이미 훌륭하다.

어딘가 모르는 곳에 운전해서 갈 때 내비게이션에 목적지를 검색해서 가는 것처럼, 당신의 목적지를 '순자산 증가'라고 설정하는 것이다. 이렇게 점검을 하고 나면 자산은 모으고 싶고, 부채는 줄이고 싶어진다. 매월 지출을 줄여서 여유 자금을 만들어 투자를 하고 빚을 갚아야겠다는 목표가 생길 것이다. 그 자산은 평생 늙지도 않고 시간이 흐를수록 당신을 부자로 만들어 준다.

| 지출 줄이는 데 가장 효과적인 방법 |

· 3개월간 통장 출금 내역 작성하기
· 카드값 3개월 사용 내역 출력 후 확인하기
· 체크카드 만들기

나는 이 세 가지 방법으로 한 달 지출을 250~300만 원 가까이 줄였다. 내 월급 정도의 지출을 줄였기에 퇴사를 결정할 때도 마음이 편했다. 물론 투자에 확신이 있었기에 그만뒀지만, 절제도 자신이 있었기에 결정이 더 쉬웠다. 혹시라도 모든 것이 잘못되더라도 그 상황에 맞게 잘 적응하고 언제나 행복할 자신이 있었다. 그만큼 자기 자신을 파악하고 지출을 관리하는 것이 중요하다.

〈표 2-3〉 수입, 지출, 여유 자금 점검

수입	본인 수입, 배우자 수입, 배당 수익, 예금·적금 이자 수익, 부동산 임대료 수익, 기타(보너스 등)	
	총수입	
지출	고정 지출	대출 원리금 상환액, 관리비, 월세, 경조사비, 기부, 용돈(부모님, 부부, 자녀), 통신비(휴대폰·TV·넷플릭스·유튜브 등 구독), 자동차 유지비(수리비·주유비), 교통비, 개인 보험(부부, 자녀 등)
	변동 지출	사교육비, 식료품, 외식비, 물품 구입비, 의류비, 문화생활비
	이벤트 지출 (계절 지출)	여행 경비, 병원비·영양제, 가구·가전, 자동차 보험, 세금(자동차세·재산세·종합부동산세·양도세 등)
	총지출	

여유 자금 = 총수입 - 총지출

〈표 2-4〉 저축(여유 자금) 목표 세우기

연 목표 저축액 :

　　최근 3개월 동안의 통장 출금 내역과 카드 지출 내역을 작성해 보면 나의 소비패턴이 여실히 드러난다. 총수입에서 총지출을 제하고 나면 여유 자금이 나오는데, 더 많은 여유 자금 확보를 위해서는 지출을 줄여야 한다.

앞에서 말했듯이 소득을 늘리는 것보다 지출을 줄이는 것이 훨씬 빠르고 쉬우며 효과적이다. 수입을 늘리기 위해서는 새로운 노동 시간을 더 필요로 하지만 지출을 줄이는 것은 마음먹기에 따라 금방이다.

고정 지출은 매월 반복적으로 발생하는 지출이다. 고정 지출에서 줄일 수 없는 지출과 줄일 수 있는 지출이 있다. 관리비, 대출 원리금 상환액, 월세, 부모님 용돈, 경조사비 등은 줄일 수 없다. 통신비, 부부·자녀 용돈, 자동차 유지비, 교통비, 개인 보험 등은 줄일 수 있다. 줄일 수 있는 부분에 집중해야 한다.

휴대폰 데이터 사용량을 확인해서 한 단계 저렴한 요금제를 사용하고, 부부·자녀 용돈, 보험을 점검해 보자. 우리 부부는 각자 20만 원의 용돈을 받고, 아이들에게는 기본 용돈인 5,000원에 아이들 행동(집안일, 자기 주도 학습 등)에 따라 추가 용돈을 지급한다. 회사를 그만두면서 내가 쓰던 차는 팔았고, 남편은 날씨가 좋을 때는 자전거를 타고 출퇴근을 한다. 개인 보험도 많이 줄여서 실비, 암보험만 있다.

이벤트 지출은 비정기적으로 발생하는 지출인데, 일 년에 얼마를 쓰는지 예측이 가능하다. 가끔 발생하지만 큰돈이 들어가므로 일 년 예산을 잡아 놓고 따로 돈을 모아서 지출하면 좋다.

우리가 가장 많이 줄일 수 있는 부분은 변동 지출이다. 사교육비, 식료품, 외식, 물품 구입, 의류비, 문화생활 등을 점검해 보고 여기에서 최대한 돈을 아껴야 한다.

우리집의 사교육비는 아이 두 명을 합쳐서 100만 원, 식료품, 외식, 물품 구입, 의류비, 문화생활 예산을 100만 원으로 설정하고 목표대로 지출하고 있다. 나의 순자산이 30억이 될 때까지 이 목표를 유지할 것이다. 순자산이 30억을 넘어가면 조금 더 넉넉하게 예산을 올릴 예정인데, 아직은 이 정도로 지출하는 것이 맞다고 생각한다.

당신도 순자산을 파악해서 그 자산에 맞게 예산을 잡길 바란다. 자산 상태에 맞게 소비하는 것은 굉장히 상식적이고 기본적인 내용이다. 기업에서도 순자산에 맞게 투자 규모를 정하고 주주에게 배당을 한다. 그렇지 않으면 그 기업은 부도가 날 것이다.

나도 예전에는 일단 쓰고 남으면 저축하겠다는 생각을 하면서 살았다. 그럼 자연스럽게 남는 돈이 거의 없었다. 그렇기에 목표 여유 자금을 정해서 떼어 놓고, 남는 돈에 나의 라이프 스타일을 맞춰야 한다.

체크카드를 사용하면 정해 놓은 금액 안에서 지출하는 연습을 할 수 있다. 나는 가계부를 쓸 정도로 꼼꼼하지는 않아서 체크카드에 한 달 생활비를 넣어 놓고 사용했다. 처음에는 소비 습관이 너무 엉망이어서 일주일 만에 생활비를 다 쓴 적도 있다. 그래서 한 달 생활비를 나눠서 일주일마다 입금해 놓고 쓰기도 했다.

지금은 완전히 습관이 돼서 신용카드를 써도 지출액이 매월 비슷한 수준을 유지하고 있다.

당장의 사교육, 외식, 쇼핑, 자동차 구입, 문화생활, 여행보다 중요한 것은 당신의 풍요로운 노후와 빠른 경제적 자유 달성이라는 것을 잊지 말아야 한다. 남들 보기에 좋아 보이는 삶, SNS에 자랑할 수 있는 삶이 아닌 미래의 나에게 떳떳할 수 있는 그런 인생을 살길 바란다. 자기 자신이 명품이 되면 더 이상 명품이 필요하지 않다.

상품과 서비스를 만든 기업은 심리학, 인문학 등 모든 것을 동원해서 사람들이 소비할 수밖에 없도록 광고를 만든다. 버는 만큼 모두 썼던 시절의 나는 그들이 만들어 놓은 프레임대로 살았었다.

남들에게 있어 보이고 싶어서, 뒤처지고 싶지 않아서 좋은 걸 먹고, 쇼핑하고, 즐겼으며, 아이들 사교육과 체험 학습에 열을 올렸었다. 어느 날 문득, 이렇게 사는 것은 내가 주도하는 인생이 아니라는 생각이 들었다. 사회가 만들어 놓은 프레임에 완전히 끌려가고 있음을 깨달았다.

소비 생활을 점검하고 지출을 줄인다는 것은 단순히 돈의 문제만이 아니다. 우리는 하루의 상당한 시간을 지출하는데 사용한다. 편안하게 휴식을 누려야 할 집이라는 공간은 물건들에 의해 어수선하다. 그것을 정리하고 관리하며 청소하는 데 많은 시간을 쓴다. 소비를 줄이면 나를 위해서 사용할 수 있는 시간, 공간, 체력, 돈이 저절로 많아진다. 삶의 많은 문제가 해결되고 편해지며 생각이 정리된다. 나 자신에 대해 더 잘 알게 되고, 몸도 마음도 한결 가뿐해진다. 많아진 시간과 넓어진 나만의 쾌적한 공간에서 좋아하는 것과 투자 공부를 할 수 있게 된다. 이런 선순환 라이프 스타일을 갖기를 바란다.

나의 재정 상태를 파악하라

1. 대차대조표 작성, 순자산을 파악하라

◎ 대차대조표

자산	현금	500만 원
	예금·적금	300만 원
	국내 주식 (현재 평가액 또는 원금)	5,000만 원
	부동산 (현재 거래 가격)	- 실거주 아파트 : 7억 원 - 투자 아파트 : 5억 5,000만 원
	연금	납입액 : 3,000만 원
	보험	저축성 보험은 없다
	총자산	13억 3,800만 원
부채	주택 담보 대출	3억 원
	마이너스 통장	5,000만 원
	투자한 아파트 전세금	4억 원
	자동차 할부금	2,000만 원
	신용카드 (총 할부금)	500만 원
	총부채	7억 7,500만 원

순자산(자본) = 총자산 - 총부채
5억 6,300만 원 = 13억 3,800만 원 - 7억 7,500만 원

2. 수입과 지출을 파악하라

◎ 수입

- 능동적 소득

	본인 고정 수입	보너스	배우자 고정 수입	보너스
1월				
2월				
3월				
4월				
5월				
6월				
7월				
8월				
9월				
10월				
11월				
12월				
연간 수입				
고정 수입과 보너스 합계				
월 평균 수입				

- 수동적 소득

	예금 적금 이자	배당	투자 소득	부동산 임대료	기타
1월					
2월					
3월					
4월					
5월					
6월					
7월					
8월					
9월					
10월					
11월					
12월					
연간 수입					
총수입					
월 평균 수입					

◎ 지출

월 고정 지출		월 변동 지출		연 이벤트 지출 (계절 지출)	
관리비		사교육비		여행 경비	
대출 원리금		식료품		병원비·영양제	
월세		외식비		세금	
부모님 용돈		물품 구입비		자동차 보험	
경조사비		의류비		가전·가구	
기부		문화생활비			
통신비					
부부 용돈					
자녀 용돈					
자동차 유지비					
교통비					
개인 보험					
합계		합계		연 지출 합계	
월 지출 합계					

3. 연 저축 목표와 계획을 설정하라

현재 순자산이 5억 6,300만 원이다. 은퇴 자금 20억을 만들려면 14억 정도를 더 모아야 한다. 어떻게 해야 할지 구체적인 계획을 작성해 보자.

> 당신의 현재 연 저축액은 얼마인가?
> 고정 지출, 변동 지출, 이벤트 지출을 줄여서 예산을 잡아 보자.
> 그럼 연 저축액은 얼마가 되는가?

QR코드를 찍으면 대차대조표를
작성할 수 있는 파일을 받을 수 있어요.

복리 계산기랑
친해져라

경제적 자유를 이루고 나아가 평생 부자로 살고 싶다면 구체적인 계획이 있어야 한다. 미래에 나의 자산이 얼마가 될지 계산할 줄 알면 목표가 뚜렷해져서 동기부여가 잘 된다. 사람은 대체로 본능에 충실하기 때문에 감으로 판단하고 다른 사람에게 잘 휩쓸리며 근시안적이다. 이럴 때 숫자로 증명된 데이터가 있다면 본능을 극복하는 데 큰 도움이 된다.

$$\text{미래의 내 자산} = \text{현재 투자금} \times (1+r)^n$$

현재 투자금을 연평균 수익률 r로 n년 동안 투자하면 얼마가 되는지 계산하는 공식이다.

$$\text{1,000만 원} \times (1+0.07)^{20} = \text{약 3,870만 원}$$

예를 들어 현재 1,000만 원을 연 7% 수익률로 투자하면 20년 후 3,870만 원이 되는 것이다. 그런데 매년 1,000만 원씩 계속 투자한다면 계산이 복잡해진다. 첫해 1,000만 원의 20년 후 자산, 두 번째 해 1,000만 원의 19년 후 자산, 세 번째 해 1,000만 원의 18년 후 자산... 이 모든 것을 더해야 하기 때문이다.

초기 투자금		1년 후		2년 후		···		n년 후
a	⇨	$a+ar$	⇨	$a(1+r)^2$	⇨	···	⇨	$a(1+r)^n = a_n$
		$= a(1+r)$						
		a	⇨	$a(1+r)$	⇨	···	⇨	$a(1+r)^{n-1} = a_{n-1}$
				a	⇨			$a(1+r) = a_1$

$$\text{등비수열의 합} = a_1 + a_2 + \cdots + a_n = \frac{a(1+r)(1-r^n)}{1-r}$$

그래서 엑셀을 만들어서 사용하기도 하는데, 요즘에는 검색엔진에 '복리 계산기'라고 검색하면 알아서 계산해 주는 사이트들이 많다.

그중 내가 자주 사용하는 사이트를 소개하려고 한다.

| 낙원 계산기 활용법 |

보유 자산		저축금액(면)	
3,500	만원	1,200	만원
은퇴시기	명목 수익률	저축 증가율	
20	년 후 8	% 3	%
은퇴 후 자산	은퇴 후 월 수입		
8.48억	196 만원 / 5 % (명목:8%)		

1단계 **보유 자산** 현재 보유하고 있는 투자 가능한 금액

2단계 **저축 금액** 매년 투자할 수 있는 금액

3단계 **은퇴 시기** 투자 기간(은퇴하고 싶은 나이까지 앞으로 남은 기간)

4단계 **명목 수익률** 연 수익률

5단계 **저축 증가율** 장기 물가 상승률. 매년 투자 금액이 물가 상승률과 동일하게 증가한다고 가정하는 것으로 보통 '3'을 입력한다.

〈그림 2-4〉는 '현재 보유하고 있는 투자 가능한 금액 3,500만 원, 매년 투자할 수 있는 금액 1,200만 원, 투자 기간 20년, 명목 수익률 8%, 저축 증가율 3%'를 입력한 결과이다.

이 결과를 해석해 보면, 20년 후 자산은 8억 4,800만 원이 된다. '4% 룰'에서 말했듯이 은퇴 후 자산에서 물가 상승률 3%를 제외하면, 매년 5%를 생활비로 사용할 수 있다. 은퇴 후 자산 8억 4,800만 원의 5%는 4,240만 원이고, 12개월로 나누면 한 달에 353만 원을 사용해도

되는 것이다. 그런데 〈그림 2-4〉에서 '은퇴 후 월 수입'이 왜 196만 원일까?

20년 후 353만 원은 현재 가치의 196만 원이기 때문이다. 즉 현재 수준으로 월 196만 원 정도의 돈을 은퇴 후에도 사용하고 싶다면 20년 후의 현금 가치인 353만 원인데, 그것을 고려하여 현재 수준으로 얼마인지 낙원 계산기에서 자동으로 계산해서 보여 주는 것이다.

이 활용법만 제대로 이해하면, 은퇴 후 현재 가치로 월 200만 원 사용하려면 당장 투입해야 할 보유 자산과 매년 얼마씩 투자해야 하는지, 은퇴까지 몇 년이 걸리는지 다양하게 입력해 보면서 자기만의 은퇴 계획을 만들 수 있다.

| 계산하면 비로소 보이는 것들 |

〈표 2-5〉 처음 보유 자산의 중요성					
매년 투자금	1,200만 원				
은퇴 시기	10년 후				
명목 수익률	10%				
저축 증가율	3%				
보유 자산(원)	1,000만	5,000만	1억	2억	3억
10년 후 자산(원)	2억 4,000만	3억 4,400만	4억 7,400만	7억 3,300만	9억 9,900만
10년 후 월 수익(원)	104만	149만	206만	318만	431만

매년 투자금 1,200만 원, 은퇴 시기 10년, 명목 수익률 10%, 저축

증가율 3%는 동일하게 고정하고, 처음 보유 자산을 1,000만, 5,000만, 1억, 2억, 3억으로 다르게 설정한 결과다.

〈표 2-6〉 투자금 확보의 중요성

보유 자산	5,000만 원				
은퇴 시기	10년 후				
명목 수익률	10%				
저축 증가율	3%				
매년 투자금(원)	1,200만 (월 100만)	1,800만 (월 150만)	2,400만 (월 200만)	3,000만 (월 250만)	3,600만 (월 300만)
10년 후 자산(원)	3억 4,400만	4억 5,100만	5억 5,800만	6억 6,500원	7억 7,200만
10년 후 월 수익(원)	149만	196만	242만	289만	335만

처음 보유 자산을 5,000만 원, 은퇴 시기 10년, 명목 수익률 10%, 저축 증가율 3%로 동일하게 고정하고, 매년 투자할 수 있는 금액을 연 1,200만, 연 1,800만, 연 2,400만, 연 3,000만, 연 3,600만으로 다르게 설정한 결과다.

〈표 2-7〉 투자 기간의 중요성

보유 자산	5,000만 원				
저축 금액	1,200만 원				
명목 수익률	10%				
저축 증가율	3%				
은퇴 시기	5년 후	10년 후	15년 후	20년 후	25년 후

은퇴 후 자산(원)	1억 5,800만	3억 4,400만	6억 5,800만	11억 8,000만	20억 4,000만
은퇴 후 월 수익(원)	79만	149만	246만	381만	568만

보유 자산 5,000만, 저축 금액 1,200만, 명목 수익률 10%, 저축 증가율 3%로 동일하게 고정하고, 은퇴 시기를 5, 10, 15, 20, 25년 다르게 설정한 결과다.

〈표 2-8〉투자 실력의 중요성

보유 자산	5,000만 원					
저축 금액	1,200만 원					
은퇴 시기	10년 후					
저축 증가율	3%					
명목 수익률	4%	6%	8%	10%	12%	14%
10년 후 자산(원)	2억 3,800만	2억 6,800만	3억 400만	3억 4,800만	3억 9,000만	4억 4,300만
10년 후 월 수익(원)	15만	50만	94만	149만	218만	302만

보유 자산 5,000만, 저축 금액 1,200만, 은퇴 시기 10년, 저축 증가율을 3%로 동일하게 고정하고, 연 수익률을 4, 6, 8, 10, 12, 14%로 다르게 설정한 결과다.

종합해 보면 처음 보유 자산과 매년 투자할 수 있는 금액이 클수록, 투자를 빨리 시작할수록, 투자 실력이 좋을수록 미래에 사용할 수 있는 돈과 자산이 많아진다. 이 네 가지 변수 중 투자 실력을 키우는 것이 가장 어렵다. 그래서 모든 투자 관련 책에서 현명한 소비 생활을 강조하는 것이다. 투자 실력을 높이는 것이 어렵기 때문에 일단은 절약해서 여유 자금을 최대한 확보해야 한다. 저축하고 남는 돈 안에서 소비하는 생활 습관으로부터 빠른 은퇴와 부자로 사는 인생 등 모든 것이 시작된다.

보유 자산과 매월 적립식 투자로 긴 시간 동안 연 수익률이 꾸준하게 나오도록 투자 포트폴리오를 만들어 놓으면 당신의 자산은 알아서 굴러간다. 시간이 흐를수록 눈덩이가 불어나듯이 불어나게 되어 있다. 바로 이것이 부자들이 점점 더 부자가 되는 방식이다.

초기 투자금 1억, 매년 2,400만 원씩, 연 수익률 10%로 10년을 투자하면 은퇴 후 자산은 약 7억에 매월 300만 원 정도 사용이 가능하다는 결론이 나온다. 투자 가능한 여유 자금, 은퇴 목표 시기 등을 입력해서 자기만의 재무 설계를 해 보길 바란다. 투자 수익률을 높일수록 목표를 달성하는 데 걸리는 시간이 단축된다는 것을 기억하자. '부의 삼각형 프로세스'가 당신의 투자 수익률을 압도적으로 높여 줄 것이다.

은퇴 후 자산, 직접 계산해 보자

보유 자산	저축 금액	은퇴 시기	명목 수익률(%)	저축 증가율(%)	은퇴 후 자산(원)	은퇴 후 월 수익(원)

❶ 명목 수익률 10%, 저축 증가율 3%로 고정(보수적으로)하고 보유 자산, 저축 금액, 은퇴 시기를 다양하게 설정하여 은퇴 후 자산을 계산해 보자.

❷ 명목 수익률을 높여서 계산해 보자.

하루 1시간,
습관의 힘

성공한 사람들은 모두 그들만의 습관, 데일리 루틴이 있다. 위대한 기업의 CEO, 금메달을 딴 국가대표 선수, 전교 1등의 학생 등 모두 자기 분야에서 목표를 달성하기 위해 자신만의 루틴을 만들고 실천한다. 그래서 우리도 성공하는 사람들이 가지고 있는 좋은 습관을 만들어야 한다. 어떻게 만들 수 있을까?

《성공의 법칙》 저자 맥스웰 몰츠는 우리의 뇌가 새로운 행동에 익숙해지는 데 걸리는 최소한의 시간이 21일이기 때문에, 습관을 바꾸는 데도 최소 21일이 걸린다고 주장했다. 이와 관련된 다양한 연구가 이어지다가 영국 런던대학의 필리파 랠리 교수 연구팀은 새로운 행동이 습관으로 자리 잡는 데는 66일이 걸린다는 발표를 했다. 두 주장을 요약해 보면, 21일은 습관을 뇌에 각인시키는 시간이고, 66일은 몸에 각인시키는 데 필요한 시간이라는 것이다. 결론적으로 약 두 달이면 자신이 원하는 자신만의 습관을 만들 수 있다. 다음 3단계 습관 만들기 프로젝트를 따라 해 보자. 성공 확률이 높아질 것이다.

| 1단계. 작지만 구체적인 습관 정하기 |

뭔가 새로운 계획을 세웠을 때 며칠 만에 실패하고 포기한 경험이 누구나 있을 것이다. 왜 그럴까? 처음부터 너무 거창한 목표를 세우기 때문이다. '나는 매일 2시간씩 운동을 할 거야', '나는 매일 저녁을 굶겠어', '나는 매일 4시 30분에 일어나겠어' 이런 식으로 지속하기 힘든 목표를 정한다.

우리 뇌는 기본적으로 변화를 스트레스로 인식하고 싫어한다. 그래서 뇌가 알아채지 못하게, 스트레스로 느끼지 못하게, 아주 작은 것부터 잘게 쪼개서 시작해야 한다. 일명 '뇌 속이기' 기법이다. 또한 기존에 일상적으로 반복하던 행동에 새로 만들고 싶은 습관을 이어 붙이면, 뇌가 힘들다는 인식을 덜 하기 때문에 효과가 좋다. 너무 많은 목표보다 최대 일곱 개 정도만 습관 리스트로 만드는 것을 추천한다. 그 이유는 사람이 한 번에 기억할 수 있는 가지 수가 일곱 개이기 때문이다.

> **하루 1시간 습관 만들기**
>
> ·독서하기   ·정리정돈 하기   ·약속 장소로 여유 있게
> ·명상하기   ·경제 신문 보기   출발하기
> ·기록하기   ·소비 생활 점검하기

　일단 아침에 한 시간만 일찍 일어나서 'A의 루틴'을 당신의 것으로 만들어라.

> **A의 1시간 루틴**
> 아침에 일어나면 이불을 반듯하게 펴고 베개도 제자리에 두는 등 자고 난 자리 주변부터 정리를 한다. 일어나자마자 나 자신에게 성공을 선물하는 것이다. 그다음 내가 꿈꾸는 삶을 상상하면서 생각만 해도 설레는 목표를 작성한다. 장기 목표, 일 년 목표, 한 달 목표, 하루 목표 등을 작성하고 그것을 이루는 내 모습을 생생하게 떠올리며 반복해서 글로 쓰고 읽는다.
> 아직은 경제 신문 보는 것이 익숙하지 않아서 한 번 훑어본다는 마음으로 헤드라인 위주로 경제 신문을 읽는다. TV·유튜브·SNS를 보고 쇼핑하거나 연예인 기사를 찾아보는 대신 틈틈이 독서를 한다. 회사 출근이든 약속이든 10분 일찍 출발한다. 그랬더니 마음에 여유가 생기고 나의 신용도 올라가고 있다.
> 예전에는 무심코 지출하는 부분이 많았는데, 이제는 소비할 때 꼭 필요한 것인지 점검을 하고 있다. 절약해서 여유 자금을 만들고 투자하는 것이 무엇보다 중요하기 때문이다. 그리고 잠들기 전에 내일 또 일찍 일어나서 한 시간 습관 성공을 다짐한다.

여유 있는 아침 시간을 확보하는 것이 중요하다. 사람은 하루에 5만에서 7만 개의 생각을 한다. 하루 24시간 내내 깨어 있다고 가정했을 때 2초마다 한 가지 이상을 생각한다는 것이다. 그중 대부분은 자기를 평가하고 비판하고 수치스럽게 여기며 부정적인 생각들이다. 이런 생각은 우리 뇌가 능력을 발휘할 수 없도록 한다.

그래서 나의 잠재의식을 긍정적, 낙관적으로 바꾸기 위한 노력이 필요하고, 아침에 일찍 일어나는 것이 굉장히 효과적이다. 나는 아침에 눈을 뜨면 침대에 누운 채로 작성해 둔 목표부터 읽는다. 그렇지 않으면 일어나자마자 부정적인 생각이 들기 때문이다. 그리고 아침 식사 전까지 정리정돈, QT, 오늘 하루 우선순위 작성, 독서를 한다. 나의 마음과 감정을 느끼며 명상하고 목표를 상기하고 좋은 글을 뇌에 심어 주는 것이다. 이렇게 아침을 보내고 나면 남은 시간도 성실하게 긍정적으로 살 수 있다. 아침에 성취감을 맛보았기 때문에 남은 시간도 유익하게 보내고 싶어진다.

하루에 최소 한 시간만 일찍 일어나 보자. 그럼 좋은 습관을 쭉 연결해서 모두 달성할 확률이 높아진다. 이렇게 잘게 쪼갠 사소한 습관이 반복되면서 선순환을 만들 수 있다.

| 2단계. 시간 늘리기와 새로운 습관 만들기 |

습관이 어느 정도 자리 잡히면서 뇌가 거부감을 느끼지 않는 단계에 오면, 기존에 하던 습관의 시간을 늘리거나 새로운 습관을 추가할 수 있다. 일찍 일어나는 시간을 1시간에서 1시간 30분으로 늘리는 것이다. 더 많이 확보된 자기만의 시간에 관심 분야나 투자 관련 공부를 할 수 있다.

좋은 습관을 만들고 유지하는 것을 라이프 스타일로 만들어야 한다. 하루 24시간은 누구에게나 공평하게 주어진다. 자기 자신에게 줄 수 있는 가장 큰 선물은 자기 마음대로 사용할 수 있는 시간이다.

요즘 너무나 많은 정보와 물건들 사이에서 힘들어하는 사람들이 많다. 이럴 때일수록 자기만의 고요한 시간이 필요하다. 내가 뭘 좋아하고 어떻게 살고 싶은지, 그 목표를 위해 오늘 하루 어떻게 살아야 하는지 생각할 시간을 확보하자. 생각하고 행동하는 패턴이 쌓이고 쌓이면 그 인생이 어마어마하게 변화한다.

| 3단계. SNS에 선언하고 습관 체크리스트 작성하기 |

기록하면 습관을 만들고 지속하는 데 도움이 된다. 인스타, 블로그, 커뮤니티 등 SNS에 66일 동안 이런 습관을 만들겠다고 선언하자. 두루뭉술하게 '나는 오늘부터 열심히 살 거야'라는 것보다 구체적인 목표를 설정해서 선언하면 달성 확률이 훨씬 높아진다. 목표를 세워 노력하다 보면 반드시 고비가 온다. 이렇게까지 하면서 힘들게 살아야 하냐고 나 자신과 타협하고 싶은 순간이 오는 것이다. 이럴 때 내가 할 수밖에 없도록 환경을 만드는 것이 핵심 노하우다.

공개적으로 다른 사람들에게 선언하고 기록하면 핑계를 대면서 나 자신을 합리화하기 어렵다. 물론 이렇게 해도 실패할 수 있다. 실패하면 다시 하면 된다. 아무것도 실패하지 않는 사람은 아무런 도전도

하지 않은 사람이다. 다른 사람들한테 말했다가 실패하면 창피할 것 같아서 공개적으로 말하는 것을 꺼리는 사람도 있다. 남한테 잘 보이고 싶어서 선언하는 것이 아니다. 나의 도전과 성장에 포커스를 맞추자. 실패한다고 부끄러운 것이 아니다. 다시 하면 된다는 가벼운 마음으로 아주 작은 것부터 당장 실천하길 바란다.

부자 습관 만들기 프로젝트

1단계 작지만 구체적인 습관 정하기

뇌가 거부감을 느끼지 않는 수준에서 목표를 세우는 것이 중요하다. 그래야 성공 확률이 높아지고 점점 더 좋은 습관을 만들어 나갈 수 있다.

당신이 갖고 싶은 습관은 무엇인가?(최대 7개까지)

2단계 시간 늘리기와 새로운 습관 만들기

1단계에서 설정한 습관이 어느 정도 자리가 잡혔으면 시간을 좀 더 늘리거나 새로운 습관을 추가한다.

투입 시간을 더 늘리고 싶은 습관은?

새롭게 추가하고 싶은 습관은?

3단계 SNS에 선언하고 습관 체크리스트 작성하기

1단계, **2단계**에서 설정한 목표를 SNS에 선언하고, 체크리스트를 작성하자. 기억하라. 선언하고 기록하면 성공 확률이 압도적으로 높아진다. 인간은 기본적으로 체면을 중요시하고 망신 당하는 것을 두려워하기 때문이다. 또한 기록하는 사람이 성공하는 확률이 훨씬 높다는 연구 결과가 많다.

이렇게 해도 실패할 수 있다. 절대 낙심하지 말자. 아무것도 하지 않으면 아무 일도 일어나지 않는다. 될 때까지 다시 도전하는 것이 가장 중요하다. 며칠 실패했다고 어떻게 되지 않는다. 마음을 편하게 가지고 완벽주의를 버리자.

66일 습관 체크리스트

	습관 ❶	습관 ❷	습관 ❸	습관 ❹	습관 ❺	습관 ❻	습관 ❼
1일							
2일							
3일							
4일							
5일							
6일							
7일							
8일							
9일							
10일							
11일							
12일							
13일							
14일							
15일							
16일							
17일							
18일							
19일							
20일							
21일							
22일							

	습관 ❶	습관 ❷	습관 ❸	습관 ❹	습관 ❺	습관 ❻	습관 ❼
23일							
24일							
25일							
26일							
27일							
28일							
29일							
30일							
31일							
32일							
33일							
34일							
35일							
36일							
37일							
38일							
39일							
40일							
41일							
42일							
43일							
44일							

	습관 ❶	습관 ❷	습관 ❸	습관 ❹	습관 ❺	습관 ❻	습관 ❼
45일							
46일							
47일							
48일							
49일							
50일							
51일							
52일							
53일							
54일							
55일							
56일							
57일							
58일							
59일							
60일							
61일							
62일							
63일							
64일							
65일							
66일							

부자를 꿈꾸는 사람들과 팀을 만들어라

부자로 가는 길은 단순하지만 오랜 시간이 필요하다. 자주 찾아오는 경제 위기의 시기를 잘 넘겨야 한다. 복리의 마법은 아무나 경험할 수 없다. 어떤 상황이 오더라도 평정심을 유지하고, 자산을 길게 보유할 수 있는 멘탈을 가진 사람만이 그 열매를 차지할 수 있다.

구체적인 목표를 세우고 꿈을 꾸고 실현해 나가는 과정이 필요하다. 그 과정을 함께할 좋은 팀이 있으면 성공 확률이 높아진다. 같은 꿈을 꾸고 열정이 있는 사람이 곁에 있어야 지치지 않고 꾸준히 행동해서 성공을 거둘 수 있다.

서로 좋은 동료가 되어야 한다. 건전한 소비 생활, 좋은 습관, 건강한 라이프 스타일을 공유하자. 정기적으로 독서 모임을 하면서 자기계발, 돈 공부를 하는 방법도 있다.

당신이 부자가 되기로 결심하고 평소와 다른 행동을 하면, 주위 사람들은 당신의 계획에 회의적인 반응을 보이며 열정을 꺾으려 들 것이다. 그들은 다른 사람이 성공해서 무언가 보여 주는 것을 바라지 않는다. 매일 똑같이 반복되는 지루한 자신의 인생을 인정하기도 싫고 도전할 용기도 없어서 변화하려고 노력하는 사람을 끌어내리는 것이다. 자신이 갖지 못한 것을 친구도 갖지 못길 바란다. 대부분의 사람은 해 보지도 않고 비관적이다. 비판적이고 부정적인 사람이 하는 말에 귀를 기울이고 휘둘리지 말아라.

군중 심리에 휩쓸리지 말자. 당신이 새로운 목표를 갖고 변화하려고 마음먹었다고 해서 다른 사람들이 환호와 격려 메시지를 보내는 것이 아니라는 것을 받아들여라. 낙심해서 목표를 수정하거나 포기하지 말자. 당신에게 용기와 희망을 주는 사람, 인생 그래프가 우상향인 사람 한두 명만 있어도 충분하다. 그런 사람과 커뮤니티를 찾자.

평범한 사람	인생이 우상향하는 사람
소비를 즐겨한다	투자 방향을 먼저 생각한다
노후 준비를 하지 않는다	노후 준비를 가장 우선시한다
부자는 정직하지 않다고 생각한다	부자를 롤모델로 삼고 따라 하려고 한다
단기적으로 생각한다	장기적인 안목을 갖고 생각한다
꿈을 꾸기만 한다	꿈을 달성하기 위해 매일 해야 할 것을 생각하고 행동한다
돈으로 행복을 살 수 없다	돈이 많으면 인생의 문제들이 대부분 해결된다

| 변화하려면 완전히 새로운 환경이 필요하다 |

인생이 우상향하려면 남과 다르게 생각하고 행동해야 한다. 다른 사람이랑 똑같이 살면서 부자가 되고 싶은 것은 욕심이다.

백만장자 집안에서 태어난 톰 콜리는 아홉 살 때 집안이 파산했다고 한다. 성인이 된 후 그는 5년 동안 233명의 부자들과 128명의 가난한 사람들을 관찰하면서 다음과 같은 결과를 찾았다.

- 부자 중 82%는 행복한 반면 가난한 자의 98%는 불행하다.
- 부자 중 87%는 행복한 결혼 생활을 하는 반면 가난한 자의 53%는 불행한 결혼 생활을 한다.
- 재정 문제 때문에 불행한 사람이 부자는 0%인 반면 가난한 자는 98%다.

콜리는 돈 문제가 삶에 큰 파급 효과를 가져 온다는 사실을 발견했다. 가난한 사람 중 많은 비율의 사람들이 돈 때문에 불행하다는 생각을 하며, 실제로 불행한 결혼 생활을 한다. 돈에 대한 스트레스는 건강 문제를 일으키기도 하고, 자녀의 삶에도 부정적인 영향을 준다.

반면 부자는 전반적으로 행복함을 느끼며 살아간다. 넉넉한 재정 상황은 부부 사이를 좋게 만들며 스트레스가 많지 않다. 가족 구성원이 함께 식사하며 서로 대화할 시간이 많기에 소통이 잘 되고 갈등이 적다. 부모는 자녀에게 좋은 습관을 물려주기 위해 많은 시간을 할애한다. 덕분에 부와 성공이 자손에게 대대로 이어진다.

부자와 가난한 자의 차이가 어디에서 오는지 원인을 분석하고 행동하자. 부자들의 사고방식과 습관을 체득하기 위해 끊임없이 읽고 배워야 한다. 부에 대해 가졌던 잘못된 믿음을 버리고 새로운 믿음을 가져야 한다.

부자의 80%는 50세 이후, 52%는 56세 이후 부자가 됐다는 연구 결과가 있다. 부자가 되려면 꽤 오랜 시간이 걸리기 때문에 열정과 인내심이 필요하다. 그래서 같은 목표를 갖고 좋은 에너지를 나눌 수 있는 팀이 필요하다. 포기하지 않고 같이 협력할 팀을 만들어야 한다.

사람은 살다 보면 누구나 좌절한다. 두렵고 다 그만두고 싶은 순간이 온다. 노력하면서 살아도 꿈을 이루지 못할 것 같고, 매일이 그저 힘들기만 한 것 같다는 생각에 사로잡히게 된다. 다른 사람들처럼 노력 없이 당장 편하게 살고 싶어진다. 함께할 팀이 있다면 이런 무기력함과 부정적인 생각을 거둬 내는 데 큰 도움이 될 것이다.

성공한 사람을 찾아 멘토로 정하자. 그들은 당신보다 먼저 도전하고 실패하면서 시행착오를 겪고 끝내 성공한 사람들이다. 팀을 만들고 그런 사람을 리더로 만들어라. 멘토가 있으면 당신의 실패를 획기적으로 줄일 수 있고, 더 짧은 시간에 목표를 성취할 수 있다. 당신에게 지식을 전달해 주고, 경험을 알려 주며, 동기를 부여하는 멘토를 찾아야 한다.

| 팀에서 얻을 수 있는 것 |

- 같이 구체적인 목표를 세우고 점검할 수 있다
- 지속적인 동기가 생긴다
- 열정을 얻을 수 있다
- 서로 격려하면서 마음을 나눌 수 있다
- 과제에 대한 책임감이 생긴다
- 대화를 하면서 생긴 궁금증에 대해 더 깊이 공부할 수 있다
- 비관적인 사람에게 받았던 부정적 에너지를 없앨 수 있다
- 인내심이 생긴다

"나는 친한 사람들과 소통하지 않고 인생의 통찰력을 얻은 사람을 본 적이 없다. 아인슈타인에게 대화 상대가 없었더라면 학문적 업적을 이룩할 수 없었을 것이다."

위대한 투자자인 찰리 멍거의 말이다. 인간은 사회적 동물이기에 소통이 매우 중요하다. 그런데 내가 주로 소통하는 사람들이 부정적이고, 목표도 없고, 매일 똑같이 살면서 남을 비판하기 즐기는 사람이라면? 책을 눈으로만 읽고, 행동은 전혀 하지 않고, 성공한 사람들을 보며 질투심, 열등감에 사로잡힌 사람이라면? 아마 그 모습이 그려질 것이다. 그래서 환경이 중요하다.

인간의 의지는 나약하다. 게으르고, 변화가 싫고, 살던 대로 사는 것을 좋아한다. 편하기 때문이다. 나는 다행히 남편과 목표가 같았고, 둘 다 행동력도 좋았다. 평생 일해도 월급만으로는 부자가 될 수 없다는 것을 깨달았을 때부터 목표를 이루기 위해 같이 행동했다. 우리는

틈만 나면 데이트 삼아 임장을 가고 주식 투자를 공부했다. 덕분에 원하는 목표를 빠르게 이룰 수 있었다.

혼자 독서하고 고민하고 행동하면서 성공하는 사람도 있다. 하지만 많지 않다. 좋은 에너지를 교류할 팀을 만들어서 원대한 목표를 꿈꾸고, 그 목표를 선언하자. 혼자 할 때보다 성공할 확률이 훨씬 높아진다. 자리가 사람을 만든다는 것을 기억하자.

결정을 미루지 말고
그냥 하라

나는 결정하는 것을 최대한 미루는 사람이었다. 더 좋은 결정을 하기 위해서, 후회를 줄이기 위해서, 효율성을 높이려고 등 이유는 많았다. 그런데 결정을 해야 하는 일들이 매일 쌓인다는 것이 문제였다. 그럼 점점 더 결정을 못 하게 되고 스트레스만 받게 된다.

결정을 하고 나서도 '이렇게 할 걸', '저렇게 할 걸' 후회하는 일들이 많았다. 이제는 제법 결정을 빨리 하고 그 결정에 대해 별로 후회도 하지 않는다. '후회'가 아닌 '개선'을 하려고 노력한다. 그 순간에는 그렇게 생각하고 결정한 것이 최선이었기 때문에, 자책하기 보다는 내가 내렸던 결정이 옳은 결정이 되도록 만드는 데 더 집중한다.

수영을 잘하고 싶으면 일단 수업에 등록하고 수영장에 가야 한다.

유튜브로 '수영 잘하는 법' 영상을 계속 본다고 수영을 잘하는 것이 아니다. 결심을 했다면 반드시 행동으로 옮겨야 한다. '할까 말까', '될까 안 될까'를 고민할 시간에 일단 시작하고 해 나가면서 수정하는 편이 훨씬 좋다.

| 두려움을 이겨내고 승리하는 방법 |

사람은 기본적으로 변화를 두려워하고 안정을 추구한다. 가만히 있으면 실패라는 고통을 겪지 않아도 되기에 일시적으로는 편안함을 느낄 수 있다. 하지만 삶이 더 나아질 가능성도 없다. 매일 똑같은 삶을 살면서 더 나은 미래를 꿈꾸는 것은 아무 노력도 하지 않으면서 로또나 맞길 바라는 것과 같다.

성공하고 싶다면 반드시 변화를 선택해야 한다. 변화를 선택했을 때 실패를 경험하는 것은 필연적이다. 내 의지가 부족해서 실패할 수도 있고, 열심히 노력했지만 결과가 좋지 않을 때도 있다. 실패를 겪는 것은 당연한 거라고 인정하고 마음 편하게 받아들이자. 실패에 대한 두려움을 극복하고 새로운 인생을 살기로 결심하자. 결심 후 결국 승리하는 방법은 다음과 같다.

첫째, 명확하고 측정이 가능한 목표를 단계적으로 세우고, 데드라인을 정해야 한다. '회사를 그만두겠다', '월급 외 파이프라인을 만들겠다', '부자가 되겠다'와 같은 목표는 이루기 어렵다.

'나는 40살 전에 회사를 그만 두겠다', '월급 외 부수입을 50만 원 만들겠다', '50살 전에 순자산 20억을 달성하겠다' 등 명확하고 측정이 가능한 목표가 좋다. 단계별로 데드라인을 정하면 더 좋다. 10년, 5년, 1년, 매월, 분기, 매주, 매일 무엇을 하면 좋을지 행동 위주로 목표를 설정하면 실천하기 쉽고 달성할 확률도 높아진다.

나는 장기, 중기, 단기 목표를 세워 놓고 행동한 것들이 전부 이루어졌다. 사실 목표를 세운다는 것은 설레기도 하지만 언제나 두려움을 동반한다. 목표를 이루지 못할까 봐 두려움을 느끼는 것 같다. 그럴 때 다이어리에 기록하는 것이 큰 도움이 된다. 떠오르는 대로 글로 적어 내려가면 머릿속을 맴돌던 막연한 두려움들이 대부분 해소된다. 막연함은 사라지고 실체가 드러난다.

둘째, 당신이 꿈꾸는 인생을 마음껏 상상하라. 상상이 현실이 되었을 때의 느낌까지 생생하게 떠올리며 수시로 종이에 적자. 정말 이런 것들을 이룰 수 있을까 싶겠지만, 꿈꾸고 기록하면 잠재의식에 변화가 생겨서 그 목표를 이루기 위한 행동을 하게 된다.

전교 1등을 하겠다는 목표가 있었기에 학교 수업에 누구보다 집중할 수 있었다. 과외, 학원 없이 나만의 방법을 찾고 자기 주도적으로 시간 관리를 할 수 있었다. 3년 안에 임용고시를 붙겠다는 목표가 있어서 대학 졸업 후 과외, 학원 강사 등 아르바이트를 하면서도 공부의 끈을 놓지 않았다.

힘들 때마다 3년이 넘으면 공부는 그만두고 새로운 길을 갈 것이라고 스스로에게 말하며 고비를 넘겼다. 합격 후 교단에 선 내 모습을 매일 상상하며 외롭고 답답한 순간들을 이겨냈다. 결혼 후에는 '좋은 학군에서 아이들을 키우고 싶고, 퇴사를 빨리 하고 싶다'는 행복한 꿈이 있었기에 부동산, 미국 주식, 국내 주식 투자 공부를 꾸준히 할 수 있었다.

셋째, 사회에 공헌하고 싶다는 비전과 사명감은 행동을 지속하는 데 큰 원동력이 된다. 내가 잘 되어서 다른 사람들을 돕고 싶다, 세상에 선한 영향력을 주고 싶다, 기부를 많이 하고 싶다 등의 선한 목표, 원대한 목표를 세우면 지칠 때마다 다시 앞으로 나아갈 힘이 생긴다. 내가 세상에 쓸모 있는 사람이라는 생각에 자존감이 높아지고 기분이 좋아진다. 힘들지만 노력하고 싶고 더 나은 사람이 되고 싶어진다.

이런 하루하루가 모이면 당신의 인생을 완전히 바꿔 놓을 것이다. 운동을 해야 체력이 좋아지고 근육이 생기는 것처럼, 빠르게 결정하고 행동하기 위해서는 결정 근육을 키워야 한다. 두려움을 극복하고 승리하겠다고 결심하고 지금 당장 행동하자.

| 계속 시도하는 사람에게 행운이 찾아온다 |

퇴사할 때 내 목표는 일단 그냥 편하게 쉬는 것이었다. 복직 후 고작 5개월이었지만, 일하면서 많이 힘들었다. 몸도, 마음도, 시간도 여유로웠던 휴직 생활이 그리웠다. 학교는 여전히 수업·학생 지도·상담 외에 해야 할 쓸데없는 일이 많았다. 나는 별거 아닌 것들의 서류 작업을 하면서 낭비하는 시간들이 너무 싫었다. 두 시간씩 왕복 운전을 하는 것도, 불편한 옷을 입는 것도, 아침마다 시간에 쫓겨 커피를 벌컥 벌컥 들이키는 것도 더 이상 하고 싶지 않았다.

그래서 퇴사할 때는 남편도 일 년의 육아휴직을 내고 같이 푹 쉬면서 여유롭게 지내는 것이 유일한 목표였다. 그렇게 일 년 가까이 지내다 보니 새로운 것에 도전하고 싶은 마음이 생겼다. 경제적으로는 어느 정도 자리를 잡았기에 돈을 많이 버는 것이 목적이 아니었다. 물론 열심히 살다 보면 돈과 명예는 자연스럽게 따라올 것이다. 나는 단지 매일 매일 성장의 즐거움을 누리고 싶었고, 사회에도 공헌할 수 있는 가치 있는 일을 찾고 싶었다. 휴직 기간 동안 나는 '어차피 복직한다'는 생각에 앞으로의 인생에 대해 깊이 있는 고민을 하지 않았었다. 그러나 퇴사를 한 후 비로소 진짜 내 인생에 대해 진지하게 생각하게 되었다. 내가 좋아하는 것이 무엇인지, 어떤 것을 하면서 살고 싶은지를 고민하였다.

이것저것 떠오르는 마음을 자유롭게 글을 쓰다 보니 글쓰기가 재밌어졌다. 그래서 블로그를 시작했고, 2021년 12월부터 '한 달 동안 1일 1포스팅 하기'라는 구체적인 목표를 세웠다. 꾸준히 글을 쓰다 보니 블로그 이웃분들을 많이 알게 되었고 자연스럽게 '전자책'이라는 것도 접하게 되었다.

요즘은 '초보가 왕초보에게' 자기만의 지식과 노하우를 전달하면서 돈도 벌 수 있는 지식 사업의 시대라고 한다. 나도 꾸준한 투자 공부와 경험 덕에 퇴사까지 할 수 있었기에 다른 사람들에게 도움을 줄 수 있는 나만의 콘텐츠가 있었다. 2022년 1월 초보자를 위한 미국 주식 전자책을 쓰자고 결심했고 5주 만에 전자책을 완성했다. 그 전자책 덕분에 종이책 출간 계약도 하게 됐다. 책 집필에 이어 강의와 '리치맘 라이프' 유튜브 채널 운영도 하고 있다. 새로운 도전 덕분에 지금은 투자 소득 외에 매월 교사 월급 이상의 부수입을 창출하고 있다.

내가 할 수 있을까? 하면 좋을 것 같긴 한데 너무 힘들지 않을까?

굳이 그렇게 살아야 할까? 지금이 편한데 그냥 지금처럼 사는 것도 좋지 않을까? 이런 고민으로 밤새 뒤척이며 잠들지 못했던 경험이 있을 것이다.

나도 새로운 것을 배우고 도전하고 싶을 때마다 이런 고민을 한다. 편하게 살고 싶고, 기존에 하던 것들을 놓고 싶지 않고, 변화하고 싶지 않다. 열심히 노력했는데 실패할까 봐 두렵고, 괜히 고생만 하고 이루어지는 것은 없을 것 같아서다. 이런 마음이 들 때마다 내가 가장 좋아하는 책《그릿》을 읽는다. 그래서 나의 온라인 필명이 '그릿'이다.

《그릿》에 이런 내용이 나온다.

"판단을 배제하고 그 순간의 자기 모습 그대로 인식하는 것이 중요합니다. 도전을 즐기는 데 방해가 되는 판단에서 자신을 해방시켜야 합니다."

영유아는 거의 항상 자신이 할 수 없는 일을 거듭 시도하지만 특별히 창피해하거나 불안해하지 않는다. 영유아는 실수에 개의치 않고 배움에만 몰두한다. 실수하고 또 실수하고, 실패하고 또 실패한다. 그러면서도 자신의 배움에 온전히 집중해서 도전하고 많은 피드백을 받으며 배워 간다.

우리도 영유아처럼 그냥 하면 된다. 매일 실패를 경험하는 인생을 살자고 다짐하자. 실패했다는 것은 새로운 도전을 했다는 뜻이다. 매일 시도하고 노력하다 보면 행운이 따라 온다. 그 자체로 즐겁기도 하다. 자신이 성장하고 있다는 기쁨은 굉장히 크다. 자존감이 높아지고, 앞으로 남은 나의 인생도 기대가 된다.

결심한 것을 성취까지 연결하려면 임계점을 넘길 때까지 매일 꾸

준히 하면 된다. 성공한 사람, 부자들의 비밀은 간단하다. 그들은 말로
뱉은 것, 결심한 것을 행동한다. 꾸준함은 성공하는 인생을 위한 최고
의 덕목이자 가장 탁월한 방법임을 기억해야 한다.

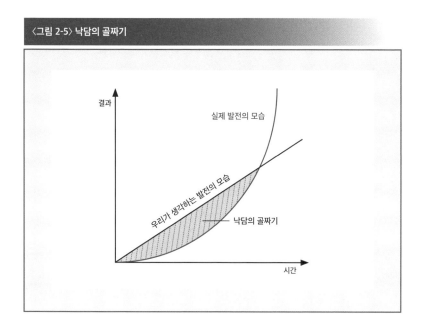

〈그림 2-5〉낙담의 골짜기

일단 시작하고, 그 후 문제점이 생길 때마다 해결책을 찾으면 된
다. 특히 더 지치고 힘든 날에는 며칠 쉬어가면 된다. 인생은 길다. 다
시 일어나서 꾸준히 행동하는 사람은 반드시 목표를 이루고 성공하고
부자가 된다. 누구나 겪는 낙담의 골짜기를 묵묵히 지나가자.

당신을 부자로 만들어 줄 비법

| 요약 정리 |

✔ 자산 증식과 현금 흐름 창출, 두 가지를 기억하라

순자산이 30억이 있더라도, 그것이 전부 살고 있는 집의 가격이라면 은퇴하는 데 도움이 되지 않는다. 현금 흐름을 생활비 이상으로 만들어야 회사를 그만둘 수 있다는 것을 기억하자. 자산 증식은 부동산으로, 현금 흐름은 미국 주식 ETF나 배당주로 만들면 좋다. 거기에 국내 주식까지 투자할 줄 알면 경제적 자유를 갖기 위한 최고의 무기 세 가지를 다 갖게 되는 것이다.

✔ 종자돈을 모아야 한다

최소 5,000만 원을 모아 보자. 절약을 해서 종자돈을 만든다는 것은 단지 투자금을 확보한다는 것 이상의 의미가 있다. 덜 먹고 덜 쓰는 과정을 겪으며 간절해진다. 자신의 자산, 수입, 지출 상태에 대해 주기적으로 점검하게 되고 객관적인 상황을 파악하게 된다. 이 돈을 모아서 어떻게 투자해야겠다는 청사진을 그리게 되고, 돈 공부를 해야겠다는 의욕이 생긴다. 또한 5,000만 원을 모으다 보면 인내심도 길러진다. 인내심은 성공하는 투자자가 가져야 할 가장 중요한 덕목 중 하나다.

✔ 구체적인 목표를 세워라

종자돈을 모았다고 끝이 아니다. 어렵게 모은 종자돈을 일하게 해야 한다. 구체적인 목표가 있으면 현명하게 일을 시킬 수 있다. 지치지 않고 오랫동안 투자를 지속할 수 있다. 숫자와 친해져라. 종자돈을 언제까지 얼마나 모을 것인지, 매월 투자금을 어떻게 더 확보할 것인지 계획하라. 그 돈을 10년, 20년, 30년... 꾸준히 굴렸을 때 얼마가 되는지 복리 계산을 해 보자.

✔ 부자를 꿈꾸는 사람들과 팀을 만들고, 당장 시작하라

이 세상에 흘러 다니고 있는 돈은 무한하다. 하지만 그 돈을 소수의 부자들이 독차지하고 있다. 요즘에는 부자 되는 방법을 너무나 쉽게 접할 수 있는 데도, 왜 부자 수는 정보에 비례해서 늘어나지 않을까? 행동하지 않기 때문이다. 행동하더라도 그걸 유지하는 기간이 짧기 때문이다. 인간의 의지는 원래 나약하다. 그래서 꾸준히 할 수밖에 없는 환경을 만들고, 자신을 내던져야 한다. 이제 고민은 그만, 뭐라도 당장 시작하라. 실행력도 습관이다. 운동해서 근육을 키우듯이 실행력도 키워나가야 한다. 그럼 당신도 부자가 될 수 있다.

PART 03

▼

부의 삼각형 1단계
부동산

욕망을 따르면
부자가 된다

사회 초년생이었던 우리는 17평 아파트의 전세금 5,300만 원을 전부 대출을 받으면서 결혼 생활을 시작했다. 나는 그동안 열심히 살았고 학창 시절 성적은 늘 상위권이었으며, 모두가 선호하는 교사가 되었는데 전셋집을 구할 돈도 없다는 현실을 깨닫는 순간이었다.

그 후 신혼 2년간 맞벌이를 하면서 5,000만 원을 모아 1억짜리 32평 전셋집으로 이사를 갔다. 그리고 첫째, 둘째가 태어나면서 긴 육아휴직이 시작되었다. 2014년은 여전히 부동산 침체기였고 많은 사람들이 우리나라 부동산도 일본처럼 될 것이라고 예상하던 시기였다. 그렇지만 우리는 실거주 한 채는 꼭 있어야겠다고 생각했고, 우리 상황에 맞는 집을 알아보기 시작했다. 결혼할 때 집 없는 설움을 겪어서 '내 집'을 갖고 싶었다. 결핍은 잘 사용하면 성장의 원동력이 된다. 이 첫 집 덕분에 모든 것이 달라졌다. 노동자가 아닌 자본가로 사는 인생이 시작되었다.

| 자본가의 삶을 시작하다 |

- 서울 역세권일 것
- 대단지일 것
- 단지에 어린이집이 많을 것
- 초품아(초등학교를 품은 아파트)일 것
- 5,000만 원으로 매수가 가능할 것
- 경기 북부 학교까지 자가용 출퇴근 한 시간 이내일 것

처음 집을 살 때 어떤 집을 골라야 하는지 쭉 작성했었다. 이 중에서 '5,000만 원으로 매수가 가능할 것'이라는 조건이 가장 중요했다. 전 재산이 5,000만 원이었기 때문이다. 그렇게 서울 끝자락에 2억 3,000만 원짜리 25평 집을 매수했고 리모델링까지 2억 5,000만 원이 들었다.

그 당시 주택 담보 대출이 집값의 70%까지 가능해서 1억 5,000만 원은 원리금 상환 30년의 주택 담보 대출로, 5,000만 원은 신용 대출을 받았다. 어차피 이 집에 평생 살 것도 아니고 살면서 내는 이자보다 집값이 더 오를 거라는 판단을 했다. 게다가 금리가 낮은 시절이었다.

내 집에서 산다는 기쁨과 만족감은 정말 컸다. 아이들은 1층에 있

는 가정식 어린이집을 편하게 다녔고, 하원 후 아파트 놀이터에서 노는 아이 모습을 볼 때마다 너무 행복했다.

그런데 살다 보니 25평 집은 좀 작았다. 아이들도 점점 클 텐데 화장실이 하나인 것도 걸렸고, 무엇보다 '학군'이 마음에 들지 않았다. 나는 어느새 32평 아파트, 좋은 학군을 원하고 있었다.

뭐든지 처음이 어렵지 그 후로는 점점 수월해진다. 집 한 채를 매수한 경험 덕분에 2016년부터 2017년 사이 아파트 5채, 오피스텔 1채를 살 수 있었다. 처음 한 번의 실행을 통해 부동산 자산가의 마인드를 얻게 된 것이다.

나 대신 일하는 자산 덕분에 긴 휴직 기간 동안 풍족하게 지냈다. 아이들이 어릴 때 일하지 않고 7년을 함께할 수 있었던 것은 정말 축복이었다. 여유 있는 마음과 시간들, 같이 일어나고 낮잠 자고 산책하고 책 읽고 평화로운 시간들이었다. 회사에서 자기의 커리어를 쌓고 일하면서 성취감을 얻는 사람도 있지만, 나는 그런 사람이 아니었기에 아이들과 함께하는 시간이 소중하고 그저 행복했다.

| 점점 더 좋은 곳으로 |

2017년 아이들을 키우고 싶다고 생각한 지역의 아파트 두 채를 매수했다.

2017년 아파트 가격이 2014년보다는 비쌌다. 하지만 두 군데 모두 살고 싶은 지역이었고, '이 정도 가격이면 충분히 메리트가 있다, 대출 원리금을 감당할 수 있다'는 생각에 두 군데 모두 임장을 간 첫날 계약서를 작성했다.

이때 매수한 두 채의 집이 순자산 30억을 만드는 데 큰 부분을 차지했다. 물론 다른 부동산과 주식도 시세 차익, 월세, 배당 수익을 주고 있다. 이런 자산들 덕분에 2021년, 복직 5개월 만에 사직서를 낼 수 있었다.

나는 내 집 마련을 원했다. 특히 32평 이상, 좋은 학군, '초품아'에서 살고 싶었다. 최대한 아이들과 오랜 시간을 함께하고 싶었다. 무엇보다 교사를 그만두고 싶었다. 이런 구체적인 목표와 꿈이 나를 여기까지 이끌었다. 결혼할 때 전세금도 없었던, 마이너스에서 시작한 우리가 신혼 2년간 딱 5,000만 원을 모아서 여기까지 온 것이다.

부부가 맞벌이해서 30억을 모으려면 얼마나 걸릴까. 한 달에 300만 원 정도 저축한다면 83년이 걸린다. 65세까지 일하면서 정년을 채워도 모으지 못할 금액이다. 마음속에 은밀하게 원하고 있는 것을 원대하게 상상하고, 이룰 수 있다고 믿어야 한다. 그것을 이루기 위해 오늘 당장, 사소한 것부터 실천하고 행동을 해야 한다. 목표 달성에 도움이 될 만한 행동을 하나씩 쌓아 가면서 완전히 새로운 마인드를 장착하라.

당장 편한대로 되는대로 살지 말고, 자산을 모아야겠다고 깨닫고 결심해야 한다. 거기에서부터 당신의 인생이 여유롭고 풍요롭게 변화될 것이다. 마음껏 상상하고, 원대한 꿈을 갖길 바란다.

레버리지를
현명하게 활용하라

우리나라에는 '전세'라는 독특한 제도가 있다. 세입자는 전세금 전부가 없어도 대출을 받아서 이자만 내면 원하는 집에서 살 수 있다. 투자자는 집값 전부가 없어도 매수할 수 있어서 좋다. 3억짜리 아파트를 사고 싶은데, 전세가가 2억에 형성되어 있다면 나에게는 1억만 있으면 된다. 이렇게 매매가와 전세가의 차이를 이용해서 집을 사는 것을 '갭 투자'라고 한다.

'레버리지leverage'를 이용하라는 말을 한 번쯤은 들어 봤을 것이다. 레버리지란 타인의 자본을 지렛대처럼 이용하여 자기 자본의 이익률을 높이는 것이다. 'leverage'가 '지렛대 사용', '지렛대의 힘'이라는 뜻인데 거기에서 나온 용어다. 타인의 자본이란 보통 금융 기관에서 받는 대출을 말한다. 내가 5,000만 원으로 6채의 아파트와 분양 오피스텔을 살 수 있었던 것은 갭 투자와 레버리지 활용 덕분이다. 고대 그리스의 물리학자이자 수학자인 아르키메데스는 충분히 긴 지렛대와 받침점이 있다면 지구를 들어 올릴 수 있다고 말했다. 그 정도로 레버리지의 힘은 위대하다.

〈표 3-1〉 아파트 투자 현황

투자 목적	아파트	매매가와 전세가 차이	대출
실거주	Ⓐ	실거주	주택 담보 1억 5,000만 원 신용 대출 5,000만 원
	Ⓑ	두 번째 실거주할 집 계약금 5,000만 원	신용 대출 5,000만 원
	Ⓒ	8,000만 원	신용 대출 8,000만 원
수익 실현	Ⓐ	2,000만 원	신용 대출 2,000만 원
	Ⓑ	4,000만 원	신용 대출 4,000만 원
	Ⓒ	4,000만 원	신용 대출 4,000만 원

첫 집을 매도하면서 자산이 5,000만 원에서 1억이 됐다. 그 1억과 대출을 활용해서 투자를 했다. 현재는 **실거주 Ⓒ**와 오피스텔만 남겨두고 모두 매도해서 대출을 상환하고, 수익을 실현한 상태다. 부동산 상승기가 영원하지 않기 때문에 다음 플랜을 위해 현금·달러 보유와 주식 자산을 모으는 데 사용하고 있다.

부자들도 대출을 잘 활용한다. 부동산을 살 때 값을 전부 현금으로 지불하지 않는다. 감당 가능한 수준의 대출을 받아서 좋은 자산을 더 모으는 데 집중한다. 내가 만약 2014년에 부동산 하락에 배팅해서 '현금을 더 모았다가 집값이 떨어지면 사겠다'는 생각을 했다면, 회사를 그만두지도 못했고 휴직을 7년이나 할 수도 없었다. 그때부터 지금까지 월 300만 원씩 8년간 모아봤자 2억 8,800만 원이다. 지금은 LTV, DSR 규제 때문에 대출이 많이 나오지도 않아서, 그 돈으로는 수도권 10억 아파트 매수도 불가능하다.

언젠가 실거주할 집을 미리 사놓을 때 또는 투자 목적으로 집을 살때, 전세 레버리지를 활용할 수 있다. 예를 들어 7억짜리 아파트의 전세 가격이 5억 5,000만 원이라면 현금은 1억 5,000만 원만 필요하다. 이때 신용대출 1억 원을 받을 수 있다면 현금 5,000만 원만 있으면 매수가 가능하게 된다.

아파트를 살 수 있는 돈을 모을 때까지 저축하는 것이 아니라 현재 가진 돈과 신용 대출, 전세 레버리지를 이용해 살고 싶은 아파트를 미리 매수하는 것이 좋다. 일단 사 놓고 현금을 더 모아서 그 집에 입주할 능력이 될 때 들어가서 살면 된다. 기존 세입자에게는 전세 퇴거 대출을 받아서 전세금을 돌려주면 된다. 이렇게 하면 내가 가진 돈보다 훨씬 좋은 아파트를 미리 사 놓을 수 있다.

뭐든지 하이 리스크, 하이 리턴이다. 원금을 잃지 않을 정도로 안전하면서 높은 수익을 주는 투자 방법은 이 세상에 없다. 나는 가진 것은 전혀 없었지만 인생을 바꾸고 싶었다. 그래서 과감하게 투자했지만, 그 과정에서 최소한의 안전장치를 생각했다. 교통이 좋고 그 지역에 더 이상 공급 물량이 없어서 전세가 잘 나가는 곳, 앞으로도 전세가

잘 나갈 곳, 내가 들어가서 거주할 수 있는 곳을 선택했다. **실거주 ®**, ©
는 당시 우리의 자본 1억에 비해 비쌌지만, 그 정도 대출은 살면서 갚
아 나갈 수 있다고 판단했기에 실행할 수 있었다. 전세가 잘 나가고, 대
출을 상환할 수 있어야 한다는 것이 우리의 가장 중요한 투자 전략이
었다.

| 대출은 평생 갚는 것이 아니다 |

대출을 두려워하고 편견을 가진 사람들이 많다. 안전하게 분수에
맞게 살라는 말을 한다. 그 이유는 다음과 같다.

첫째, 대출 이자가 아깝다. 정말 아까운 것은 카드값, 자동차 할부
이자다. 소비하려고 돈을 쓰고 거기에서 따라오는 이자는 정말 아깝
다. 하지만 부동산은 자산이다. 최소 몇 천만 원에서 몇 억은 있어야 부
동산이라는 자산을 가질 수 있다. 그 큰 투자금을 나 대신 은행이 내주
는 것이다.

은행에서는 나의 신용과 부동산이라는 담보를 믿고 돈을 빌려 준
다. 이자만 내면 그 큰 투자금을 얻을 수 있다. 발상의 전환이 필요하
다. 내가 내는 이자보다 부동산이 저절로 벌어다 주는 돈이 훨씬 크다.
기업들도 자기 자본으로만 사업을 하는 것이 아니다. 은행에서 대출을
받고, 투자자들에게 투자금을 받아서 기술도 개발하고 사업을 한다.

둘째, 대출 원리금 상환이 부담스럽다. 30년 동안 대출을 갚을 생
각을 하면 숨이 막히고 답답하다는 말을 한다. 한 집에서만 계속 살면
서 30년을 갚으면 답답하고 부담스러울 수 있다. 하지만 점점 더 좋은

집으로 이사를 간다면 평생 갚지 않아도 된다. 시세 차익을 얻으면서 점점 더 좋은 지역과 아파트로 옮겨 가면 대출을 평생 갚을 필요가 없다. 얻을 수 있는 시세 차익이 더 크기 때문이다.

셋째, '대출받아서 집을 샀는데, 집값이 떨어지면 어떻게 하지?' 아마 이 부분이 가장 염려스러운 부분일 것이다. 나 역시 2016년부터 대출로 6채를 사면서 이 고민을 가장 많이 했다. 그리고 고민 끝에 투자 목적과 투자 기간을 계획했다. 부동산 포트폴리오를 만든 것이다. 6채 중 1채는 월세를 받으면서 장기 보유를, 3채는 몇 년 안에 매도해서 시세 차익을 얻고 대출 상환을, 2채는 투자와 거주 목적을 동시에 가진 물건으로 세팅했다. 역전세와 금리 인상을 예상한 것이다. 자산 시장이 계속 상승하는 것이 아니기 때문이다. 다시 하락하는 시기가 올 것이고 그때를 대비해야 한다고 생각했다. 그리고 매월 상환이 가능한 원리금을 미리 계산해서 그만큼만 대출받았다. 최악의 경우에도 전세가 잘 나갈 곳을 골라서 투자를 했다.

이렇게 리스크를 무서워할 것이 아니라 위험을 해결할 수 있는 계획을 잘 세우면 된다. 자산을 보유하지 않고, 현금만 가지고 있는 것도 굉장한 리스크라는 것을 알아야 한다. 물가가 빠르게 상승하면서 현금 가치가 하락하기 때문이다.

대출을 현명하게 이용하자. 그럼 은행 대출은 우리의 훌륭한 투자 파트너가 된다. 이자만 제때 잘 내면 오래 오래 사용이 가능하다. 인플레이션 때문에 돈을 많이 모아서 내 집을 사고 투자를 하는 것은 거의 불가능하다. 내가 돈을 모으는 속도보다 자산 상승의 속도가 더 빠르다. 돈 공부를 하고 투자 실력을 쌓아서 대출이라는 제도를 잘 활용하길 바란다.

| 집값이 하락하면 정말 살 수 있을까 |

부동산은 사이클이 있다. 영원히 오르기만 하는 자산은 없다. 부동산도 반드시 침체기가 온다. 상승 속도가 더뎌지다가 오히려 집값이 하락하는 그런 구간이 올 것이다. 이럴 때가 실거주할 내 집을 살 좋은 기회다.

집값이 좀 저렴해지면 사겠다고 생각하는 사람이 많을 것이다. 그런데 사람 심리상 떨어지면 더 못 산다. 인간의 '손실 회피 본능' 때문이다. 지금보다 더 떨어지지 않을까 하는 불안감 때문에 가만히 있는 편을 선택할 것이다.

주식 투자를 할 때도 사람들은 그 회사의 가치가 아닌 가격만 보고 매수하는 경우가 많다. 며칠씩 급등하면 갑자기 좋아 보여서 따라서 사고, 주가가 하락할 때는 손실을 보고 매도를 한다. 가격이 오르면 좋아 보이고, 떨어지면 나빠 보이는 것이 인간의 심리다. 그래서 집값이 하락하면 구매 욕구가 떨어지면서 가치 대비 좋은 가격이 와도 매수하지 않는다.

자산의 가격이 하락하는 구간은 반드시 있지만 길게 보면 결국 우상향이다. 연 물가 상승률이 3~4%다. 힘들게 일해서 받은 월급을 그냥 통장에 두면 물가 상승만큼 내 돈의 가치가 점점 떨어진다. 누구나 살고 싶어 하는 집을 선점해야 한다. 그 집이 당신의 자산을 물가 상승률보다 높은 수익률로 보장해 줄 것이다. 이번 상승 사이클 때 내 집이 없음으로 인해 벼락 거지가 된 듯한 기분을 잊으면 안 된다.

　적당한 가격이 오면 실거주 한 채는 매수를 하는 것이 좋다. 금리 인상 시기에 원리금 상환을 할 수 있는지 계산해 보는 것은 필수다. 또한 어떤 경제 위기가 와도 보유하겠다는 마음가짐이 필요하다. 그 위기도 반드시 지나간다. 역사가 증명해 주고 있다. 이 결심이 없다면 투자를 시작하면 안 된다. 위기가 왔을 때 버티지 못하고 패닉셀을 할 사람이기 때문이다.

리스크 관리는
필수

모든 자산은 가격이 변한다. 긴 시간을 놓고 보면 가격이 우상향이 지만, 몇 년 단위로 확대해서 보면 상승과 하락이 반복된다. 이런 자산 시장의 특징을 충분히 알고 투자를 시작하는 것과 그렇지 않은 것은 큰 차이가 있다. 부동산 가격이 계속 오르니까 앞으로도 쭉 오를 것만 기대하면서 무리하게 투자를 하면 하락기를 감당할 수가 없다.

부동산 시장은 한 번 침체기가 오면 매도가 어렵다. 주식도 부동산 도 너무 많이 올랐을 때는 꼭지일 가능성이 크다. 그래서 리스크 관리 가 필수다. 한 마디로 언제 매수하고 매도할지 계획을 세워 놔야 한다. 지금이 상승기, 하락기 어느 쪽으로 움직일지 변곡점을 알아채는 능력 이 필요하다.

| 부동산 규제가 완화될 때가 기회다 |

'정부에 맞서지 말라'는 말이 있다. 2017년부터 각종 부동산 규제 정책이 나왔다. 결과적으로 부동산 값을 잡지는 못했지만, 다주택자에게 굉장히 피곤한 규제인 것은 분명하다. 지금까지 나온 규제 정책은 투기 과열 지구 등 규제 지역 발표, 재건축 초과 이익 환수제 부활, 민간 택지 분양가 상한제, 다주택자 종부세 인상, LTV·DSR 대출 규제, 강남 4개동 토지 거래 허가 구역 지정, 임대차 3법이 있다.

특히 다주택자를 대상으로 취득세, 종부세, 양도세 중과의 규제가 있다. 취득세 중과는 2주택 8.4~9%, 3주택 12.4~13.4%로, 세 번째 주택을 10억에 매수할 때 내야 하는 취득세가 1억 2,000만 원인 것이다. 양도세도 최대 82.5%로 부동산을 사서 취득세, 양도세 내고 나면 남는 이익이 거의 없다. 더구나 전세금은 5%씩만 인상할 수 있어서 2년마다 전세금을 올려 받으며 생기던 현금 흐름도 줄어들었다.

하지만 정부 규제가 영원한 것은 아니다. 집값이 횡보하거나 하락할 때, 미분양 아파트가 많을 때, 경기가 침체일 때, 이런 시기에는 각종 규제를 풀고 다주택자에게 혜택을 주기도 한다. 이명박 정부 시절 '2008년 금융위기'와 '대규모 뉴타운 미분양 사태'가 지속되자 정부에서 미분양 아파트를 사기도 했다. 박근혜 정부 때는 취득세 인하, 유주택자 청약 신청 가능, 주택 담보 대출 확대, 금리 인하 등의 정책을 펼쳤다.

대출과 각종 규제를 풀어 주면, 다주택자가 되어도 부담이 없고 리스크도 많이 줄어든다. 이때가 투자하기 좋은 기회이고 상승장이 시작하는 변곡점이다. 투자에도 관성의 법칙이 존재한다. 상승이나 하락

쪽으로 분위기가 형성되면 그 방향으로 꽤 긴 시간 동안 움직인다. 부동산 침체기에 저렴한 가격의 좋은 아파트를 선점해 놓으면 앞으로 더 떨어질 확률보다 올라갈 확률이 높다.

| 규제가 많을 때는 똑똑한 한 채 |

부동산 규제를 풀어 줄 때는 전세 레버리지를 이용한 갭 투자로 여러 채를 보유하는 것이 수익이 높다. 가지고 있다가 목적에 맞게 하나씩 매도하면서 부분적으로 수익을 실현하면 된다.

하지만 규제가 많을 때는 똑똑한 한 채, 일시적 2주택 전략이 낫다. 지금 집이 없는데 집을 사려는 사람과 더 좋은 집으로 갈아타기를 시도하는 일시적 2주택자는 대출 규제, 취득세, 양도세 등에서 좀 더 자유롭기 때문이다.

감당 가능한 수준에서 레버리지를 적극 활용해서 똑똑한 한 채를 매수하거나 갈아탈 수 있는 상급지 집을 알아보면 좋다. 다주택자라면 상대적으로 덜 좋은 집을 팔고, 가진 것 중에 가장 좋은 집을 남겨 놓는 전략을 써야 한다. 정부 정책에 맞서지 말고, 상황을 보면서 덜 위험한 방법, 그 안에서 최대의 이익을 얻을 수 있는 방법을 찾아야 한다.

| 갭 투자 리스크, 역전세와 금리 인상 |

갭 투자는 매매가와 전세가 차액만큼만 현금이 있으면 가능한 투자법이다. 전세 레버리지를 이용하는 것이다. 갭 투자를 할 때는 역전세를 꼭 염두에 두어야 한다. 4억 아파트를 3억 6,000만 원 전세를 끼고 매수하면 4,000만 원만 있으면 된다. 만약 투자금 1억 6,000만 원이 있다면 이런 집을 4채 정도 살 수 있다. 부동산 상승기에는 2년 후 전세금이 2,000만 원씩 올라서 투자자에게 8,000만 원의 현금이 더 생긴다.

반대로 부동산 하락기에는 2년 후 전세금이 2,000만 원씩 떨어질 수도 있다. 집이 4채였으니까 총 8,000만 원의 현금이 더 필요하게 되는 것이다. 이렇게 처음보다 전세 가격이 떨어지는 것을 '역전세'라고 한다. 갭 투자를 할 때는 역전세 상황이 올 수도 있음을 반드시 고려해야 한다. 나중에 전세금을 돌려줄 수 있으려면, 몇 채만 투자할 수 있을지 미리 계산을 해 두어야 한다.

갭 투자를 할 때 금리 인상에 대한 '시나리오'를 가지고 있어야 한다. 금리는 경제에서 중요한 역할을 한다. 유통되는 통화량이 너무 많고 물가가 오르면 중앙은행에서 금리를 인상한다. 금리를 인상하면 사람들이 은행의 예·적금 상품에 돈을 예치하기 때문에, 시중에 풀린 통화량이 줄어드는 효과가 있다. 각 정부의 중앙은행은 금리를 이용해 통화량을 조절한다.

나는 운이 좋게 금리가 저렴하던 시절 투자를 시작했지만, 이런 시기가 영원하다고 생각하지 않았다. 그래서 처음부터 길게 보유할 부동산, 월세용 부동산, 시세 차익용 부동산으로 투자 목적을 생각하면서 투자했다. 금리 인상에 대비해서 일부 수익을 실현하고 대출을 최대한 정리해야 한다고 계획을 한 것이다. 자기 자본이 많아서 대출받은 금액이 적다면 모두 장기 보유해도 된다. 하지만 나는 자기 자본보다 대출이 훨씬 많았기 때문에 이렇게 리스크 관리를 한 것이다. 투자가 위험한 것이 아니라 아무런 공부나 계획 없이 '무지성 묻지마 투자를 하는 사람'이 위험하다.

| 완벽한 타이밍은 맞출 수 없지만 투자 경험은 남는다 |

주식 시장에 '무릎에 사서 어깨에 팔아라'는 격언이 있다. 사람들은 가장 싸게 사서, 가장 비싸게 팔고 싶은 욕심이 있다. 그래서 가격이 좀 오르면 그 전 가격을 생각해서 못 산다. 매도할 때도 고점 가격을 다 받고 싶어서 욕심을 부리다가 팔지 못하고 강제 장기 투자를 하는 경우가 많다.

가격이 좀 올랐어도 그 자산이 앞으로 더 오를 상황이라는 판단이 된다면 매수해야 한다. 고점을 찍고 내려왔더라도 그 자산이 지금 가치 대비 비싸다는 판단이 된다면 매도해야 한다. 물론 반대로 지금 가격이 가치 대비 비싸면 사지 말아야 하고, 가치 대비 싸면 팔지 말아야 한다. 중요한 것은 그 자산의 가치다. 표면적인 가격만 보고 더 싸게 사고 더 비싸게 팔려는 것은 그냥 욕심이다.

부동산 사이클에 대한 판단이 필요하다. 현재 부동산 시장이 사이클의 어디쯤에 해당하는지를 스스로 판단하고 그에 맞는 전략을 세워야 한다. 지나고 보면 결과적으로 그 판단이 틀렸을 수도 있다.

하지만 공부해서 스스로 판단해 본 사람과 그렇지 않은 사람은 앞으로 투자 실력이 차이가 날 수밖에 없다. 부자로 사는 삶은 하루이틀 단기간에 정해지지 않는다. 긴 시간 지속적으로 좋은 자산을 모아 가면서 공부하고 경험하고 리스크 관리를 해야 한다. 판단이 틀렸다면 복기를 통해 수정하고 하나씩 교훈을 쌓아 가면 된다.

가만히 있으면서 머리로만 생각하면 얻을 수 있는 것이 없다. 실패하더라도 책상에 앉아서 혼자 공부하고 공부한 내용을 토대로 직접 실행해 보는 경험을 해야 한다. 이런 경험이 쌓이다 보면 점점 훌륭한 투자자, 승리하는 투자자가 된다.

강남 집값이
계속 오르는 이유

전 세계의 통화량은 계속 증가하고 있다. 〈그림 3-1〉은 한국은행에서 밝힌 우리나라 광의통화량으로 2001년부터 20년 넘게 지속적으로 돈이 풀리고 있음을 알 수 있다. 돈이 풀리면 풀릴수록 현금의 가치는 훼손된다. 물가, 자산 가격이 올라서 더 많은 현금을 지불해야만 소비할 수 있고 자산을 살 수 있기 때문이다.

현금의 가치는 하락하는 반면 자산의 가격은 지속적으로 증가한다. 시중에 풀린 돈이 부동산, 주식 등의 자산으로 흘러 들어가기 때문이다. 특히 좋은 자산일수록 상승 폭이 크다. 똑같이 2배가 되더라도, 5억에서 2배면 10억, 10억에서 2배면 20억이다. 두 자산의 가격 차이가 처음에는 5억이었는데 나중에는 10억 차이가 나는 것이다. 그렇기 때문에 우리는 항상 가장 좋은 자산이 뭔지를 알고 있어야 한다. 우리나라에서 압도적으로 높게 평가받는 강남 집값이 왜 비싼지 그 이유를 살펴보면 부동산 투자할 때 큰 도움이 된다.

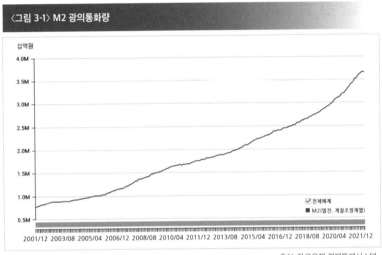

〈그림 3-1〉 M2 광의통화량

출처 한국은행 경제통계시스템

❶ 좋은 회사가 많다

나는 태어나서부터 결혼 전까지 서울 도심에서 살아서 특히 서울에 사람이 많이 산다는 것을 잘 모르고 살았었다. 출퇴근, 대학 등하교 시간 지하철에는 늘 사람이 꽉 차 있었고, 도로는 대부분 막혔다. 그러다가 결혼을 하고는 동네 근처만 운전해서 다니다 보니 가끔씩 서울 도심에 갈 때 지하철을 타면 깜짝 놀라고는 한다. '서울에 정말 사람이 많이 사는구나'를 새삼 느낀다.

어떤 나라든 일자리가 많은 도시가 집값이 비싸다. 특히 고학력자들이 모여 있는 일자리가 많을수록 더 비싸다. 출퇴근 시간 지하철을 '지옥철'이라고 한다. 지옥철을 매일 타다 보면 회사 근처에 살고 싶다는 생각이 간절해지는 것은 당연하다.

회사까지 왕복 3시간 걸리는 사람과 왕복 1시간 걸리는 사람은 매일 2시간의 차이가 난다. 직장인에게 2시간의 여유는 정말 소중하다. 운동, 독서 등 자기만의 시간을 더 갖는다든지 편하게 휴식할 수 있는 꿀 같은 시간이다.

강남(강남구, 서초구), 광화문(종로구, 중구), 여의도(영등포구, 마포구)를 서울의 '3도심'이라고 한다. 3도심에 서울의 직장이 많이 몰려 있다. 이 중에서도 강남에 사업체가 가장 많다. 강남구는 전국 226개 시군구 중 거주 인구보다 출퇴근 인구가 더 많은 유일한 지역이라고 한다. 모두 직장과 집이 가까운 것을 선호하므로 수요와 공급 법칙에 따라 강남의 집값이 비쌀 수밖에 없다. 게다가 강남은 대규모 계획도시로 만들어서 직주근접이 더 용이하다. 회사 밀집 지역과 거주 지역 아파트의 거리가 가깝기 때문에 사람들은 강남에 살고 싶어 한다.

❷ 학군이 좋다

강남은 학군이 좋다. 강남, 서초의 '8학군', '대치동 학원가'를 한번쯤 들어봤을 것이다. 강남은 선행, 심화, 개인 과외, 내신부터 수능까지 모든 것이 쉽게 해결되는 곳이다. 공부에 재능이 좀 있어 보이면 대치동에 전세나 월세를 얻어서 엄마랑 아이만 사는 집들도 많다. 이런 수요가 있기에 강남 전세는 지속적으로 잘 나가고, 그 수요를 바탕으로 집값도 오른다.

강남 학군이 왜 좋아졌을까? 좋은 일자리가 많다 보니 자연스럽게 고학력자, 고소득자가 모여 살게 되었다. 그들은 타고난 부자가 아닌 이상, 자녀가 자신처럼 공부를 잘해서 명문대에 가기를 원한다. 질 좋은 교육을 제공하고자 하는 의지, 한마디로 교육열이 높다.

그런 사람들이 많이 모여 사니까 니즈에 맞는 다양한 학원이 생겼고, 아이 특성에 따라 교육할 수 있는 선택의 폭이 넓다. 고소득자가 많이 살다 보니 학군이 좋아졌고, 학군이 좋아져서 고소득자가 많이 살게 되었다. 이런 현상이 반복되고 있는 곳이 바로 강남이다.

❸ 자부심을 느낄 수 있다

명품은 왜 점점 더 비싸질까. 비쌀수록 명품을 가진 사람들이 더 우월감을 느끼기 때문이다. 나는 비싼 물건을 살 만큼 능력이 뛰어나고 부자라는 것을 과시할 수 있어서 좋아한다. 그래서 명품 회사들도 애매하게 비싼 것보다 차라리 압도적으로 비싼 상품을 내놓아야 차별성이 생겨서 더 잘 팔린다고 한다.

강남도 마찬가지다. 우리나라 사람 중에 강남 집값이 가장 비싸다는 것을 모르는 사람은 없을 것이다. 명품 중에서도 가장 선호하는 명품이 '강남'인 것이다. 게다가 부동산은 한정된 땅 위에 짓는 것이라서 더 만들어 낼 수도 없다. 부동산을 사고 싶어 하는 사람은 많은데, 더 만들어 낼 수가 없는 곳이 강남이다.

모두가 갖고 싶어 하지만 가질 수 없는 곳이기에 강남에 사는 사람들은 우월감을 느끼며 큰 만족감을 얻는다. 단지 거주 목적이 아닌 그 이상의 무언가가 있는 것이다. 기존에 강남에 살던 사람들은 그 높은 만족감을 내려놓고 다른 곳으로 이사 가는 것을 원하지 않는다. 게다가 새로 강남에 집을 사고 싶어 하는 사람도 많다. 따라서 강남 집값은 장기적으로 계속 오를 수밖에 없다.

한마디로 대한민국에서 강남이라는 지역은 사람들의 모든 욕망이 모여 있는 집결지다. 사람들이 직장 근처에 살고 싶고, 좋은 환경에서 아이를 키우고 싶고, 자기를 과시하고 싶어 하는 것은 당연하다. 내 회사가 강남에서 멀더라도, 지방에 살더라도, 자본가 마인드를 갖고 강남을 눈여겨봐야 한다. 지금 당장은 갖지 못하더라도 다음 기회가 왔을 때 내 것으로 만들 수 있도록 안목을 키워 놔야 한다.

또는 내가 살고 있는 지역에서 대장 아파트를 매수하면 된다. 각 지역의 대장 아파트도 강남처럼 그 지역에서 특히 선호하는 아파트기 때문에 투자 대상으로 가장 먼저 고려해야 한다.

학군이 좋은 곳을 직접 찾아보자

경기침체의 시기가 와도 교육열은 쉽게 사라지지 않는다. 학군이 좋은 지역은 이사 오려고 하는 대기 수요가 많다. 그래서 전월세 가격이 뒷받침되고, 집값이 하락하더라도 지지선을 형성한다.

1. 중학교 학군 리스트 검색은 '아실'

출처 아실

'아실'은 PC, 모바일 앱에서 모두 이용할 수 있다. 지도에서 '학군'을 클릭해 보자.

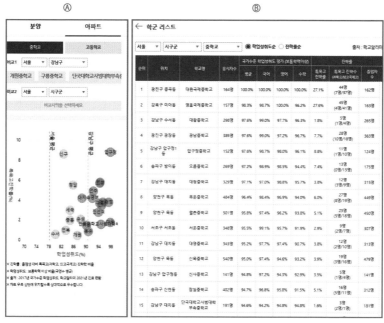

출처 아실

　Ⓐ : 지역 두 군데를 설정해서 학군을 비교해 볼 수 있다. 가로축은 학업 성취도(%), 세로축은 특목고 진학률(%)이다. 서울 평균과 강남구 평균을 비교한 것이다.

　Ⓑ : 지역을 선택하면 학업 성취도순, 진학률 순으로 나열된 학교를 볼 수 있다. 제일 위에 있는 대원국제중학교 학업 성취도 평가 평균을 보면 100%다. 학업 성취도 평가 결과 보통 학력 이상인 학생이

100%라는 뜻이다.

교육에 관심 있는 학부모들은 학업 성취도와 특목고 진학률이 높은 중학교에 배정받길 원한다. 그 중학교에 입학하기 위해 초등학교 고학년 때 학군지로 이사하는 가구가 많다. 선호하는 중학교로 배정되는 아파트가 특히 인기가 있다.

2. 학원가 검색은 '호갱노노'

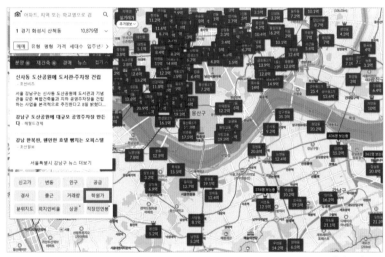

출처 호갱노노

'호갱노노'도 PC, 모바일 앱에서 전부 이용 가능한 서비스다. 화면 왼쪽 하단에 [학원가]를 클릭한다.

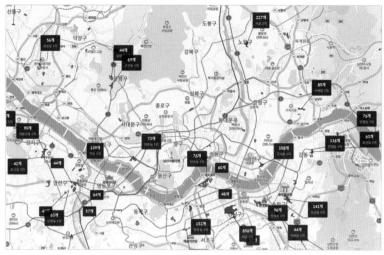

　　지역마다 학원이 몇 개인지 볼 수 있다. 서울 1위는 대치동으로 학원이 856개, 2위는 중계동으로 227개가 있다. 유명한 학원가는 유흥시설이 없고, 아이들이 공부하기 좋은 환경이 조성되어 있다. 간단히 사 먹을 수 있는 음식점과 카페, 편의점이 많아서 학원 쉬는 시간을 잘 활용할 수 있다. 스터디카페도 많은데, 서로 경쟁이 치열하니 합리적인 가격에 좋은 서비스를 받으며 자습하기에도 편리하다. 학원임에도 거의 1:1 과외처럼 맞춤형 개별 수업을 진행하는 등 다양한 형태의 학원이 많다. 자녀 교육에 관심이 많거나, 맞벌이를 해서 아이들이 안전한 환경 속에서 지내길 바라는 학부모들이 좋아할 만한 것들이 전부 있다고 보면 된다.

3. 실습

> ❶ 당신이 거주하고 있는 지역에서 학업 성취도 평균이 가장 높은 중학교는 어디인가?
>
> ❷ 그 중학교로 배정받는 아파트는?
>
> ❸ 그 아파트의 최근 실거래 가격은 얼마인가?
>
> ❹ 2015년 실거래가와 비교해서 얼마나 상승했니?
>
> ❺ 최근 침체기 때, 하방을 지지한 가격은 얼마인가?
>
> ❻ ❶~❺번 과정을 강남 지역에서 조사해 보자.

첫 시작은
아파트로

부동산을 살 때 나만 좋아하는 것을 사면 안 된다. 그 물건을 매도할 때를 생각해야 한다. 나중에 누군가가 내 물건을 사 줘야 이익을 얻을 수 있다. 우리나라 대부분의 사람들은 아파트를 선호한다. 그래서 아파트가 투자하기 쉽고 안전하다.

처음 내 집 마련을 고민 중이거나 초보 투자자라면 아파트부터 알아보는 것이 좋다. 빌라의 경우 아파트보다 신축이면서 가격도 저렴하다. 그래서 첫 집으로 빌라를 선택하는 경우가 많다. 하지만 자본주의 사회에서 가격은 이미 모든 것이 반영된 결과물이다. 시장은 우리보다 똑똑하다. 어떤 물건이 더 좋은 것인지, 인기가 많은 것인지 그때그때 가격으로 말해 준다.

빌라를 사면서 평생 빌라에 살 생각을 하는 사람은 거의 없을 것이다. 일단 저렴하니까 빌라를 사고, 이 빌라를 팔아서 나중에 아파트로 이사를 가야겠다는 생각을 할 텐데 현실적으로 이루어지기 쉽지 않다.

부동산 상승기에는 빌라보다 아파트 가격이 훨씬 더 오르기 때문에 가기 어렵고, 부동산 하락기에는 아파트보다 빌라가 더 팔기 어렵기 때문에 그렇다. 그래서 부동산 투자 초보에게는 아파트가 딱이다. 아파트부터 시작해서 경험도 쌓고 투자금도 더 모았을 때 재건축, 재개발, 상가주택, 꼬마빌딩, 땅, 경매 등으로 범위를 넓혀 나아가는 것이 정석이다.

| 아파트의 차별점 다섯 가지 |

사람들이 왜 강남과 아파트를 선호하는지 그 이유를 알면 부동산 투자에 도움이 된다. '인기가 많구나, 비싸구나' 감상하는 선에서 끝내면 안 된다. 왜 인기가 많은지 사람들의 심리를 분석할 수 있어야 한다. 부동산이든 주식이든 모든 자산의 가격은 그것을 사람들이 얼마나 원하느냐에 달려 있다. 아파트는 다른 주택에서 얻을 수 없는 차별화된 장점이 있다.

❶ 안전하다

탁 트인 넓은 공간에 많은 세대가 모여 살고 고층이기에 도둑이 들 가능성이 낮다. 집 거실에서 밖을 바라보면 훤히 다 보이는 덕분에 도둑이 아파트에 침입하기는 까다롭다. 동마다 경비원이 상주하고, 현관

비밀번호, CCTV 등 방범 시설이 잘되어 있어서 안전하다.

❷ 24시간 운영되는 관리사무소와 경비 시스템

누수, 역류, 정전, 엘리베이터 고장 등 살다 보면 집에서 사소한 문제들이 생기기 마련이다. 관리사무소에는 24시간 직원이 상주하고 있어 이런 문제들에 빠른 대응이 가능해서 편리하다. 분리배출, 종량제·음식물·생활 쓰레기 등 처리가 용이하다. 청소 시스템도 잘 갖춰져 있어서 늘 쾌적하고 깨끗한 환경이 유지된다.

❸ 주차가 편하다

서울에서 운전하다가 가끔 골목길로 진입하면, 다세대 주택이나 빌라가 많다. 주차 공간에 여유가 없어 골목길에 주차한 것을 쉽게 볼 수 있다. 주차로 인한 분쟁을 겪고 있다는 것을 알 수 있는 표지판들도 많다. 요즘 신축 아파트는 세대 수 대비 주차 수가 넉넉하게 마련되어 있다. 또한 각 동과 지하 주차장이 연결되어 있어 날씨 영향을 받지 않고 주차를 할 수 있어서 편리하다. 차량이 아파트 입구에서 바로 지하 주차장으로 이동하기 때문에, 아파트 단지 내에는 차가 다니지 않아서 안전하다.

❹ 어린이집, 놀이터가 많고 학교와 가깝다

아파트는 많은 가구가 모여 살다 보니 어린이집, 학교가 주변에 많다. 가정식 어린이집은 거의 동마다 하나씩 있고, 초등학교도 아파트 안에 끼고 있는 경우가 대부분이다. 단지 내에 특색 있는 놀이터들이 여러 개라 골라서 가는 재미가 있고, 집 안에서 놀이터가 보이기 때문에 안심할 수 있다.

❺ 커뮤니티 시설을 이용할 수 있다

헬스클럽, 수영장, 독서실, 카페, 무인 택배함 등 커뮤니티 시설을 저렴하게 이용할 수 있어서 입주민에게 큰 만족감을 준다. 같은 아파트에 사는 사람만 사용할 수 있다는 점에서 안전을 느끼고, 인프라가 좋은 곳에서 산다는 소속감과 자부심을 갖게 된다.

입지 분석하는 법

부동산 투자를 할 때 일단 네이버 부동산, 호갱노노, 실거래가 조회 등 사이트에서 내가 잘 아는 지역의 대략적인 정보를 알아보자. 그런 후 임장을 가서 다음 10가지 사항을 중점적으로 체크하면 된다.

| 10가지 체크리스트 |

- 교통이 좋은가?
- 일자리가 많은가?
- 학군이 좋은가?
- 초품아인가?
- 로얄동, 로얄층인가?
- 인기 평수인가?
- 500세대 이상인가?
- 호재가 있는가?
- 전세가 인기 있는 아파트인가?
- 자연 환경과 인프라가 좋은가?

가장 중요한 것은 가지고 있는 돈에 맞춰야 한다는 것이다. 강남이 좋고, 새 아파트가 좋다는 것쯤은 누구나 알고 있다. 하지만 지금 당장 그곳에 갈 수가 없다는 것이 문제다. 그렇다고 좌절하지는 말자. 가지고 있는 돈으로 투자할 수 있는 최고의 아파트를 고르면 된다. 인터넷, 휴대폰 앱 등에서 대부분의 정보를 얻을 수 있다. 아파트별, 평형별 실거래가와 호가를 알아 두면 비싸게 살 확률이 줄어든다.

교통과 일자리는 보통 같이 움직인다. 정부에서 국민들의 출퇴근 시간 단축을 위해, 일자리가 많은 곳에 새로운 교통수단을 만드는 경향이 있다. 대중교통을 이용했을 때, 아파트와 일자리 밀집 지역까지 도보를 포함한 시간이 얼마나 걸리는지를 체크해 봐야 한다.

서울 집값이 다른 도시보다 비싼 이유는 교통도 좋고 일자리도 많아서다. 지방이라도 시청, 법원, 공사 등 공공기관, 대기업 공장, 산업도시 등 일자리가 탄탄한 곳은 아파트 수요도 많다. GTX, 신분당선, 신안산선 등 새로운 교통 노선이 생기는 곳의 집값이 올랐다. 서울의 주요 업무 지역에 빠르게 갈 수 있기 때문이다.

학군은 안전한 환경, 수준 높은 또래 문화, 다양한 선택지가 있는 학원가, 이렇게 세 가지로 결정된다. 안전한 환경에는 물리적 요소, 심리적 요소가 있다. '초품아'처럼 아파트 단지 안에 초등학교가 있는 것을 선호하는 것이 물리적 요소다. 차가 다니는 큰 길을 건너지 않고 학교에 갈 수 있어서 선호한다. 심리적 요소는 일탈의 수준이 낮을 것이라는 기대감이다.

좋은 학군의 가정은 자녀 교육에 관심이 많고 경제적으로 안정되어 있는 경우가 많다. 최대한 휴대폰 사용을 늦추고, 독서와 운동, 문화

생활 등을 중시하는 집안일 가능성이 높다. 그런 가정 환경과 문화를 가진 아이들과 학급 친구가 되면 일탈의 범위가 좁을 것이라고 기대한다. 어릴 때는 친구보다 부모의 영향력이 크지만, 아이가 커갈수록 친구의 영향력이 커진다. 부모들은 아이가 학교, 학원에 가서 어떤 친구를 만날지 약간의 두려움을 갖고 있다. 수준 높은 친구를 만나 서로 성장하면서 좋은 또래 문화를 갖길 원한다. 평생 도움이 될 친구를 만들어 주고 싶은 마음이 있다.

또한 좋은 학군에는 유명한 학원가가 있다. 서울에서 유명한 학원가로는 대치동, 목동, 중계동이 있다. 학원가가 뒷받침되는 지역에 거주하면 자녀가 공부에 재능이 있을 때 뛰어난 학원 인프라를 사용하기 좋다. 맞벌이의 경우 자녀가 혼자 있는 시간이 많은데, 동네가 안전하고 아이가 시간을 보낼 수 있는 학원이 많은 곳을 선호하는 것이 당연하다. 이런 이유로 아파트를 살 때 학군도 중요한 요소 중 하나다.

로얄동, 로얄층, 인기 평수, 대단지 아파트는 나중에 매도를 쉽게 만들어 주는 요소다. 이런 물건이 부동산 상승장일 때도 하락장일 때도 가장 먼저 팔린다. 사람들 보는 눈은 다 비슷하다. 일단 단지가 크면 그 안에서 제공하는 커뮤니티 시설이 좋다. 거주 인구가 많기 때문에 대단지 위주로 도시 개발 계획을 짠다. 초등학교, 교통, 상권 등도 대단지 위주로 만들어진다. 그렇기에 그 지역의 랜드마크와 같은 역할을 할 가능성이 높다. 투자할 물건에 대해 구체적인 기준을 갖고 분석하는 것은 기본 중의 기본이다.

어떤 지역에 새로운 교통 노선, 대규모 공원, 쇼핑몰 등이 생긴다는 소식은 호재다. 없던 것들이 새로 생기면 많은 사람들의 관심을 받을 수 있고, 그런 호재들은 집값 상승을 견인한다.

전세 수요가 많으면 점점 전세가가 올라가고 전세가가 올라가면 집값이 올라간다. 그럼 투자자 입장에서는 지속적으로 전세를 주기도 좋고, 나중에 매도할 때는 잘 팔리고 수익도 볼 수 있어서 좋다. 부동산 침체기가 와도 전세가 잘 나갈 곳을 골라야 한다.

자연 환경으로는 한강, 서울숲, 호수 공원 등의 대규모 공원을 말한다. 이런 곳들을 집 안에서 볼 수 있는 아파트는 조망권 덕분에 높은 프리미엄을 가진다. 조망권이 아니더라도 접근성은 중요한 요소다. 한강은 바라볼 때도 아름답지만 산책하고, 운동하고, 커피를 마시고, 맛있는 음식을 먹고, 여유롭게 쉬기에도 좋은 공간이다.

도심 속에서 바쁘게 일하며 힘든 몸과 마음을 한강 공원에 가서 치유할 수가 있다. 더불어 대형 병원, 대형 쇼핑몰 등이 가까운 곳은 희소성을 갖고 있기에 좋은 입지다.

통계랑 친해져야 한다

부동산이든 주식이든 투자를 할 때 감으로 하면 안 된다. 수치화된 자료인 통계를 보면서 해석할 수 있어야 한다. 그래야 현재 상황을 객관적으로 판단할 수 있고, 투자하고 나서 불안하지 않다. 다른 사람을 설득하기 위한 발표를 준비하는 과정이라고 생각하라. 구체적인 자료를 수집하고 논리적인 근거를 찾아야 한다. 투자할 자산에 대해 집요하게 공부를 해야 한다. 누구도 당신의 선택을 대신해 줄 수 없다. 그 선택에 대한 책임도 오롯이 당신의 몫이다.

1. 매매 가격 지수, 전세 가격 지수

출처 한국부동산원

‘한국부동산원(https://www.reb.or.kr)’에 접속하면 화면 하단 가운데에 [전국 주택가격동향]이 있다.

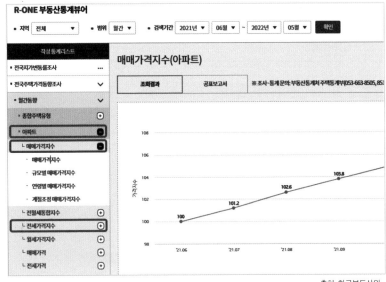

출처 한국부동산원

왼쪽 메뉴에서 [아파트] - [매매가격지수]와 [전세가격지수]를 클릭하면 통계를 볼 수 있다. 이 가격 지수는 기준일이 되는 기간을 ‘2021년 6월’을 100으로 놓고 상대적인 수치를 나타내는 것이다.

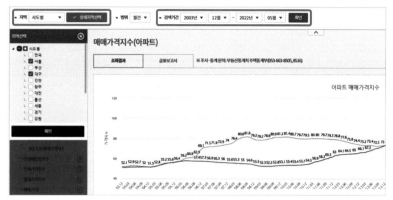

화면 상단에서 특정 지역을 체크해서 비교할 수도 있다. 검색 기간은 최대 2003년부터 현재까지다. 2022년 7월 기준, 대구에 공급 물량이 많아 미분양이 많다는 기사가 많다. 그래서 서울과 대구를 선택해서 매매 가격 지수(아파트)를 비교해 보았다.

2. 수요, 입주 물량

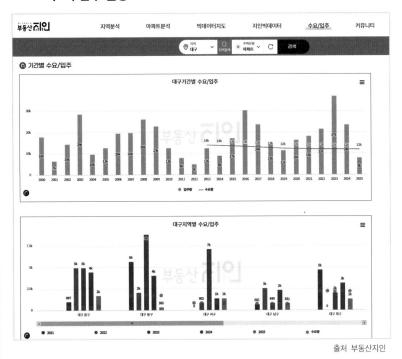

'부동산지인(https://aptgin.com)'에 접속하면 화면 상단에 [수요/입주 정보] 메뉴가 있다. [수요/입주 바로가기]를 클릭하면 특정 지역의 기간별 수요/입주 물량을 볼 수 있다. 대구 지역을 보면 2023년 입주량이 많음을 확인할 수 있다. 특히, 대구 중구, 동구, 서구의 입주량이 많다.

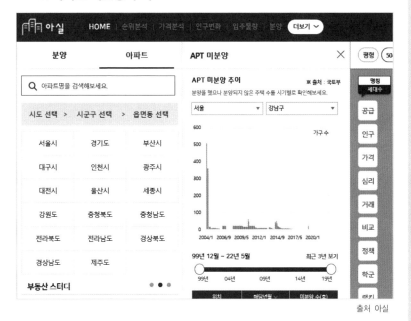

구분(지역)	인구수	2021 아파트			2022 아파트			2023 아파트			2024 아파트		
		수요량	입주량	범례	수요량	입주량	범례	수요량	입주량	범례	수요량	입주량	범례
대구	2,375,306	12,072	18,242	과잉	12,020	21,563	과잉	11,982	37,088	과잉	11,942	23,609	과잉
중구	78,984	378	987	과잉	400	4,952	과잉	398	4,964	과잉	397	4,461	과잉
동구	341,126	1,728	5,675	과잉	1,726	2,054	적정	1,721	8,814	과잉	1,715	4,025	과잉
서구	161,542	833	0	부족	818	902	적정	815	7,124	과잉	812	1,404	과잉
남구	141,285	725	681	적정	715	2,562	과잉	713	845	적정	710	2,358	과잉

출처 부동산지인

수요량, 입주량의 구체적인 수치와 [과잉], [초과], [적정], [부족] 상태를 직관적으로 알려 준다.

3. 아파트 미분양 추이

출처 아실

'아실(https://asil.kr)'에 접속하면 지역별 아파트 미분양 수량을 알 수 있다. 강남구를 보면 미분양 아파트가 없다. 화면 오른쪽에 [공급], [인구], [가격], [심리], [거래], [비교], [정책], [학군], [랭킹]을 하나씩 클릭해 보길 바란다. 부동산 관련 빅데이터를 쉽게 직관적으로 찾아볼 수 있다.

4. 청약 정보와 경쟁률

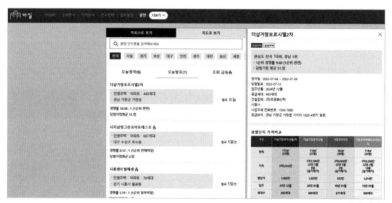

출처 아실

아실에 접속하여 화면 상단의 [분양]을 클릭하면 지역별로 청약하는 아파트 정보를 볼 수 있다. 22년 7월 12일, 경남 거창군에 있는 '더샵 거창포르시엘2차' 아파트의 청약 당첨 발표를 한다는 것을 알 수 있다. 그 밑의 정보를 보면 1순위 완판이었고, 경쟁률은 10.58:1, 당첨 가점 평균은 51점이었다. 오른쪽 화면을 보면 관심도 전국 16위, 경남 1위였다.

입주년월, 공급세대, 경쟁단지 가격비교 등도 확인이 가능하다.

5. 부동산 시세 확인

🏠 지역별 수요/입주													출처: 자체수집 (상시)	
구분(지역)	인구수	2021 아파트			2022 아파트			2023 아파트			2024 아파트		
		수요량	입주량	범례	수요량	입주량	범례	수요량	입주량	범례	수요량	입주량	범례
대구	2,375,306	12,072	18,242	과잉	12,020	21,563	과잉	11,982	37,088	과잉	11,942	23,609	과잉
중구	78,984	378	987	과잉	400	4,952	과잉	398	4,964	과잉	397	4,461	과잉
동구	341,126	1,728	5,675	과잉	1,726	2,054	적정	1,721	8,814	과잉	1,715	4,025	과잉
서구	161,542	833	0	부족	818	902	적정	815	7,124	과잉	812	1,404	과잉
남구	141,285	725	681	적정	715	2,562	과잉	713	845	적정	710	2,358	과잉

출처 부동산지인

현재 거래되고 있는 물건의 시세(매매, 전세, 월세), 최근 실거래가 등은 네이버 부동산, 호갱노노, KB부동산 사이트와 앱에서 볼 수 있다.

한국부동산원	부동산지인	아실
매매 가격 지수 전세 가격 지수	수요 입주 물량	미분양 청약 정보

네이버부동산	KB부동산	호갱노노
부동산 시세 실거래가	부동산 동향	부동산 시세 입지 분석

똑똑한 한 채는
언제나 옳다

처음부터 강남에 집을 살 수 있는 사람은 많지 않다. 가진 돈도 부족하고, 직장 때문에 강남이 아닌 다른 곳에 실거주 집이 필요한 경우도 있다. 입지 분석 체크리스트 10가지를 다 만족하는 아파트는 내가 가진 돈보다 비쌀 것이다. 가장 살고 싶은 지역과 아파트가 있겠지만, 돈이 부족할 때는 그에 맞춰서 몇 가지 조건은 내려 놔야 한다.

나도 처음에 갖고 있던 돈 5,000만 원과 근무지에 맞춰서 집을 골랐다. '짧은 출퇴근 시간, 서울, 역세권, 대단지, 초품아, 5,000만 원으로 매수 가능할 것', 이 여섯 가지를 가장 중요하게 생각해서 집을 매수했다.

강남, 신축 아파트, 학군이 좋은 곳, 넓은 집에 살고 싶었지만, 회사

위치와 가진 돈을 고려해서 내가 할 수 있는 최고의 선택을 했다. 그런 다음 점점 더 내가 살고 싶었던 지역, 넓은 평형으로 단계적으로 옮겨 갔다.

그래서 청약에 대해서도 잘 따져 봐야 한다. 정말 당첨 확률이 높은 청약 점수면 청약 당첨을 기다릴 수도 있다. 그렇지만 애매한 점수면 빠른 판단이 필요하다. 청약 당첨만 기다리다가 당장 실거주할 수 있는 좋은 아파트를 매수할 기회를 놓칠 수 있다.

| '똑똑한 한 채'가 의미하는 것 |

내가 생각하는 '똑똑한 한 채'는 가진 돈과 처한 조건을 고려했을 때, 현재 살 수 있는 가장 좋은 집이다. 내가 좋다고 생각하는 곳은 남들도 좋아할 확률이 높다. 그럼 하락기에도 실거주를 원하는 매수자들이 있어서 다른 곳보다 하락의 폭이 작다. 여러 채를 가진 사람들도 나머지부터 팔고 똑똑한 물건을 가장 끝까지 보유하기 때문에 '똑똑한 한 채'가 비교적 안전하다.

다주택자에 대한 정부 규제가 강화되면서 '똑똑한 한 채'라는 인식이 더 확고해지고 있다. 여러 개의 주택을 가진 경우 보유세, 양도세 등 세금 부담이 크기 때문이다. 2022년부터는 인플레이션으로 인해 금리도 오르고 있는 상황이다. 세금과 이자 부담을 덜기 위해 갖고 있는 물건들을 정리하려는 움직임이 있다. 앞으로 덜 오를 것 같거나 하락장이 왔을 때 팔기 힘들 것 같은 물건은 정리하고, 끝까지 갖고 가고 싶은 확실한 몇 개의 물건으로 갈아타는 것이다.

나도 최대의 레버리지를 이용해 부동산 투자를 했기에 '똘똘한 한 채'를 남겨 두고 나머지는 하나씩 처분하며 수익 실현을 했다. 부동산 하락기와 금리 인상기를 고려해서 내린 결정이었다. 지금의 상승장이 언제까지 지속될지 모르겠고, 앞으로 몇 년간 더 오를 수도 있겠지만 한 채만 남겨둔 것에 후회는 없다.

투자할 때는 리스크를 고려해야 한다. 부동산 하락기가 오면 어떤 상황이 펼쳐질지 미리 예상하고 대응해야 한다. 2014년부터 2017년 사이에 여러 개의 물건을 살 수 있었던 것은 앞으로 아파트 값이 떨어질 확률보다 오를 확률이 훨씬 높다고 통계를 보고 판단했기 때문이다. 만약에 예상대로 되지 않고 아파트 값이 떨어져도 전세 수요는 계속 있을 만할 곳을 매수했다. 감당 가능한 이자를 계산했었다.

다양한 상황을 고려하여 갖고 있는 돈에 맞게, 지금 살 수 있는 집들 중 최고를 골라 매수하는 것이 중요하다. 또한 금리 인상이 되더라도 원리금 상환이 가능한지 미리 계산을 해야 한다. 앞으로 더 좋은 집으로 가기 위한 전 단계로, 실거주하면서 살다 보면 나중에 더 오를만한 집을 매수하라. 다주택자에 대한 규제가 많은 요즘 선택할 수 있는 최고의 전략이다.

내 집 마련
6단계

부동산은 거래 금액이 크기 때문에 매수하는 데 막연한 두려움을 가질 수 있다. 몇 번 해 보면 '별 거 없네' 싶을 만큼 쉬우니까 미리 걱정할 필요 없다. 내 집 마련이든 갭 투자든 다음의 6단계를 거쳐 매수가 진행된다. 진행하다가 궁금한 내용은 부동산 소장님께 물어보거나 커뮤니티에 검색하면 대부분 해결할 수 있다. 요즘에는 네이버 '엑스퍼트'에서 각 분야 전문가에게 편리하게 전화 상담을 받을 수도 있으니 적극 활용해 보자.

❶ 재무 상태 파악 및 대출 계획 세우기

일단 가지고 있는 현금을 파악한 후 은행에서 주택 담보 대출과 신용 대출을 얼마까지 받을 수 있을지 상담을 받아야 한다. 또한 매월 상환해야 할 원리금(원금과 이자)이 수입 대비 적정해야 한다. 금리가 현재보다 2~3% 정도 인상되었을 때 이자가 얼마가 될지도 계산을 해 보자.

이때 주의할 점은 취득세, 부동산 중개 보수, 등기 비용, 이사 비용, 인테리어 비용 등을 아파트 가격에 포함해서 대출 계획을 세워야 한다는 것이다. 취득세, 부동산 중개 보수는 포털 사이트에 검색해 보면 알 수 있다.

❷ 시세 파악 및 온라인 정보 수집

'네이버 부동산'에 접속하면 관심 있는 지역에 매물로 나온 아파트의 최신 가격을 볼 수 있다. 지역을 설정하면 세대수 순, 최근 입주 순, 평당가 순으로 아파트를 정렬해 준다. 단지 정보, 시세/실거래가(최대 7년), 학군 정보, 지도 등을 보면서 최대한 자세하게 정보를 미리 수집해야 한다. 아파트 분양권도 확인할 수 있다.

〈그림 3-2〉 네이버 부동산

부동산 관련 카페나 지역 카페에서 해당 아파트에 대한 정보를 찾아보자. '호갱노노' 앱에서 실제 거주하는 사람들의 평을 참고하는 것도 좋다. 층간 소음, 도로 자동차 소음, 커뮤니티 시설 등 실제 살아봐야 아는 것들은 검색으로 찾아볼 수 있다.

❸ 부동산 방문 및 임장

사고 싶은 아파트 후보를 정했으면 이제 직접 가서 봐야 한다. 이때 부동산 업체 4~5곳 이상 전화를 해서 급매가 있는지 등 궁금한 것들을 물어본다. 그러다 보면 친절하면서 정리도 깔끔하게 잘해 주는 중개사가 누구인지 느낌이 온다. 세 군데 정도 추려서 집을 볼 수 있도록 시간 약속을 한다. 중개사와 만났을 때는 돈이 없어도 있는 척, 이 집이 마음에 들면 바로 사겠다는 인상을 줘야 한다.

모든 것이 사람이 하는 일이다 보니 부동산 중개인과 친해지면 더욱 좋다. 대화가 잘 통하는 사람을 만났다면 그 사람과 지속적으로 거래를 하는 것도 팁이다. 부동산 거래를 할 때 매매 계약서, 전세 계약서 등 서류를 쓸 일이 많은데, 자주 거래하다 보면 편의를 봐 줘서 시간을 아낄 수 있다. 그 사람만 알고 있는 좋은 급매 물건을 소개해 주기도 한다.

현장에 가서는 방향, 타입, 조망, 일조량, 누수, 수압, 난방, 싱크대 물빠짐, 베란다 배수, 층간 소음, 쓰레기 분리 배출 방식, 주변 혐오·유해 시설 등을 확인해야 한다.

아침, 낮, 밤 시간대 별로 가 보는 것을 추천한다.

❹ 계약 및 잔금

마음에 드는 집을 골랐다면 계약을 진행한다. 계약은 보통 가계약, 본계약, 중도금, 잔금 순으로 이루어진다. 가계약은 일단 소정의 금액을 입금해서 매물을 미리 찜하는 개념이다. 그리고 며칠 후 만나서 정식으로 매매 계약서를 작성하고, 매매가의 10% 계약금을 지불한다. 나머지 90%는 잔금일에 지급하므로 지급 여건이 되는 날로 신중하게 정해야 한다. 중간에 중도금을 주기도 한다. 잔금 후 부동산 중개 수수료를 지급하는데, 현금 영수증도 받을 수 있다.

❺ 소유권 이전 등기

부동산 소유권 이전 등기는 잔금일로부터 60일 이내에 취득세 신고와 함께 완료해야 한다. 셀프 등기를 하면 수수료를 절약할 수 있지만, 보통 부동산에서 소개해 주는 법무사에게 의뢰하거나 '법무통' 같은 앱에서 가격을 비교한 후 맡기기도 한다.

❻ 인테리어 공사

인테리어 공사는 잔금을 지불한 후 가능하다. 잔금을 지불하기 위해 전에 살던 집에서 이사를 나왔다면, 이삿짐은 이사 보관 업체에 맡기고 공사를 진행한다. 동네 업체에 공사를 맡기면 추후 AS가 빠르게 진행된다는 장점이 있다.

개별 업체에서 공사를 진행하면 일정을 조율하고 현장에 가 보느라 고생은 하겠지만, 인테리어 비용이 많이 줄어든다. 취향과 예산에 맞게 선택하면 된다.

부의 삼각형 1단계 – 부동산

| 요약 정리 |

✓ <u>부동산 투자는 자산 증식에 효과적인 방법이다</u>

아파트 투자의 장점은 전세 제도와 대출을 이용할 수 있다는 것이다. 실제 투입되는 현금이 작다는 뜻이다. 예를 들어 매매가 3억에 전세가 2억인 아파트를 매수한다면, 잔금 때 1억만 있으면 된다. 신용 대출 5,000만 원을 받을 수 있다면, 실제 투입되는 투자금은 5,000만 원이다. 그런데 이 아파트가 상승해서 6억이 되면 실현 수익이 3억이다. 실제 투자금 5,000만 원 대비 6배의 수익을 얻게 된다. 이런 특성 때문에 부동산 상승기에 자산을 증식하기 좋다.

이때 리스크 관리가 필수다. 전세 수요가 많은 아파트, 주변에 대규모 공급 물량이 없는 지역을 골라야 한다. 역전세난, 금리 인상기에 감당 가능한 대출 상환 원리금 등을 꼼꼼하게 체크하자. '똘똘한 한 채' 또는 '일시적 1가구 2주택' 전략을 생각하라. 가장 안전하면서 비교적 편하게 자산 증식을 하는 방법이다.

✓ 공급과 수요가 투자 성공의 핵심이다

'강남'과 '아파트'가 인기 있는 이유가 있다. 한마디로 공급보다 수요가 많기 때문이다. 누구나 강남에, 아파트에 살고 싶다. 따라서 당신이 가진 현금으로 갈 수 있는 그 지역의 대장 아파트를 고르면 성공 확률이 높아진다. 이런 곳은 부동산 하락기에도 실거주를 원하는 사람의 매수가 간간히 있기에 아파트 가격이 하방 경직성을 갖고 있다. 또한 상승기 때는 가장 먼저 오르고 가장 많이 오른다. 매수해서 직접 살아도 좋고, 당장 살 수 있는 형편이 아니라면 전세를 줘도 좋다. 인기 있는 지역과 아파트를 골라서 매수하면 마음이 편하다. 매수 후 마음이 편해야 투자에 성공한다.

✓ '입지 분석 10가지 체크리스트'와 '내 집 마련 6단계'를 기억하라

아파트는 거래 금액이 크고, 매수 절차도 복잡하기 때문에 계약서 작성 전에 최대한 꼼꼼하게 체크를 해야 한다. 온라인, 오프라인 모든 방법을 총동원해 입지를 분석하고 정보를 모아라. 내 집 마련 6단계를 참고해서 매수 과정을 미리 상상하고, 절차대로 원활하게 진행되도록 하라. 현장에 답이 있다. 좋은 중개사를 찾아서 대화를 많이 하고, 임장도 다양한 시간대, 다양한 요일에 가서 하면 좋다. 시간에 따른 일조량, 소음, 입주민 분위기, 유동 인구, 아파트 관리, 쓰레기 처리, 편의 시설 등 실제 가서 봐야 알 수 있는 것들이 있다.

✓ 하지만 주식 투자를 병행해야 한다

부동산 투자는 상승기 때 빠른 시간 안에 자산을 증식할 수 있어서 좋다. 하지만 환금성이 떨어진다는 큰 단점이 있다. 또한 임장을 직접 가야하고 계약 절차도 복잡해서 투자하는 데 시간을 많이 할애해야 한다. 반면 주식 투자는 휴대폰으로 편하게 거래할 수 있고, 소액으로도 투자할 수 있어서 좋다. 주식 투자로 빨리 부자가 되려는 조급함에 힘들고 실패하는 것이다. 안전하게 여유 있는 마음으로 하면 어느덧 어마어마한 부자가 되어 있을 것이다.

PART 04

부의 삼각형 2단계
미국 주식

미국 주식에 투자해야 하는
다섯 가지 이유

❶ 세계를 선도하는 기업은 미국에 있다

아침에 스타벅스 커피를 마시며 하루를 시작한다. 엔비디아의 그래픽 카드가 들어 있는 컴퓨터를 켜고 마이크로소프트의 윈도우 10, 워드, 파워포인트, 원노트를 사용하여 다양한 작업을 한다. 줌으로 강의, 컨설팅, 독서 모임 등을 진행한다. 모르는 것이 있을 때는 구글로 검색하거나 유튜브를 찾아본다.

운동할 때는 나이키 운동화와 운동복을 입고, 유튜브 프리미엄 구독으로 다양한 음악을 듣는다. 아이들은 해마다 여름이면 크록스를 신는다. 결제할 때는 비자카드를 사용하고, 3M 포스트잇을 이용해서 메모를 한다. 도미노 피자를 즐겨 먹고 밤에는 넷플릭스를 본다. 아이들도 넷플릭스의 다양한 영어 콘텐츠 덕분에 대형 어학원에 가지 않고도 영어를 잘한다. 다음 차는 테슬라로 사고 싶다.

나의 하루를 되돌아보면 미국 기업 물건과 서비스를 많이 사용하고 있다. 당신도 대부분 사용하고 있거나 한 번쯤은 들어본 회사들일 것이다.

〈그림 4-1〉 미국 시가 총액 상위 기업

출처 인베스팅닷컴(22.7.22)

물론 우리나라에도 좋은 회사가 많다. 그러나 전 세계 주식 시장의 총 시가 총액에서 미국이 차지하는 비중은 58%, 우리나라가 차지하는 비중은 2% 내외다. 전 세계 사람들 입장에서 생각해 보자. 외국의 투자자는 미국과 우리나라 중 어디에 투자하길 선호할까. 외국의 소비자는 어느 나라 제품을 더 많이 사용할까.

한국인의 시야를 벗어나 외국인 관점에서 생각해 보면 판단하는

데 도움이 된다. 미국에 유입되는 많은 투자 자금과 혁신하기 좋은 미국의 기업 문화 덕에 4차 산업혁명을 주도하는 대표적인 IT 기업이 미국에서 계속 나오고 있다. 미래를 주도하는 성장 산업과 기업이 만들어진 곳이 미국이었고 앞으로도 그럴 것이다.

❷ 모든 위기를 극복한 성숙한 시장이다

· **1914년** | 제1차 세계대전 발발	· **2000년** | 닷컴버블
· **1929년** | 월스트리트 대공황	· **2001년** | 미국 9.11 테러
· **1939년** | 제2차 세계대전 발발	· **2008년** | 금융위기 리먼 사태
· **1964년** | 미국 베트남전 참전	· **2018년** | 미중 무역 전쟁
· **1987년** | 블랙먼데이	· **2020년** | 코로나19 금융위기

미국 주식 시장이 생긴 지 약 150년이 넘었다. 많은 위기가 있었지만 역사적으로 모두 극복했다. 세계 패권을 유지하는 과정에서 미국 주식 시장은 끊임없이 성장해 왔다. 주식 투자를 하다 보면 늘 위기가 찾아온다.

경제 신문을 꾸준히 읽으면서 알게 된 것은 경제가 좋다는 희망적인 기사는 거의 없다는 것이다. 늘 이번 위기는 다르다는 식의 기사가 쏟아져 나온다. 주식 시장은 많은 돈이 모이고 거래가 쉽기 때문에 변동성이 생길 수밖에 없는 구조다.

기자들은 매일 기사를 쓰는 것이 그들의 일이다. 그래서 부정적인 내용의 기사를 계속 쓸 수밖에 없다. 기관 투자자들은 매년 실적을 내야 해서 잦은 거래를 한다. 수익 실현을 위해 매도하거나 경제 위기 때는 손절도 한다. 기자도 기관 투자자도 그게 일이라서 하는 것이다. 문제는 개인 투자자가 그런 부정적인 기사나 기관 투자자의 매도를 보고 주관 없이 휩쓸리고 손해를 본다는 것이다.

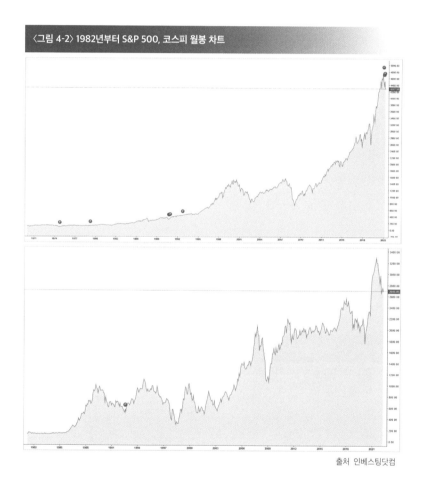

〈그림 4-2〉 1982년부터 S&P 500, 코스피 월봉 차트

출처 인베스팅닷컴

정말 이번에는 다른 것이 아닌가 하는 불안이 엄습하는 순간, 미국의 과거 차트와 데이터를 보면 흔들리지 않는 멘탈을 가질 수 있다. 미

국 주식 시장은 수많은 큰 위기를 모두 극복했다. 50년간 70배 상승한 S&P 500 지수를 보면 마음을 다잡을 수 있다.

개인 투자자의 무기는 시간과 인내심이다. 우리는 그저 미국 주식이라는 좋은 자산을 틈틈이 모아 가면 된다. 꾸준히 모아갈 수 있는 힘은 미국 주식 시장의 성숙함과 우상향하는 데이터에 있다. 참고로 코스피 지수는 같은 기간 동안 22배 상승했다.

❸ 주주 친화적인 문화를 갖고 있다

미국은 배당금 지급과 꾸준한 자사주 매입으로 주주에게 이익을 환원하는 문화를 갖고 있다. 기업이 사업을 통해 이익이 남으면 이익 잉여금을 쌓아 놓는데, 미국 기업들은 주주들에게 그 이익을 나누어야겠다는 의지를 갖고 행동한다. 국내 기업은 돈을 벌어서 평균 약 17~18% 정도만 주주에게 나눠주는 반면, 미국 기업은 약 40%를 나눠준다.

〈그림 4-3〉 미국 배당킹 종목 시가 총액순

Ticker	Name		Ⓐ Dividend Yield	Ⓑ Years of Dividend Increase
JNJ	Johnson & Johnson	Healthcare		
PG	Procter & Gamble Co.	Consumer Defensive	$145.07	2.5%	66
ABBV	Abbvie Inc	Healthcare	$153.62	3.7%	50
KO	Coca-Cola Co	Consumer Defensive	$62.50	2.8%	60
PEP	PepsiCo Inc	Consumer Defensive	$171.12	2.7%	50
ABT	Abbott Laboratories	Healthcare	$108.82	1.7%	50
LOW	Lowe's Cos., Inc.	Consumer Cyclical	$185.00	2.3%	60
MO	Altria Group Inc.	Consumer Defensive	$41.99	8.6%	52
MMM	3M Co.	Industrials	$130.13	4.6%	64
BDX	Becton, Dickinson And Co.	Healthcare	$239.24	1.5%	50
TGT	Target Corp	Consumer Defensive	$146.67	2.9%	51
CL	Colgate-Palmolive Co.	Consumer Defensive	$78.15	2.4%	60
ITW	Illinois Tool Works, Inc.	Industrials	$180.62	2.7%	58
EMR	Emerson Electric Co.	Industrials	$79.60	2.6%	65
KMB	Kimberly-Clark Corp.	Consumer Defensive	$134.68	3.4%	50
SYY	Sysco Corp.	Consumer Defensive	$87.62	2.1%	52
PH	Parker-Hannifin Corp.	Industrials	$248.36	2.1%	66
PPG	PPG Industries, Inc.	Basic Materials	$116.80	2.0%	50
HRL	Hormel Foods Corp.	Consumer Defensive	$47.79	2.2%	56
GWW	W.W. Grainger Inc.	Industrials	$457.40	1.5%	51
GPC	Genuine Parts Co.	Consumer Cyclical	$138.54	2.6%	66
CINF	Cincinnati Financial Corp.	Financial Services	$112.38	2.5%	62
DOV	Dover Corp.	Industrials	$120.53	1.7%	66
SWK	Stanley Black & Decker Inc	Industrials	$107.13	2.9%	54
NDSN	Nordson Corp.	Industrials	$207.67	1.0%	58

출처 슈어디비던드(22.7.18)

〈그림 4-3〉은 미국의 배당킹 종목을 시가 총액이 큰 것부터 나열한 것이다. 미국 배당주 중 50년 이상 끊임없이 배당금이 증가된 기업을 '배당킹'이라고 한다. 그림 상단의 Ⓐ(Dividend Yield)는 배당 수익률, Ⓑ(Years of Dividend Increase)는 배당금을 연속 인상한 연수를 말한다.

미국에는 25년 이상 꾸준하게 배당을 늘려 온 기업이 88개에 달하고, 분기 배당을 하는 기업이 많다. 국내 기업이 대부분 일 년에 한 번 배당을 주는 것과 대조적이다. 그래서 조기 은퇴를 희망하는 사람들은 현금 흐름이 좋은 미국 배당 주식을 선호한다.

자사주 매입은 기업에서 회사 주식을 사서 소각하는 것이다. 그럼 유통되는 주식 수가 줄어 들어 주식의 가치가 올라가는 효과가 있고, 주주의 이익에 도움이 된다. 세계 시가 총액 1위 기업인 애플은 2021년에 883억 달러의 자사주를 매입했고, 2022년에는 900억 달러를 매입할 거라는 발표가 있다. 배당금은 2021년 대비 5% 상승했다.

❹ 부자들은 달러를 갖고 있다

달러는 국제 금융 거래, 무역 등의 기본이 되는 기축 통화다. 미국이라는 나라의 신용 덕분에 어느 나라에서나 믿고 사용하는 통화인 것이다. 그래서 미 연준이 양적 완화를 하는지 금리를 얼마나 올리는지 전 세계가 주목하고 영향을 받는다.

우리나라도 국제 금융 거래를 하기 위해서 일정량의 달러를 항상 보유해야 한다. 1997년 '대한민국의 IMF 사태'는 바로 달러가 부족해서 생긴 외환 위기였다. 이때 우리나라의 많은 기업이 달러가 부족해서 부도가 났다.

앞서 말한 경제 위기 때마다 원화 대비 달러의 가치가 모두 급격히 올라갔다. 그만큼 달러 자체가 안전 자산으로 인식되고 있다. 대표적인 안전 자산에 달러, 금, 미국 채권 등이 있다.

안전 자산인 달러를 보유하면 원화 리스크를 줄일 수 있기 때문에 부자들은 '달러'를 갖고 있다.

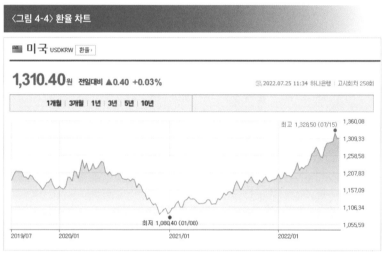

〈그림 4-4〉 환율 차트

출처 네이버 금융

〈그림 4-4〉를 보면 2020년 3월, 22년 초 세계 경제 위기 때마다 환율이 오르고 있다.

환율의 변동성을 이용해서 투자하는 방법도 있다. 환율이 낮을 때 달러를 사서 모으다가 환율이 많이 오르면 달러를 원화로 바꿔 이익을 얻는 것이다. 여기서 한 단계 더 나아가고 싶으면 바꾼 원화로 국내 주식을 사면 된다.

환율이 오르면 우리나라 주식 시장이 좋지 않을 확률이 높다. 그래서 환차익을 얻는 동시에 국내 좋은 주식을 저렴하게 살 수 있는 기회다. 잘 모르면 KODEX 200 ETF를 추천한다. 2022년 11월 기준 매수가 30,460원, 1년에 네 번 분배금을 지급한다. 분배금 총금액은 735원으로 매수가 대비 2.4% 정도다. 이 ETF를 사면 매년 분배금을 받으면서 추후 주가 상승의 이익도 얻을 수 있다. KODEX 200TR ETF도 있다. TR은 'Total Return'을 의미하는데, 받은 분배금을 자동으로 재투자한다는 뜻이다. ETF에 대한 자세한 내용은 앞으로 다룰 것이다.

❺ 마르지 않는 현금인출기를 가질 수 있다

〈표 4-1〉 주요 지수 비교

	S&P 500	나스닥 100	코스피	서울 아파트 매매 가격
1986년 지수	220	104	162	12.6
2022년 지수	3961	12396	2403	100.6
증가	18배	119배	15배	8배
36년간 연평균 성장률	8.4%	14.2%	7.7%	5.9%

출처 인베스팅닷컴, KB부동산, 22.7.25

〈표 4-1〉은 S&P 500, 나스닥 100, 코스피, 서울 아파트 매매 가격 지수를 비교한 것이다. KB부동산에서 매매 가격 지수를 발표한 것이 1986년부터라서 그때를 기준으로 직접 계산해 봤다. 36년간 S&P 500이 18배, 나스닥 100이 119배, 코스피가 15배, 서울 아파트가 8배 증가했다.

〈표 4-2〉1억 투자 후 보유 기간에 따른 자산 변화				(단위 : 원)
	S&P 500	나스닥 100	코스피	서울 아파트
10년 후	2억 2,400만	3억 7,700만	2억 1,000만	1억 7,700만
20년 후	5억	14억 2,300만	4억 4,000만	3억 1,500만
30년 후	11억 2,400만	53억 7,000만	9억 2,600만	5억 5,800만

　〈표 4-2〉는 각 자산에 1억을 투자한 후 10년, 20년, 30년 보유했을 때의 자산 변화를 계산한 것이다. 물론 아파트는 매매 가격이 크고, 갭 투자도 가능하기 때문에 더 큰 자산을 이룰 수도 있다. 여기에서는 매 수 후 편하게 장기 보유하는 경우를 말하고자 한다.

　S&P 500, 나스닥 100, 미국 지수에 오랜 기간 투자하면 큰 수익을 얻을 수 있다. 그야말로 나만을 위한 현금인출기를 갖는 셈이다. 워런 버핏은 자신이 투자로 성공한 비결에 대해서 이렇게 말했다.

　"최고의 기회가 있는 미국에서 살았고, 좋은 유전자를 물려받아서 오래 살았고, 이자를 복리로 늘렸기 때문이다."

　미국에 투자했고 오랫동안 복리 효과를 누리며 투자를 지속했기 에 가능했다는 것이다. 장기 투자한다고 모두 성공하는 것은 아니다. 꾸준히 성장하는 자산을 갖고 있어야 복리의 힘을 누릴 수 있다. 미국 보다 더 좋은 투자처가 있다면 거기에 투자를 하는 것이 맞다. 하지만 아직은 미국을 대체할 만한 투자 상품이 없는 것 같다. 당신만의 현금 인출기를 갖기 바란다.

초보자일수록
미국 ETF가 답이다

워런 버핏의 ETF에 관한 유명한 일화가 있다. 아내에게 유서를 쓴다면 어떤 내용을 쓰겠느냐는 질문에 "재산의 90%는 인덱스 펀드 ETF에 투자하라"라고 말한 것이다. 나도 이 말을 접하고 ETF에 대해 공부하고 투자를 시작하게 됐다. ETF가 무엇인지, 어떤 장점이 있는지, 특히 왜 미국 ETF가 답인지 하나씩 살펴보자.

| ETF는 과일 바구니 |

ETF를 이해하려면 먼저 펀드에 대해 알아야 한다. 사람들은 기업 또는 채권에 투자할 때 직접 투자를 하거나 자산운용회사에 맡긴다.

자산운용회사의 펀드 매니저는 고객이 맡긴 투자금을 고객을 대신해 운용하는데, 이를 펀드라고 한다. 이때 펀드는 인덱스 펀드와 액티브 펀드, 크게 두 종류로 나뉜다.

〈표 4-3〉 펀드의 종류

	인덱스 펀드 (index fund)	액티브 펀드 (active fund)
수익률	시장 지수와 거의 같은 수익률을 갖도록 설계 (주가, 채권, 금, 원유, 부동산 지수 등)	시장 지수를 초과하는 수익을 추구
종목 구성	시장 지수 추종	펀드 매니저의 역할이 중요하다

인덱스index는 '지수指數'를 뜻한다. 인덱스 펀드는 추종하는 지수의 변동과 동일한 투자성과의 실현을 목표로 구성된다. 목표로 하는 지수에 따라 펀드의 구성 종목과 수익률이 달라진다. 주요 인덱스로 한국에는 코스피 지수, 코스닥 지수, 미국에는 S&P 500 지수, 나스닥 100 지수가 있다.

액티브 펀드는 시장 초과 수익률을 얻기 위하여 적극적이고 과감하게 종목을 선정하여 운영하는 펀드다. 이를 판매하는 금융기관과 펀드 매니저의 역량에 따라 수익률이 달라진다. 펀드 매니저는 시장 전망에 따라 종목 선택과 자산 배분 등 적극적인 전략을 사용해서 인덱스 펀드보다 높은 수익률을 추구한다. 펀드 매니저의 역할이 중요하기 때문에 운용 보수가 인덱스 펀드보다 비싸다.

예를 들어 나스닥 100 지수에 속한 기업에 투자하는 펀드가 있다고 하자. 인덱스 펀드는 나스닥 기업 시가 총액 상위 100개 기업에 골고루 투자한다. 액티브 펀드는 펀드 매니저가 나스닥 기업 중 특히 더 성장할 것 같은 기업 몇 개를 골라서 투자한다.

인덱스 펀드는 과일 바구니라고 생각하면 이해하기 쉽다. 이미 과일이 다 담겨져 있어서 내가 과일 종류를 선택할 필요가 없다. 고민 없이 다양한 과일을 빠르고 편하게 살 수 있어서 좋다. 반면, 액티브 펀드는 과일 가게 직원에게 추천받은 몇 가지 과일을 담아서 선물 세트를 포장하는 것이다. 그래서 선물을 사는데 시간이 오래 걸리고 비싸며 직원의 선택에 영향을 받는다.

"S&P 500 인덱스 펀드 수익률이 펀드 매니저가 운용하는 헤지 펀드 수익률보다 높을 것이라는데 100만 달러를 걸겠다."

워런 버핏이 2006년 5월 한 인터뷰에서 한 말이었다. 이 말을 들은 뉴욕 헤지 펀드 운용사인 프로티지 파트너스가 도전장을 내밀었고, 워런 버핏의 'S&P 500 인덱스 펀드'와 프로티지 파트너스의 '헤지 펀드(액티브 펀드)'의 10년 내기가 시작됐다.

2008년 1월 1일부터 시작된 내기는 2017년 12월 29일 뉴욕 증시 마지막 거래일에 버핏의 승리로 마무리됐다. 누적 수익률을 비교해 봤더니 버핏의 ETF는 125.8%, 헤지 펀드는 36.3%로 인덱스 펀드의 수익률이 액티브 펀드를 압도했다.

액티브 펀드는 펀드 매니저가 직접 종목을 고르고 사고 파는 것을 자주 하다 보니 비용이 많이 발생한다. 그래서 인덱스 펀드에 비해 운용 보수가 높은데, 오랜 기간 투자하다 보면 이런 부분이 영향을 미칠 것이다. 펀드 매니저가 잘못된 판단을 할 수 있다는 위험도 있다. 물론 반대로 종목을 잘 골라서 수익률이 높을 때도 있을 것이다. 하지만 인덱스 펀드만으로도 충분히 훌륭한 수익을 얻을 수 있고, 심지어 편안하고 안전하기까지 하다. 굳이 위험을 무릅쓸 필요가 없다.

자, 그럼 ETF는 뭘까? ETFExchange Traded Fund는 인덱스 펀드를 거래소에 상장시켜 투자자가 주식처럼 거래할 수 있게 한 것이다. 그래서 ETF를 상장 지수 펀드라고도 한다. 상장되어 있는 지수를 추종하는 펀드라는 뜻이다.

앞에서 다룬 인덱스 펀드와 주식 거래의 장점을 모두 갖춘 혁신적인 투자 상품이다. 주식 거래소에 상장되어 있기 때문에 주식처럼 HTS, MTS, 전화 등으로 직접 매매할 수 있다. ETF가 펀드, 주식보다 좋은 점에 대해 구체적으로 알아보자.

| ETF의 장점 |

❶ 펀드보다 거래 비용이 저렴하다

ETF, 펀드 모두 운용사에 운용 보수를 지불한다. 나 대신 자산을 운용해 주기 때문에 보수를 지불하는 것이다. 이때 평균 운용 보수가 ETF는 0.3~0.4%, 펀드는 1.5~2.0%이다. ETF 평균 보수가 펀드 평균 보수의 5분의 1 정도로 저렴하다.

또한 펀드는 환매 조건이 있어서 조건을 채우지 못하고 환매하면 수수료를 내야 한다. 대출 중도 상환 수수료 같은 개념이다. 예를 들면, 투자 금액 설정으로부터 90일 미만 전에 환매 시 수익의 30~70%를 수수료로 부과한다. 그러나 ETF는 매도할 때 별도의 조건 없이 주식처럼 매매 수수료 0.013~0.5%만 내면 된다.

❷ 투자 정보를 편하게 볼 수 있다

ETF 정보는 증권사 앱이나 ETF 운용사 홈페이지에서 구성 종목과 각 종목의 비중, 보유 수량, 가격 등을 투명하게 실시간으로 공개한다. 펀드가 분기별로 자산 운용 보고서를 제공하는 것과 대조적이다.

❸ 실시간 매매가 가능하다

펀드 환매란 펀드에 투자한 투자자가 자신의 투자 지분의 전부 또는 일부를 회수하는 것을 말한다. 이때 환매 기준가 적용일은 보통 4~6일의 영업일이 소요되며, 환매 대금 입금에는 8일의 영업일이 소요된다. 그러나 ETF는 주식처럼 투자자가 직접 거래할 수 있으며, 실시간으로 변화하는 가격으로 바로 매매가 가능하다. 거래한 내역을 MTS(모바일 트레이딩 시스템)로 쉽게 확인할 수도 있다.

❹ 개별 기업 주식 투자보다 소액으로 분산 투자할 수 있다

시가 총액 상위 5개 기업의 주가를 살펴보면, 삼성전자 67,000원, LG에너지솔루션 41만 원, SK하이닉스 112,000원, 삼성바이오로직스 84만 원, NAVER 29만 원이다. 5개 기업에 분산 투자하려면 약 172만 원이 필요하다. 그런데 코스피 지수를 추종하는 KODEX 코스피 ETF(A226490)는 한 주에 27,000원(22년 4월 기준)이다. 27,000원이면 코스피 지수에 속한 모든 회사를 보유, 분산 투자할 수 있는 것이다.

미국의 시가 총액 상위 5개의 기업 주가는 애플 163달러, 마이크로소프트 289달러, 알파벳(구글) 2,388달러, 아마존 2,890달러, 테슬라 877달러다. S&P 500 지수를 추종하는 VOO ETF는 378달러다. 매월 사 모으기에는 비싸서 부담스러웠던 구글 280만 원, 아마존 350만 원, 테슬라 105만 원 등의 주식을 45만 원이면 보유할 수 있다.

❺ 기업 분석할 필요가 없다

미국 S&P 500 지수 ETF에 투자하면 따로 개별 기업의 재무제표나 정보를 공부할 필요가 없다. ETF를 관리하는 운용사가 알아서 미국 시가 총액 상위 500개 기업에 분산 투자를 하기 때문이다.

〈그림 4-5〉 전 세계 시가 총액 20대 기업

창조적 파괴 *전세계 시가총액 20대 기업   ▨ 기존 20대기업 ▨ 20대기업 신규진입

1990년	2000년	2010년	2020년
IBM	GE	엑슨모빌	애플
엑슨모빌	엑슨모빌	페트로차이나	아람코
GE	화이자	애플	MS
알트리아	시스코	BHP	아마존
도요타	씨티그룹	MS	알파벳
브리스톨	월마트	중국공상은행	페이스북
머크	보다폰	페트로브라스	텐센트
BP	MS	중국건설은행	테슬라
월마트	AIG	쉘	알리바바
BT	머크	네슬레	버크셔
코카콜라	노키아	차이나모바일	비자
P&G	인텔	버크셔	TSMC
로슈	BP	GE	삼성전자
시그나	GSK	월마트	존슨앤존슨
셰브론	NTT도코모	알파벳	월마트
듀폰	오라클	셰브론	JP모간
존슨앤존슨	AT&T	IBM	마오타이
버라이즌	코카콜라	P&G	마스터카드
펩시	IBM	HSBC	P&G
네슬레	존슨앤존슨	AT&T	네슬레

*출처:블룸버그이코노믹스

출처 블룸버그이코노믹스

불과 10년 전만 해도 전 세계 시가 총액 1위 기업은 엑슨모빌이었다. 2000년엔 GE, 1990년엔 IBM이었지만 지금은 시가 총액 상위 기업에서 엑슨모빌, GE, IBM이 사라졌다. 그래서 개별 종목에 투자하면 꾸준히 기업과 산업을 분석해야 한다. 하지만 개인 투자자는 직장 생활을 하면서 투자를 병행하기 때문에 이런 변화를 알아채는 것이 쉽지 않다.

S&P 500 지수 추종 ETF는 시대의 흐름을 벗어나 실적이 나빠지는 회사에는 투자하지 않는다. 3개월마다 실적에 따라 편입·편출, 리밸런싱을 하기 때문이다. 그만큼 투자자 입장에서는 큰 노력 없이 시대의 변화에 맞는 기업에 투자를 지속할 수 있다.

❻ 다양한 상품이 많아서 투자 목적에 맞게 고를 수 있다

대표적인 시장 지수에 투자하는 ETF뿐만 아니라 요즘에는 다양한 테마를 가진 ETF 상품이 나오고 있다. 메타버스, 게임, 2차 전지, 반도체, 리츠, 건설, 헬스케어 등 많아서 내가 좀 더 선호하는 산업에 투자할 수 있다. 채권, 금, 은, 원자재 ETF도 있다.

ETF 상품은 장점이 많다. 앞에서 왜 미국 주식에 투자해야 하는지 다섯 가지 이유도 살펴봤다. 따라서 우리는 두 가지 장점을 결합한 미국 ETF에 투자하면 된다. 전 세계 ETF 시장에서 투자자들이 ETF에 투자한 순자산 총액 기준으로 미국 ETF 점유율이 68%이다. 글로벌 ETF 비중이 28%, 아시아 태평양 ETF 비중이 4%다. 세계 ETF 시장도 주식 시장과 마찬가지로 미국이 선도하고 있는 것이다. 돈은 정확하다. 어디에 돈이 많이 몰려 있는지를 보고 그곳에 투자하면 승리한다.

| 주식 투자에 실패하는 사람들의 패턴 |

주식 투자가 선택이 아닌 생존을 위한 필수 도구임을 깨달아도 선뜻 시작하기가 어렵다. 일단 주식에 대한 모든 공부가 완벽해지면 시작하려고 한다. 계속 책을 읽고 유튜브를 듣고 주식 카페에 들어가 정보를 수집한다. 심지어 유료 리딩방에도 가입한다.

어느 순간 지나치게 많은 정보 때문에 혼란스럽고 답답해진다. 어떤 것을 선택해야 할지, 나한테 맞는 방법이 뭔지, 어떤 회사가 좋은지 판단하기가 어렵다. 그러다가 투자 자체를 포기한다. 어차피 위험한 주식 투자는 하지 않는 것이 정답이라고 합리화하면서 말이다.

나 역시 임용고시를 준비할 때 비슷한 패턴을 겪었다. 임용고시는 중학교, 고등학교 시험과는 차원이 달랐다. 공부해야 할 양도 많았고 난이도도 높았다. 그래서 합격 수기를 계속 읽으면서 유명한 강사의 정보와 모의고사 문제집을 모았다. 하지만 내 것으로 소화시킬 시간도 없이 정보를 모으기만 하니까 오히려 더 혼란스러웠다. 그 결과 두 번의 불합격을 겪었다. 심기일전 후 세 번째 도전에서는 여러 번 반복해서 볼 수학 전공 원서, 교재, 일 년 믿고 따라 갈 강사를 정하고 시작했다. 더 이상 정보를 모으지 않고 일부러 차단하면서 내 것에만 집중했다. 그랬더니 마침내 높은 점수로 합격할 수 있었다.

투자도 마찬가지다. 책, 유튜브, 투자 카페, 증권사 자료, 각종 투자 관련 애플리케이션 등 투자와 관련된 정보가 너무 많다. 어떻게 투자로 성공해서 부자가 됐는지 그 방법도 성공한 부자의 수만큼 다양하다.

정보의 홍수 속에서 많은 사람들이 투자를 포기하거나 돈을 잃는다. 또는 내가 고른 종목에 확신이 없어서 매일 주식 앱을 들여다보며 고통스러워한다. 주가가 하락하면 불안해서 쳐다보고 주가가 오르면 언제 팔지 몰라서 쳐다본다. 경제적 자유를 얻으려면 투자를 해야 한다고 해서 시작했는데, 돈도 못 벌고 마음은 괴롭고 일상생활마저 제대로 하기 힘겨워진다.

수학 교과서에 나온 개념을 제대로 모르면 수학의 정석, 최상위 문제집, 모의고사를 아무리 풀어도 수능에서 1등급을 받기 어렵다. 비싼 족집게 과외나 학원도 모두 소용없다. 대학생 때 학군지 학원에서 수학 강사로 일하면서 무엇이든 기초 공사가 중요하다는 것을 느꼈다. 기초 공사가 부실한 채로 시간과 돈을 투입하는 것은 '밑 빠진 독에 물 붓기'다.

일단 가볍게 수학 교과서 공부부터 시작해야 한다. 문제집에 나오는 복잡한 개념과 공식은 사실 필요 없다. 그리고 시작했으면 끝까지 공부를 지속해야 한다. 수학 공부를 마음먹었지만 늘 집합 단원만 공부하고 포기한 경험이 누구나 있을 것이다. 앞부분만 공부하면서 수학을 잘 할 수는 없다.

그래서 ETF 투자를 추천한다. 너무 많은 정보를 적당히 차단하고, 일단 시작하는 것이 중요하다. 나에게 맞는 ETF를 찾는 것이 개별 종목을 찾는 것보다 훨씬 쉽고 오래 지속할 수 있으며 멘탈 관리 측면에서도 유리하다.

주식 투자에 있어서 교과서 같은 역할을 하는 것이 바로 ETF다.

교과서 개념도 모르면서 그보다 어려운 것을 공부해 봤자 효과는 없고 시간 낭비일 뿐이다. 일단 ETF로 투자를 시작하고, 시장 지수보다 높은 초과 수익을 원한다면 그때 더 깊이 있게 개별 회사에 대한 투자 공부를 하면 된다.

왕초보를 위한 미국 주식 Q&A

주식 투자도 어려운데 미국 주식에 투자하라고? 어떻게 해야 할지 막막한 마음을 충분히 이해한다. 하지만 주식 투자에서 중요한 것은 결국 숫자다. 숫자는 전 세계가 공통적으로 사용하니 얼마나 다행인가. 그리고 핵심적인 용어 몇 개만 반복되므로 그것만 알아 두면 된다.

더 자세한 내용을 알고 싶을 때는 사이트 번역 기능을 활용하면 된다. 또한 네이버나 구글, 유튜브에 기업을 검색하면 유용한 정보들을 쉽게 찾아볼 수 있다. 그러니 먼저 겁먹을 필요 없다. 남들이 어려워서 시작하지 못하는 미국 주식, 그곳에 당신을 풍요롭게 만들어 줄 보물이 있다. 다음은 미국 주식에 대해 궁금해 하는 질문들이다.

지금 당장은 몰라도 된다. 처음에는 '이런 것이 있구나' 하며 대충

훑어만 보고, 투자하다가 궁금한 것이 생겼을 때 관련 내용을 하나씩 보는 것을 추천한다.

❶ 영어를 못해도 미국 주식에 투자할 수 있나요

나도 영어를 못하지만 투자하는 데 아무런 문제가 없다. 국내 증권사 앱이나 사이트에서 미국 주식 이름만 검색할 줄 알면 투자가 가능하다. 미국 사이트를 보고 싶을 때는 한글 번역을 활성화시키거나 구글 번역기, 네이버 웨일 퀵서치 기능을 사용하면 된다. 자주 쓰이는 영단어 몇 개만 알아 놓으면 번역 없이도 편리하게 정보를 볼 수 있다. 나머지는 모두 숫자라서 괜찮다. 국내 증권사 [리서치] 메뉴에 들어가면 미국 주식 종목에 대한 애널리스트 분석 리포트도 한글로 편하게 볼 수 있다.

❷ 미국 숫자 읽는 법

미국 시가 총액 1위 기업인 애플의 시가 총액은 2.51T달러다. 2.51T달러? 얼마를 말하는 건지, 원화로는 얼마인지 머릿속이 하얘질 것이다. 그때는 다음 표만 알아 두면 된다. 이것을 가지고 미국 시가 총액 1위부터 5위까지 시가 총액을 실제로 계산해 보자.

<표 4-4> 미국 숫자 읽는 법

미국 숫자	읽는 법	달러	원화로 환산 (1달러=약 1,000원)
1K	one thousand	1,000 (일천 달러)	백만 원
1M	one million	1,000,000 (백만 달러)	십억 원
1B	one billion	1,000,000,000 (십억 달러)	일조 원
1T	one trillion	1,000,000,000,000 (일조 달러)	천조 원

K, M, B, T로 갈수록 1,000배씩 커진다. 계산하기 편하게 대략 1달러를 1,000원이라고 하자.

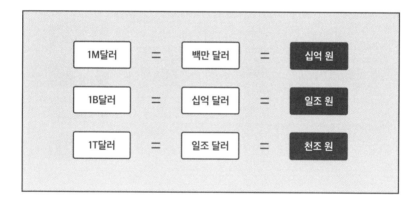

미국 주식 기업 분석에 가장 많이 쓰이는 숫자가 B와 T다. 1B달러는 일조 원, 1T달러는 천조 원이라고 외우자.

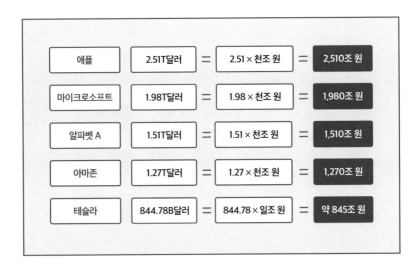

종목 ≑	기호 ≑	종가 ≑	변동 % ≑	시가 총액 ↓
애플	AAPL	155.35	1.51%	2.51T
마이크로소프트	MSFT	264.84	0.98%	1.98T
알파벳 A	GOOGL	114.34	0.39%	1.51T
알파벳 C	GOOG	115.04	0.3%	1.51T
아마존닷컴	AMZN	124.63	1.51%	1.27T
테슬라	TSLA	815.12	9.78%	844.78B

〈그림 4-6〉 미국 시가 총액 상위 5개 기업

출처 인베스팅닷컴

애플, 마이크로소프트, 구글(알파벳 A. C), 아마존, 테슬라의 시가 총액을 원화로 환산해 보자.

애플	2.51T달러	=	2.51 × 천조 원	=	2,510조 원
마이크로소프트	1.98T달러	=	1.98 × 천조 원	=	1,980조 원
알파벳 A	1.51T달러	=	1.51 × 천조 원	=	1,510조 원
아마존	1.27T달러	=	1.27 × 천조 원	=	1,270조 원
테슬라	844.78B달러	=	844.78 × 일조 원	=	약 845조 원

참고로 삼성전자 시가 총액이 367조다.

❸ 증권사 선택할 때 고려할 것

국내 증권사는 20개 정도가 있다. 증권사를 선택할 때 가장 고려해야 하는 것은 거래 수수료, 환전 수수료, 이용자 수다. 수수료는 저렴할수록 좋고 이용자 수는 많을수록 좋다. 거래를 하다가 궁금한 점이 생기면 검색을 하게 된다. 이때 이용자 수가 많을수록 검색했을 때 나오는 정보가 많다. 또 고객센터도 이용하기 편리하게 잘 되어 있을 확률이 높다.

그 다음은 HTSHome Trading System(홈트레이딩 시스템), MTSMobile Trading System(모바일 트레이딩 시스템)가 사용하기 편한지, 나에게 필요한 기능을 얼마나 제공하는지를 고려하여 선택하면 된다. PC에서 거래할 때는 HTS, 휴대폰에서 거래할 때는 MTS를 사용한다.

거래 수수료는 매매를 할 때 발생하고 증권사에서 이익을 취하는 수수료다. 보통 0.2% ~ 0.3%인데, 증권사마다 비대면 계좌 개설시 다양한 이벤트를 진행하므로 가입을 언제 하느냐에 따라 조금씩 달라진다.

현재 거래 1위 증권사는 키움증권이다. 나는 거래 수수료 0.08%, 환전 우대 95% 조건으로 키움증권을 사용하고 있다. 처음에 비대면 계좌 개설을 하면서 40달러도 받았다.

미국 주식 거래를 할 때 미국에서 진행되고 있는 가격 정보를 실시간으로 반영해서 보려면 '실시간 시세 서비스'를 신청해야 하는데, 그것도 이벤트로 무료로 이용 중이다. 원래는 월 1~2달러를 내야 한다. 이 서비스를 신청하지 않으면 15분 정도 지연된 정보를 봐야 한다.

20개 증권사 중 제일 좋은 증권사를 고르려고 하지 말고 나에게 맞는, 내가 사용하기에 편한 곳으로 선택하길 바란다. 이 책에 나오는 설명은 키움증권으로 되어 있지만 기능은 대부분 비슷하다.

❹ 미국 주식 거래 시간과 휴장일

〈표 4-5〉 키움증권 미국 주식 거래 시간

		서머타임 적용	서머타임 해제 (11, 12, 1, 2월)
미국 주식 거래 시간 (한국 시간으로)	프리마켓 (장전)	17:00 ~ 22:30	18:00 ~ 23:30
	정규장	22:30 ~ (익일) 05:00	23:30 ~ (익일) 06:00
	애프터마켓 (장후)	05:00 ~ 07:00	06:00 ~ 07:00

미국은 서머타임 기간이 있어서 그때는 정규장 시작하는 시간과 마감 시간이 1시간씩 앞당겨진다. 서머타임은 3월 둘째 주 일요일부터 11월 첫째 주 일요일까지다. 프리마켓, 애프터마켓 시간은 증권사마다 다르다. 미국 주식 휴장일은 우리와 다르지만, 네이버 등의 포털에서 검색하면 쉽게 알 수 있다.

❺ 환전과 원화 주문

미국 주식을 사려면 일단 달러가 필요하다. 환전이 어려울 것 같아서 미국 주식을 시작하지 않는 사람을 많이 봤다. 그런데 환전은 생각처럼 복잡하지도, 어렵지도 않다. 증권 계좌에 원화를 입금한 후 환전을 하면 된다. 원화를 달러로, 달러를 원화로 하는 모든 환전이 증권사 앱에서 가능하다.

이때 중요한 것이 환전 수수료다. 환전 수수료 95% 우대란, 원래 환전 수수료를 100원 내야 하는데 95%를 할인해 줘서 수수료를 5원만 내면 된다는 뜻이다. 요즘 증권사들의 경쟁이 치열해져서 환전 우대 조건이 점점 좋아지고 있다.

달러로 환전하지 않고 원화로 미국 주식을 매수하는 방법도 있다. 이를 '원화 주문 서비스'라고 한다. 내가 원화로 주문하면 그 즉시 알아서 달러로 환전해 주는 시스템이다. 미국 주식을 주문하는 시간이 환전 업무가 마감된 시간이라면 증권사에서 대략 환전을 해 놓고, 그 다음 날에 고시환율로 적용해서 정확히 계산한다. 증권사 앱에서 미리 원화 주문 서비스를 신청하면 사용이 가능하다. 미국 주식을 매도하면 계좌에 달러로 입금된다.

환전에 익숙해지면 일명 '환테크'도 할 수 있다. 달러가 쌀 때 미리 사 모으다가 달러가 비싸지면 원화로 바꾸면서 그 차익만큼 수익을 얻는 방법이다.

❻ 세금

미국 주식을 하면서 낼 수도 있는 세금은 크게 세 가지로 양도소득세, 배당 소득세, 금융 소득 종합과세가 있다. 그 차이점을 알아 두자.

<표 4-6> 세금 종류 세 가지

세금	세금 발생 조건	기본 공제	세율	납부 방법
양도소득세	매도 수익 250만 원 초과	250만 원	22%	다음 년도 4월~5월 신고 (증권사 무료 대행 서비스)
배당 소득세	배당금을 받을 때	없음	15%	원천 징수
금융 소득 종합과세	배당금 2,000만 원 초과	2,000만 원	6~42%	다음 년도 5월 종합소득 신고

양도소득세는 매도를 해서 수익이 발생하면 내는 세금이다. 250 만 원은 공제하고 나머지 금액에 대해 22%를 내야 한다. 올해 매도로 1,000만 원의 수익을 얻었다면, 다음 해 4~5월에 신고를 하는 방식이 다. 250만 원의 기본 공제를 받고 750만 원에 대해 22%의 세금을 낸 다. 매도 수익이 250만 원 이하면 양도세를 내지 않는다.

원래는 개인이 신고해야 하지만 매년 4월에 증권사에서 무료 대행 서비스를 신청하라는 연락이 온다. 여러 개의 증권사를 사용하는 경우 한 군데를 정해서 그곳에서 합산해서 신청을 진행해야 한다.

양도세가 1,000만 원을 넘으면 5월, 8월 분할 납부가 가능하다. 예 를 들어 양도세가 1,800만 원으로 확정됐다면 5월에 1,000만 원, 8월 에 800만 원, 이런 식으로 고지서가 따로 나온다. 카드 납부도 가능한 데, 카드사마다 무이자 할부 기간이 다르므로 알아보고 납부하면 좋 다. 단, 0.8% 카드 수수료를 내야 한다.

배당 소득세는 배당금을 받을 때 내는 세금인데, 배당금이 계좌에 입금되기 전 자동으로 15%가 원천 징수되므로 따로 할 것은 없다. 국내 주식 배당 소득세는 15.4%로 미국 주식보다 조금 더 높다.

연간 배당금이 2,000만 원을 초과하면 초과한 배당금을 근로 소득, 사업 소득에 합산하여 금융 소득 종합과세를 한다. 금액 구간 별로 6~42%에 해당하는 세금을 내야 하므로 주의가 필요하다. 월 배당금이 166만 원을 넘지 않으면 된다.

❼ 미국 주가 지수 네 가지

주가 지수stock market index란 주식 시장의 상황을 표현하기 위해 개별 주가를 정해진 방법으로 계산해서 얻은 수치다. 주가의 변동을 나타내기 위한 지표인 것이다. 국가마다 주가 지수 이름이 다르다. 우리나라의 대표적인 지수에는 코스피, 코스닥이 있다. 여기에 조금 더 범위를 좁혀서 코스피 200 같은 지수도 있다. 코스피 200 지수는 시가 총액이 크고 거래량이 많아 코스피를 대표할 수 있다고 간주되는 종목 200개를 선정하여 그 주가로부터 산출하는 방식이다.

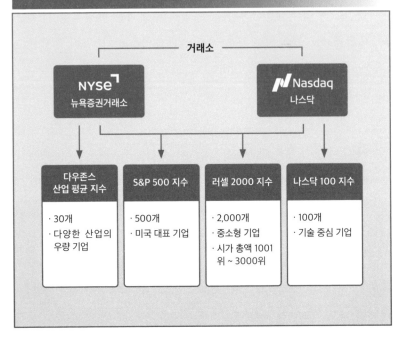

〈그림 4-7〉 미국 주가 지수 네 가지

미국에는 두 개의 증권 거래소인 뉴욕증권거래소, 나스닥이 있고, 여기에서 다우존스 산업 평균, S&P 500, 나스닥 종합, 러셀 2000이라는 네 개의 대표 지수를 만들었다.

다우존스 지수는 뉴욕증권거래소에서 거래되는 기업 중 각 산업을 대표하는 우량기업 30개의 주가 수익률의 평균을 산출해서 만든 주가 지수다.

S&P 500 지수는 뉴욕증권거래소와 나스닥에서 모두 거래되는 기업 중 500개를 선정하여 만든 지수다. 스탠더드 앤드 푸어스(S&P)가 기업 규모, 산업 대표성을 고려해서 우량기업주 중심으로 500개를 선정

한다. 공업주 400개, 공공주 40개, 금융주 40개, 운수주 20개로 구성되어 있다.

나스닥 종합 지수는 나스닥에 상장된 모든 기업의 주가 지수로 1만 3,000개가 넘는 기업이 편입되어 있다. 그중 시가 총액 상위 100개의 우량기업만을 별도로 모아 만든 주가 지수가 나스닥 100이다. 애플, 구글, 아마존, 테슬라, 엔비디아 등이 여기에 속한다.

러셀 2000 지수는 미국에 상장된 모든 기업 중 시가 총액 기준 1001위부터 3000위까지 2,000개 기업으로 만든 주가 지수다. 상위 1,000개 기업 바로 다음에 있는 미국 기준 중소기업을 대표로 하는 지수다. 러셀 2000은 경기에 민감한 미국 내수 기업들로 구성되어 있어서 미국 실물 경제의 건전성과 전망을 가늠하는 데 유용하게 사용되는 지표다. 이렇게 네 개의 주가 지수만 알아 두면 미국 개별 주식이나 ETF 투자를 할 때 유용하다.

❽ 티커 Ticker

주식을 거래할 때 주식회사 이름만 있으면 비슷한 이름의 경우 헷갈려서 잘못 매수할 수가 있다. 그래서 제대로 구별할 수 있도록 우리나라는 '코드 번호', 미국은 '티커'라는 걸 사용한다. 애플의 티커는 'AAPL'이다. 미국 회사 이름이 긴 경우 티커를 알아 두면 검색하기가 더 편하다.

〈표 4-7〉 미국과 한국의 티커/코드

	주식회사	티커 / 코드
미국	애플	AAPL
	마이크로소프트	MSFT
	알파벳	GOOG
한국	삼성전자	005930
	LG에너지솔루션	373220
	SK하이닉스	000660

❾ ETF 운용사와 브랜드명

같은 지수를 추종하는 ETF도 운용하는 회사에 따라 자산 규모, 수수료 등이 다르다. ETF 운용사란 ETF 상품을 만들고 지속적으로 운용, 관리하는 회사를 말한다. 우리나라에는 삼성자산운용, 미래에셋자산운용, 케이비자산운용이 자산 규모 면에서 1~3위를 차지하고 있다. 주식 거래를 할 수 있는 증권사기도 하다.

미국은 블랙록, 뱅가드, 스테이트 스트리트가 1~3위이고, 나스닥 100 지수 ETF로 유명한 QQQ의 운용사인 인베스코가 4위다.

〈표 4-8〉ETF 운용사, 브랜드명

	추종 지수	운용사 (자산 규모순)	ETF 정식 명칭	브랜드명	티커 / 코드
미국	S&P 500	블랙록	iShares Core S&P 500 ETF	iShares	IVV
		뱅가드	Vanguard S&P 500 ETF	Vanguard	VOO
		스테이트 스트리트	SPDR S&P 500 Trust ETF	SPDR	SPY
한국		삼성 자산운용	KODEX 미국 S&P 500TR	KODEX	379800
		미래에셋 자산운용	TIGER 미국 S&P 500	TIGER	360750
		케이비 자산운용	KBSTAR 미국 S&P 500	KBSTAR	379780

미국 ETF 정식 명칭이 길다고 당황할 것 없다. 일단 이름 앞에 'iShares(아이셰어즈)'가 있으면 '운용사가 블랙록이구나' 하고 생각하면 된다. 'Vanguard'가 있으면 뱅가드 운용사, 'SPDR'이 있으면 스테이트 스트리트 운용사에서 만든 상품인 것이다. 각 운용사에서 자기들만의 'ETF 브랜드'를 만들어서 상품을 출시하니까 이 세 가지 브랜드를 알아 두면 좋다.

삼성자산운용의 브랜드명은 KODEX, 미래에셋자산운용은 TIGER, 케이비자산운용은 KBSTAR, 한국투자신탁운용은 ACE다.

⑩ 자주 쓰이는 기초 용어

용어	뜻
share	주식을 말한다.
stock price	주가를 말한다.
ticker symbol	티커를 말한다.
opening price	시가. 증권 거래소에서 당일 시작 주가를 말한다.
closing price	종가. 증권 거래소에서 당일 마감 주가를 말한다.
volume	거래량. 당일 매매된 주식의 수를 말한다.
market cap	시가 총액. 기업의 주가에 발행주식 수를 곱한 것으로 회사의 규모를 알 수 있는 지표를 말한다.
outperform	실적 초과를 말한다.
underperform	실적 미달을 말한다.
performance	성과를 말한다.
earnings	기업이 영업 활동을 통해 벌어들인 이익. 미국 회사 실적을 발표하는 기간을 '어닝시즌'이라고 한다. 일 년에 네 번 분기별 실적을 발표한다.

용어	뜻
earning surprise	어닝 서프라이즈. 기업 이익이 애널리스트 전망치보다 높은 경우를 말한다.
earning miss	어닝 미스. 기업 이익이 애널리스트 전망치보다 낮은 경우를 말한다. '어닝 쇼크'라고도 한다.
consensus	컨센서스. 기업에 대한 애널리스트의 매출액·이익 전망, 목표 주가, 매수 매도 의견 등을 말한다.
dividend	배당. 기업이 벌어들인 이익금의 일부를 주주에게 나눠주는 것을 말한다.
dividend yield	배당 수익률. 주가 대비 배당금의 비율. 어떤 기업의 배당 수익률이 1%라면 주가가 100달러일 때 배당금 1달러를 받을 수 있다는 뜻이다.
dividend payout ratio	배당성향. 순이익 대비 배당금을 얼마나 지급하고 있는지 계산한 것을 말한다. 예를 들어 순이익이 100억인 기업이 20억을 배당금으로 주주들에게 나눠준다면 배당성향이 20%인 것이다. 이 수치가 높을수록 순이익 대비 배당을 많이 주는 기업이다.
CAGR (Compound Annual Growth Rate)	연평균 성장률을 말한다.
MDD (Max Draw Down)	최대 낙폭. 일정 기간 동안 최고점과 최저점을 비율로 계산한 값으로 고점 대비 몇 % 하락했는지 알 수 있다.
bond	채권을 말한다.
a long term bond	장기 채권을 말한다.
a short term bond	단기 채권을 말한다.

미국 ETF 투자,
이것만 알면 된다

앞에서 스노우볼 효과, 72 법칙, 복리 계산기 활용법, 미국 ETF에 투자해야 하는 이유를 소개했다. 부자가 되려면 투자를 빨리 시작하고 오랜 기간 반복해서 지속해야 한다. 당장 지출을 점검하고 조금이라도 투자금을 마련해서 매월 적금 넣듯이 적립식 투자를 시작해야 한다.

부동산 투자나 사업 등을 통해 큰 목돈을 만들었다면 자산 배분 포트폴리오를 만들어 돈이 스스로 일하도록 적재적소에 배치를 해 놓자. 그럼 돈이 돈을 벌어주기 때문에 당신은 일하지 않아도 되는 경제적 자유를 누릴 수 있게 된다.

지금 당장 많은 돈이 없다면 앞으로 만들기 위해서, 지금 많은 돈이 있다면 그 돈을 현명하게 일을 시키기 위해서 주식 투자를 할 줄 알아야 한다. 자기 상황에 맞는 포트폴리오를 만들고 예상 수익률도 계산할 줄 알아야 한다. 앞으로 나올 내용만 알아도 이 모든 것이 가능하게 된다. 그 첫 시작으로 다양한 ETF 상품에 대해 알아보자.

여기서는 자산 배분 투자의 기본인 주식, 배당, 채권, 금, 원자재 ETF와 시대의 중심인 메가트렌드에 투자할 수 있는 ETF를 정리했다. 구체적인 활용 방법은 뒤에서 다룰 것이다. 이 장에서는 일단 '분야별로 이런 ETF가 있구나' 하는 흐름을 알아 가자.

먼저 큰 숲을 바라보자. 전체적인 흐름을 파악한 후 각자 상황과 성향에 맞게 투자를 하면 된다.

| 자산 배분 투자에 필요한 ETF |

❶ 미국 지수 추종 ETF | DIA, VOO, QQQ, IWM, VTI

〈표 4-9〉 미국 지수 추종 ETF

티커	DIA	VOO	QQQ	IWM	VTI
추종 지수	다우존스	S&P 500	나스닥 100	러셀 2000	미국 주식 전체
투자 기업수	30개	500개	100개	2,000개	
운용사	스테이트 스트리트	뱅가드	인베스코	블랙록	뱅가드
상장일	1998.1.14	2010.9.7	1999.3.10	2000.5.22	2001.5.24
총보수	0.16%	0.03%	0.2%	0.19%	0.03%
자산 규모 (달러)	277억	2,450억	1,580억	540억	2,573억
분배율	1.79%				

2022년 5월 기준

DIA Top 10 Sectors

Sector	%	Sector	%
Finance	19.56%	Health Services	9.92%
Technology Services	12.50%	Consumer Services	7.20%
Producer Manufactu...	11.19%	Consumer Non-Dura...	6.79%
Health Technology	10.44%	Electronic Technology	6.50%
Retail Trade	9.97%	Energy Minerals	3.43%

DIA Top 10 Holdings [View All]

Holding	%	Holding	%
UnitedHealth Group ...	9.92%	Amgen Inc.	4.98%
Goldman Sachs Gro...	6.28%	Caterpillar Inc.	4.18%
Home Depot, Inc.	6.05%	Visa Inc. Class A	4.07%
Microsoft Corporation	5.34%	Honeywell Internati...	3.96%
McDonald's Corpora...	5.01%	Johnson & Johnson	3.62%
		Total Top 10 Weight...	53.40%

DIA 상위 10개 섹터

섹터	%	섹터	%
금융	19.56%	보건 서비스	9.92%
기술 서비스	12.50%	소비자 서비스	7.20%
프로듀서 제조	11.19%	소비자 비-듀러블	6.79%
헬스 테크놀로지	10.44%	일렉트로닉 테크놀로...	6.50%
소매업	9.97%	에너지 광물	3.43%

DIA Top 10 홀딩스 [View All]

홀딩	%	홀딩	%
유나이티드헬스그룹	9.92%	암겐 주식회사	4.98%
골드만삭스 그룹, 주...	6.28%	캐터필러 주식회사	4.18%
홈 디포, 주식회사	6.05%	비자 주식회사A급	4.07%
마이크로소프트 코퍼...	5.34%	허니웰 인터내셔널	3.96%
맥도날드 주식회사	5.01%	존슨앤드존슨	3.62%
		총 Top 10 가중치	53.40%

출처 2022년 5월 ETF.com

미국 ETF 상품 정보는 ETF.com에서 찾아볼 수 있다. 원문은 영어지만 번역 기능을 써서 볼 수 있으니까 겁낼 필요 없다.

DIA는 다우존스 산업 지수에 포함된 미국 각 산업을 대표하는 우량기업 30개에 투자하는 ETF다. 투자 섹터 비중은 금융 19.56%, 정보기술 12.5%, 산업 11.19%, 헬스케어 10.44%, 소매업 9.95% 순이다. 그중 상위 10개 기업은 유나이티드헬스그룹, 골드만삭스, 홈디포, 마이크로소프트, 맥도날드, 암젠, 캐터필러, 비자, 허니웰, 존슨앤드존슨이다. 이 상품은 기업들의 배당금을 모아 월마다 분배금을 지급해 준다.

ETF는 1년에 4번 리밸런싱을 하기 때문에 투자하는 회사나 투자 비중이 바뀔 수 있다. 기업의 시가 총액이 높아져서 지수에 새롭게 편입이 되면 ETF 투자 종목에도 포함된다. 기존에 ETF에 있던 회사라면 그 투자 비중이 높아진다. 반대로 실적이 나빠지면 ETF 종목에서 편출되거나 투자 비중 순위가 낮아진다. 그래서 ETF에 투자하면 따로 알아보지 않아도 시대 변화에 맞는 투자를 할 수가 있다. 운용사는 이런 관리를 해 주는 대가로 총보수를 받는다.

VOO 상위 10개 섹터

섹터	비중	섹터	비중
기술 서비스	18.14%	소비자 비-듀러블	5.03%
일렉트로닉 테크놀로...	15.51%	프로듀서 제조	3.65%
금융	14.09%	소비자 서비스	3.59%
헬스 테크놀로지	10.34%	컨슈머 듀러블	3.36%
소매업	8.06%	에너지 광물	3.25%

VOO Top 10 홀딩스 [View All]

기업	비중	기업	비중
애플	7.04%	알파벳 주식회사C급	2.02%
마이크로소프트 코퍼...	6.01%	엔비디아 코퍼레이션	1.77%
아마존닷컴, Inc.	3.71%	버크셔 해서웨이 주식...	1.68%
테슬라	2.35%	메타 플랫폼, 주식회...	1.34%
알파벳 주식회사A급	2.17%	유나이티드헬스그룹	1.25%
		중 Top 10 가중치	29.33%

출처 2022년 5월 ETF.com

VOO는 S&P 500 지수를 추종하는 ETF다. S&P 500 지수에 속한 각 기업의 시가 총액 비중에 따라 투자한다. 즉 시가 총액이 큰 기업의 주식을 더 많이 투자한다는 뜻이다. 우리가 많이 알고 있는 기업들이 상위 투자 10개에 있고, 투자 비중 29.33%를 차지한다. 애플, 마이크로소프트, 아마존, 테슬라, 알파벳(구글), 엔비디아, 버크셔 해서웨이(워런 버핏의 투자 목적 지주회사), 메타(페이스북), 유나이티드헬스그룹 순이다. 알파벳 A와 C는 의결권 보유 여부가 다른 것으로 모두 구글을 의미한다.

〈그림 4-10〉 QQQ 투자 섹터 비중과 상위 투자 기업 10개

QQQ 상위 10개 섹터

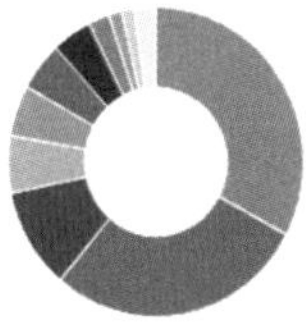

기술 서비스	32.77%	컨슈머 듀러블	5.18%
일렉트로닉 테크놀로...	28.37%	소비자 비-듀러블	4.31%
소매업	10.49%	프로듀서 제조	2.31%
헬스 테크놀로지	6.08%	커뮤니케이션	1.40%
소비자 서비스	5.33%	유틸리티	1.37%

QQQ 10대 홀딩스 [모두 보기]

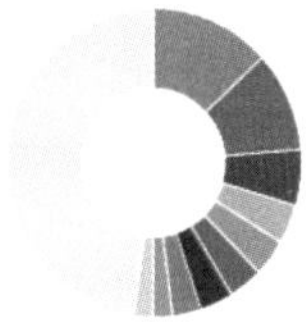

애플	13.00%	알파벳 주식회사A급	3.71%
마이크로소프트 코퍼...	10.62%	메타 플랫폼, 주식회...	3.55%
아마존닷컴, Inc.	5.83%	엔비디아 코퍼레이션	3.18%
테슬라	4.12%	펩시코 주식회사	2.13%
알파벳 주식회사C급	3.91%	브로드컴 주식회사	2.09%
		총 Top 10 가중치	52.14%

출처 2022년 5월 ETF.com

QQQ는 나스닥 100 지수를 추종하는 ETF다. 4차 산업혁명을 주도할 성장 산업이 속해 있는 나스닥 지수 중 시가 총액 상위 100개 기업에 투자하는 ETF다. 그만큼 정보기술 섹터가 60%로 큰 비중을 차지한다.

상위 10개 기업을 보면 VOO랑 애플, 마이크로소프트, 아마존, 테슬라, 알파벳, 메타, 엔비디아까지 7개가 겹친다. 다만 각 기업의 투자 비중이 VOO의 두 배쯤 된다. QQQ 상위 투자 기업 10개를 보면 요즘 어떤 회사가 실적이 좋고 잘 나가는지 트렌드를 파악하는 데 도움이 된다.

IWM 상위 10개 섹터

섹터	비중	섹터	비중
금융	25.68%	에너지 광물	5.15%
헬스 테크놀로지	11.16%	소비자 서비스	3.99%
기술 서비스	8.14%	커머셜 서비스	3.77%
프로듀서 제조	6.66%	소매업	3.54%
일렉트로닉 테크놀로…	6.53%	프로세스 인더스트리	3.43%

IWM Top 10 홀딩스 [View All]

기업	비중	기업	비중
오빈티브 주식회사	0.51%	바이오헤이븐 제약 지…	0.33%
안테로자원공사	0.43%	테닛 헬스케어 코퍼레…	0.32%
체서피크 에너지 주식…	0.39%	윌스코트 모바일 미니…	0.31%
에이비스 예산 그룹, …	0.36%	서남 에너지 회사	0.31%
BJ의 도매 클럽 홀딩…	0.36%	퍼포먼스 푸드 그룹 …	0.29%
		총 Top 10 가중치	3.62%

출처 2022년 5월 ETF.com

　　IWM은 러셀 2000 지수를 추종하는 ETF다. 미국에 상장된 기업 중 시가 총액 1001~3000위까지의 2,000개 중소형주로 구성되어 있다. 중소형주라서 주가 변동 폭이 큰 편이다. 2,000개의 기업에 투자하기 때문에 상위 10개 비중이 3.6% 밖에 되지 않고, 회사 이름도 낯설다.

〈그림 4-12〉 VTI 투자 섹터 비중과 상위 투자 기업 10개

VTI 상위 10개 섹터

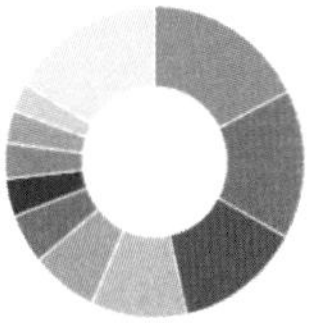

섹터	비중	섹터	비중
기술 서비스	17.45%	소비자 비-듀러블	5.17%
금융	15.51%	프로듀서 제조	3.94%
일렉트로닉 테크놀로…	13.54%	소비자 서비스	3.77%
헬스 테크놀로지	10.32%	에너지 광물	3.40%
소매업	7.20%	컨슈머 듀러블	2.95%

VTI Top 10 홀딩스 [모두 보기]

기업	비중	기업	비중
애플	5.88%	알파벳 주식회사C급	1.48%
마이크로소프트 코퍼…	5.01%	버크셔 헤서웨이 주식…	1.32%
아마존닷컴, Inc.	2.59%	유나이티드헬스그룹	1.15%
테슬라, 주식회사	1.73%	존슨엔드존슨	1.14%
알파벳 주식회사A급	1.65%	메타 플랫폼, 주식회…	1.11%
		총 Top 10 가중치	23.08%

출처 2022년 5월 ETF.com

VTI는 미국 주식 전체를 대상으로, 시가 총액 비중대로 구성된 ETF다. 미국 주식 전체를 대상으로 하기 때문에 분산 투자의 효과가 크다. 총보수 0.03%로 저렴하고, 운용자산도 2,573억 달러로 안정적이다.

❷ 배당 ETF | VNQ, VYM, VIG, SCHD, VEA

배당이란 주식을 가지고 있는 사람들에게 그 소유 지분에 따라 기업의 이익을 분배하는 것이다. 기업은 영업 활동으로 얻은 이익을 주주들에게 배당금으로 나눠준다.

부동산 투자는 시세 차익과 임대 수익이라는 두 가지 목적이 있다. 시세 차익을 목적으로 하는 투자는 보유하다가 매도를 함으로써 매도가와 매수가의 차이만큼 수익을 얻는다. 임대 수익이 목적인 투자는 장기로 보유하면서 월세를 받는다.

　　주식 투자도 부동산과 마찬가지다. 매도를 하면서 얻는 수익과 장기로 보유하면서 배당을 받는 수익이 있다. 주식을 보유하면서 매년 배당을 받으면 건물이 있어서 월세를 받는 것과 비슷하다. 오히려 건물 관리보다 쉽고 편리해서 좋다.

　　자본주의는 단순해서 생활에 필요한 돈이 있어야 하고, 그 돈은 노동을 해서 벌든지 투자를 해서 벌어야 한다. 모든 사람에게 공평하게 주어진 24시간을 누구는 대부분 노동하면서 보내고, 누군가는 편하게 즐기며 살아간다. 후자의 삶을 살려면 반드시 나 대신 돈을 벌 시스템을 만들어야 하는데, 대표적으로 건물과 배당주가 있다.

　　건물을 살 때 100% 현금으로 사는 사람은 거의 없다. 대부분 대출을 50% 이상 받아서 산다. 그래야 레버리지 효과가 크기 때문이다. 금리가 쌀 때는 괜찮지만 요즘처럼 금리 인상기에는 월세 수익률이 점점 떨어질 수밖에 없다. 2022년 5월 서울 건물의 월세 수익률이 2~3%라고 한다.

　　부동산 상승기에는 건물도 월세보다는 시세 차익을 생각해서 매입하는 경우가 많다. 앞으로 가격이 더 오를 것을 기대하며 비싸도 매수하는 것이다. 건물 가격이 점점 비싸지니 월세 수익이 낮아진다. 이렇게 투자한 건물이 매도가 되지 않는다면 금리가 점점 올라가기 때문에 문제가 생긴다. 물론 금리 인상분을 월세 임대인에게 전가시키는 방식으로 수익률을 유지하는 방법도 있다.

반면, 배당주는 언제든 매도가 가능하다. 월세처럼 계속 배당을 받다가 주식을 매도하고 싶을 때 쉽게 가능하다. 또한 미국에는 월 배당, 분기 배당 등 배당을 주는 주기가 빨라서 정말 월세를 받는 느낌으로 투자가 가능하다. 당신이 일해서 벌었던 월급만큼 기업으로부터 배당 받는 것을 상상해 보라.

또한 배당주는 성장주보다 주가 변동 폭이 작다. 성장주보다 덜 오르지만, 주식 시장에 위기가 왔을 때 덜 하락한다. 경기 침체기일 때도 꾸준히 배당을 받을 수 있다는 장점이 있다. 주가가 원금보다 내려가는 것이 싫고, 좀 더 안전하게 주식 투자를 하고 싶다면 배당주 투자를 하면 된다.

요즘에는 매월 받는 배당을 월급 정도가 되도록 세팅해 놓고 퇴사를 목표로 하는 사람들이 많다. 이런 배당주 투자를 ETF로 할 수 있다.

〈표 4-10〉 배당 ETF

티커	VNQ	VYM	VIG	SCHD	VEA
특징	리츠	고배당 446개 기업 (리츠 제외)	10년 이상 배당 성장한 249개 기업 (리츠 제외)	10년 이상 배당 성장한 100개 기업 (리츠 제외)	글로벌 4,0000여 개 기업
운용사	뱅가드	뱅가드	뱅가드	찰스 슈왑	뱅가드
상장일	2004.9.23	2006.11.10	2006.4.21	2011.10.20	2007.7.20
총보수	0.12%	0.06%	0.06%	0.06%	0.05%
자산 규모 (달러)	418억	438억	614억	343억	953억
분배율	3.14%	2.92%	1.92%	3%	3.44%

배당 ETF 상품을 찾아보면 'Distribution Yield'라는 용어가 나오는데, '분배율'이라는 뜻이다. ETF가 보유하고 있는 주식의 배당금뿐만 아니라 ETF가 보유한 현금의 이자, 보유주식 매각 등도 반영한 것이다. 가장 최근의 분배금을 연 환산하여 월말의 순자산 가치로 나눈 비율이다. ETF가 순자산 대비 분배금을 얼마나 주는지 알려 주는 지표로 배당 수익률과 비슷하다고 생각하면 된다.

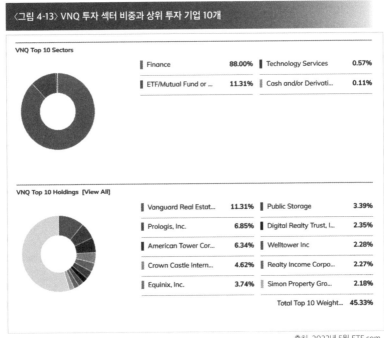

〈그림 4-13〉 VNQ 투자 섹터 비중과 상위 투자 기업 10개

VNQ Top 10 Sectors

Finance	88.00%
ETF/Mutual Fund or ...	11.31%
Technology Services	0.57%
Cash and/or Derivati...	0.11%

VNQ Top 10 Holdings [View All]

Vanguard Real Estat...	11.31%
Prologis, Inc.	6.85%
American Tower Cor...	6.34%
Crown Castle Intern...	4.62%
Equinix, Inc.	3.74%
Public Storage	3.39%
Digital Realty Trust, I...	2.35%
Welltower Inc	2.28%
Realty Income Corpo...	2.27%
Simon Property Gro...	2.18%
Total Top 10 Weight...	45.33%

출처 2022년 5월 ETF.com

주식으로도 부동산에 투자할 수 있는데 그걸 '리츠' 주식이라고 한다. '리츠REITs'란 투자자의 자금을 모아 부동산에 투자하는 상품으로,

개인이 소액으로도 부동산 투자에 참여할 수 있게 만든 것이다. 부동산 임대 수입에서 나오는 배당과 부동산 가격 상승분에 따른 매매 차익에서 발생한 수익을 투자자에게 배당하는 형식이다.

부동산 투자는 주거용, 산업용, 토지 등 다양하게 할 수 있는데, 부동산 투자 목적과 유형에 따라 리츠도 다양하게 있다. VNQ는 특수 리츠, 주거용 리츠, 산업 리츠 등을 모아 놓은 ETF다. 분배율 3.14%면 서울 오피스텔 수익률과 비슷한 수준이다. 서울에 오피스텔을 사려면 2억은 있어야 하는데, VNQ는 95달러(약 11만 원)면 살 수 있다.

〈그림 4-14〉 VYM 투자 섹터 비중과 상위 투자 기업 10개

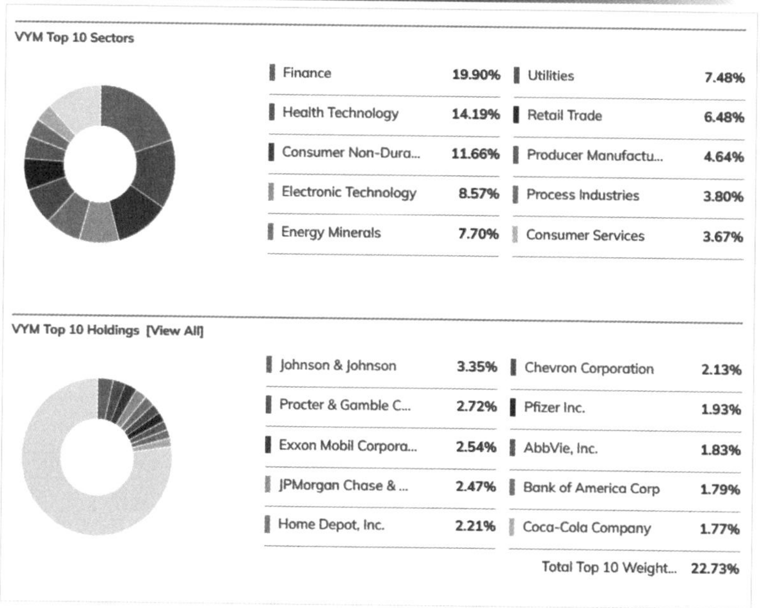

VYM Top 10 Sectors

Finance	19.90%
Health Technology	14.19%
Consumer Non-Dura...	11.66%
Electronic Technology	8.57%
Energy Minerals	7.70%
Utilities	7.48%
Retail Trade	6.48%
Producer Manufactu...	4.64%
Process Industries	3.80%
Consumer Services	3.67%

VYM Top 10 Holdings [View All]

Johnson & Johnson	3.35%
Procter & Gamble C...	2.72%
Exxon Mobil Corpora...	2.54%
JPMorgan Chase & ...	2.47%
Home Depot, Inc.	2.21%
Chevron Corporation	2.13%
Pfizer Inc.	1.93%
AbbVie, Inc.	1.83%
Bank of America Corp	1.79%
Coca-Cola Company	1.77%
Total Top 10 Weight...	22.73%

출처 2022년 5월 ETF.com

VYM은 리츠주를 제외한 고배당 회사에 투자하는 ETF다. 시가 총액 비중으로 구성해서 투자한다. 존슨앤존슨, P&G(프록터&갬블), 엑슨모빌, JP모던체이스, 홈디포, 세브론, 화이자, 애브비, 뱅크오브아메리카, 코카콜라 등 섹터별 대표 배당주들이 모여 있다. 분배율은 2.92%다.

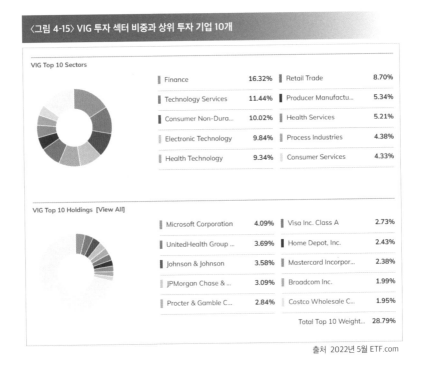

〈그림 4-15〉 VIG 투자 섹터 비중과 상위 투자 기업 10개

VIG Top 10 Sectors

Finance	16.32%	Retail Trade	8.70%
Technology Services	11.44%	Producer Manufactu...	5.34%
Consumer Non-Dura...	10.02%	Health Services	5.21%
Electronic Technology	9.84%	Process Industries	4.38%
Health Technology	9.34%	Consumer Services	4.33%

VIG Top 10 Holdings [View All]

Microsoft Corporation	4.09%	Visa Inc. Class A	2.73%
UnitedHealth Group ...	3.69%	Home Depot, Inc.	2.43%
Johnson & Johnson	3.58%	Mastercard Incorpor...	2.38%
JPMorgan Chase & ...	3.09%	Broadcom Inc.	1.99%
Procter & Gamble C...	2.84%	Costco Wholesale C...	1.95%
		Total Top 10 Weight...	28.79%

출처 2022년 5월 ETF.com

앞에서 배당주는 성장주보다 주가 상승률이 작다고 했는데, VIG ETF는 성장주와 배당주의 장점을 골고루 얻을 수 있는 상품이다. 현재 배당도 주면서 주가가 상승할 회사들에 투자하는 것이다.

VIG는 금융, 기술, 산업, 헬스케어 등 다양한 섹터에서 10년 이상 배당을 늘려 온 249개 기업에 투자한다. 분배율은 1.92%다. 마이크로소프트, 유나이티드헬스그룹, 존슨앤드존슨, JP모건체이스, P&G 등 각 산업 대표 기업이 포함되어 있다. 연평균 배당성장률이 7%, 연평균 성장률이 9.6%로 배당도 점점 많이 주면서 주가도 성장하고 있다.

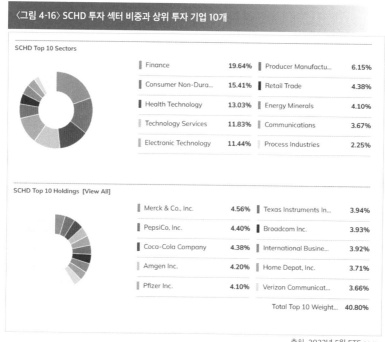

〈그림 4-16〉 SCHD 투자 섹터 비중과 상위 투자 기업 10개

SCHD Top 10 Sectors

Finance	19.64%	Producer Manufactu...	6.15%
Consumer Non-Dura...	15.41%	Retail Trade	4.38%
Health Technology	13.03%	Energy Minerals	4.10%
Technology Services	11.83%	Communications	3.67%
Electronic Technology	11.44%	Process Industries	2.25%

SCHD Top 10 Holdings [View All]

Merck & Co., Inc.	4.56%	Texas Instruments In...	3.94%
PepsiCo, Inc.	4.40%	Broadcom Inc.	3.93%
Coca-Cola Company	4.38%	International Busine...	3.92%
Amgen Inc.	4.20%	Home Depot, Inc.	3.71%
Pfizer Inc.	4.10%	Verizon Communicat...	3.66%
		Total Top 10 Weight...	40.80%

출처 2022년 5월 ETF.com

SCHD도 VIG처럼 10년 이상 연속으로 배당을 늘려 온 기업에 투자하는 ETF다. 총보수는 0.06%로 VIG와 같고, 운용자산과 투자하는 기업 수는 절반 정도, 분배율이 VIG보다 1% 정도 높다. 연평균 배당성장률은 약 12%다. 상위 10개 투자 종목을 비교해 보고 더 선호하는 기

업이 있는 ETF를 선택하면 된다. 상위 10개 종목에 머크, 펩시, 코카콜라, 암젠, 화이자 등이 있다. 섹터별 비중이 25%가 넘지 않도록 하고 실적이 좋지 않거나 배당 조건이 부합되지 않는 경우 일 년에 네 번 리밸런싱을 통해 투자 기업을 편입, 편출한다.

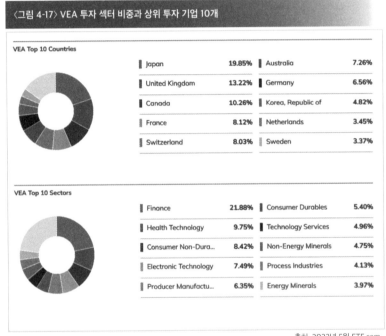

〈그림 4-17〉 VEA 투자 섹터 비중과 상위 투자 기업 10개

VEA Top 10 Countries

Japan	19.85%	Australia	7.26%
United Kingdom	13.22%	Germany	6.56%
Canada	10.26%	Korea, Republic of	4.82%
France	8.12%	Netherlands	3.45%
Switzerland	8.03%	Sweden	3.37%

VEA Top 10 Sectors

Finance	21.88%	Consumer Durables	5.40%
Health Technology	9.75%	Technology Services	4.96%
Consumer Non-Dura...	8.42%	Non-Energy Minerals	4.75%
Electronic Technology	7.49%	Process Industries	4.13%
Producer Manufactu...	6.35%	Energy Minerals	3.97%

출처 2022년 5월 ETF.com

미국뿐만 아니라 전 세계에 골고루 투자하면서 배당도 받을 수 있는 ETF로 VEA가 있다. 상위 10개 투자 국가는 일본, 영국, 캐나다, 프랑스, 스위스, 호주, 독일, 대한민국, 네덜란드, 스웨덴이다. 투자 섹터로는 금융, 헬스케어, 소비재, 기술, 산업 등이 있다.

❸ 채권 ETF | SHY, IEF, TLT

채권이란 국가, 지방자치단체, 회사, 은행 등이 사업에 필요한 자금을 투자자에게 빌린 후 정해진 기한 안에 돌려주겠다고 발행하는 증서를 말한다. 발행 기관에 따라 명칭이 다른데, 국가에서 발행하면 국채, 지방자치단체에서 발행하면 지방채, 회사에서 발행하면 회사채, 은행 등 금융 기관에서 발행하면 금융채라고 한다.

처음 채권이 발행될 때 채권 금액과 표면 금리, 만기가 정해져 있다. 예를 들어 표면 금리 2%에 3년 만기 채권을 1,000만 원에 매수했다면 3년 후 원금 1,000만 원과 확정 이자 2%를 받을 수 있다.

그런데 만약 3년을 다 채우지 못하고 채권을 매도하고 싶다면 시장에서 거래되고 있는 채권 가격으로 매도를 해야 한다. 이것이 채권에 투자하기 위한 기본 개념이다. 여기서 더 나아가서 채권에서 어려워하는 개념 두 가지를 설명하겠다.

첫째, 금리와 채권 가격은 반대로 움직인다. 금리가 올라갈수록 채권 가격은 하락한다. 왜 그럴까? 금리가 올라갈수록 새로 발행되는 채권의 표면 금리가 올라간다. 그럼 신규 채권의 인기가 많아지고 기존에 발행된 채권은 점점 수요가 없어진다. 그래서 내가 갖고 있던 기존 채권의 가격이 하락하는 것이다. 수요와 공급 원칙이 적용되기 때문이다.

둘째, 금리와 채권 수익률은 같이 움직인다. 금리가 오르면 신규 발행 채권의 표면 금리도 오르기 때문에 채권 수익률은 높아진다.

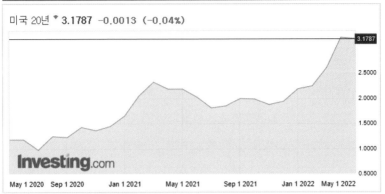

<그림 4-18> 미국 20년 채권의 수익률

미국 20년 ▼ 3.1787 −0.0013 (−0.04%)

출처 인베스팅닷컴

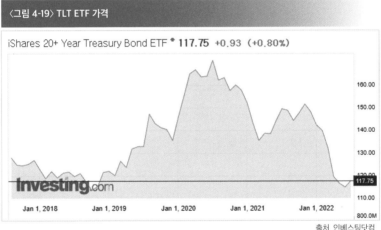

<그림 4-19> TLT ETF 가격

iShares 20+ Year Treasury Bond ETF ▼ 117.75 +0.93 (+0.80%)

출처 인베스팅닷컴

　〈그림 4-18〉과 〈그림 4-19〉를 보면 2022년 연준에서 금리를 올리면서 미국 20년 채권 수익률은 올라가고, TLT ETF(미국 20년 채권 ETF) 가격은 하락하고 있다.

<표 4-11> 채권 ETF

티커	SHY	IEF	TLT
특징	단기 채권 (1~3년)	중기 채권 (7~10년)	장기 채권 (20년 이상)
운용사	블랙록	블랙록	블랙록
상장일	2002.7.22	2002.7.22	2002.7.22
총보수	0.15%	0.15%	0.15%
자산 규모 (달러)	241억	177억	277억
배당률	0.51%	1.4%	1.81%

채권 ETF가 뭘까? 채권은 개인이 직접 구매하기에는 비싸다. 그래서 여러 개의 채권을 묶어서 주식처럼 소액으로도 사고 팔 수 있도록 만든 것이 채권 ETF다. ETF를 구성하고 있는 채권의 기간에 따라 단기, 중기, 장기 채권으로 나누어져 있다.

미국의 채권 ETF는 월 배당을 해 준다. 채권의 표면 금리를 매월 배당금으로 주는 것이다. 기간이 긴 채권일수록 배당률은 높아진다. 오랫동안 투자금을 빌려 주기 때문에 더 많은 배당을 하는 것이다.

〈그림 4-19〉는 TLT 미국 장기 채권 월봉 차트다. 2020년 초 코로나19로 인해 주식 시장이 폭락할 때 TLT 가격은 급격하게 올랐다. 주식을 매도한 자금이 대표적인 안전 자산으로 여겨지는 미국 장기 채권 시장으로 옮겨 왔기 때문이다. 채권 가격은 주식 시장과 음의 상관관계, 즉 반대로 움직이는 경향이 있어서 주식 투자 위험을 헤지하기 위한 수단으로 채권이 많이 사용된다. 실제로 주식을 100% 보유할 때와

주식과 채권을 섞어서 보유할 때를 백테스트를 해 보면 변동성이 낮아진다.

주식 시장에 급락이 왔을 때 채권 가격은 올라가므로 그때 보유하고 있던 채권을 비싸게 팔고, 저렴해진 주식을 살 수도 있다. 다만, 금리 인상 시기에는 주가와 채권 가격 둘 다 하락할 수 있다.

2022년부터 채권 가격이 하락하는 이유는 인플레이션 우려로 미 연준이 금리를 올리고 있기 때문이다. 채권 가격은 주식 시장과 금리의 영향을 받는다.

내가 채권 TLT ETF를 130달러에 샀는데 갑자기 돈이 필요해서 120달러에 매도해야 한다면 10달러의 손해를 볼 수 있다. 모든 투자가 그렇지만 오랫동안 사용하지 않을 여유 자금으로 투자해야 한다.

그래야 헐값에 손해를 보고 매도할 일이 없다. 자산 시장의 변동성은 늘 있다. 여유 있게 기다릴 수 있는 사람은 큰 수익을 얻고, 마음이 급하고 불안해서 기다릴 수 없는 사람은 손해를 볼 수밖에 없다.

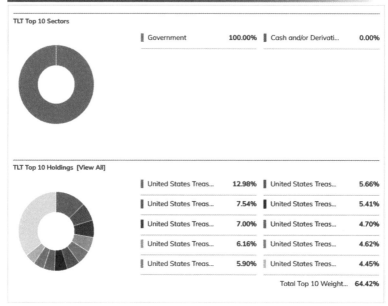

〈그림 4-20〉 TLT ETF에 포함된 채권 목록과 상품 정보

TLT Top 10 Sectors

Government	100.00%	Cash and/or Derivati...	0.00%

TLT Top 10 Holdings [View All]

United States Treas...	12.98%	United States Treas...	5.66%
United States Treas...	7.54%	United States Treas...	5.41%
United States Treas...	7.00%	United States Treas...	4.70%
United States Treas...	6.16%	United States Treas...	4.62%
United States Treas...	5.90%	United States Treas...	4.45%
		Total Top 10 Weight...	64.42%

출처 2022년 5월 ETF.com

　　장기 채권 ETF인 TLT는 미국 국채에 100% 투자하고 있다. TLT에 포함된 채권 목록을 보면 표면 금리와 만기가 적혀 있는데, 평균 기간은 26.04년, 배당률 1.81%(월 배당), 총 34개의 미국 국채에 투자하고 있다.

　　장기 채권 금리가 단기 채권 금리보다 보통 더 높다. 정기 예금을 생각해 보면 이해하기 쉽다. 6개월, 1년, 3년 계약 기간이 길어질수록 정기예금 금리도 높아진다. 더 오래 보유해야 하기 때문이다. 따라서 금리 인상 시기에 장기 채권의 금리가 급격히 올라가면서 채권 가격이 많이 하락한다는 점에 주의해야 한다.

❹ 금, 은, 원자재 | IAU, SLV, XME

금과 은은 대표적인 안전 자산이다. 경제 위기가 오면 가격이 오른다는 특징이 있다. 그래서 골드바를 직접 사서 모으기도 한다. 골드바는 실물이라 보관이 어렵고 잃어버리거나 도난당할 위험도 있다. 비싸기도 하고 거래하기도 불편하다. 그런 단점을 보완해서 만든 게 금 ETF다. 금 ETF로는 GLD와 IAU가 있는데, 총보수가 0.4%, 0.25%로 IAU의 수수료가 더 낮다.

은은 금과 함께 안전 자산을 대표하는 귀금속이지만 산업적인 용도로도 많이 쓰인다. 은 생산량의 50%는 투자 수요, 50%는 귀금속 또는 산업 금속으로 사용되고 있다. 은이 산업 금속으로도 많이 쓰이는 이유는 전기를 잘 전달하기 때문이다. 열전도율이 좋아 태양광 집전판, 전지 등에 주로 사용된다. 그래서 원자재 투자에 은이 포함되기도 한다.

〈표 4-12〉 금, 은, 원자재 ETF

티커	IAU	SLV	XME
특징	금	은	원자재
운용사	블랙록	블랙록	스테이트 스트리트
상장일	2005.1.21	2006.4.21	2006.6.19
총보수	0.25%	0.5%	0.35%
자산 규모 (달러)	303억	123억	27억
배당률			0.58%

〈그림 4-21〉 IAU ETF 차트

Daily Price ($)
50.00
40.00
30.00
20.00
10.00
2008
2010
2012
2014
2016
2018
2020
2022
Volume

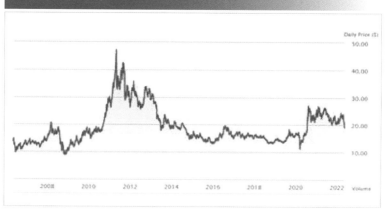

〈그림 4-22〉 XME 투자 섹터 비중과 상위 투자 기업 10개

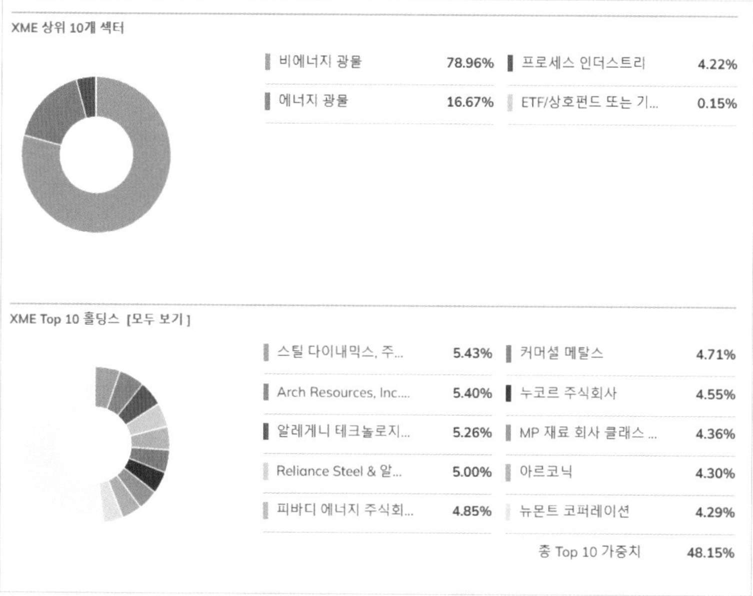

XME 상위 10개 섹터
비에너지 광물 78.96%
프로세스 인더스트리 4.22%
에너지 광물 16.67%
ETF/상호펀드 또는 기... 0.15%
XME Top 10 홀딩스 [모두 보기]
스틸 다이내믹스, 주... 5.43%
커머셜 메탈스 4.71%
Arch Resources, Inc.... 5.40%
누코르 주식회사 4.55%
알레게니 테크놀로지... 5.26%
MP 재료 회사 클래스 ... 4.36%
Reliance Steel & 알... 5.00%
아르코닉 4.30%
피바디 에너지 주식회... 4.85%
뉴몬트 코퍼레이션 4.29%
총 Top 10 가중치 48.15%

출처 2022년 5월 ETF.com

〈그림 4-23〉 XME ETF 차트

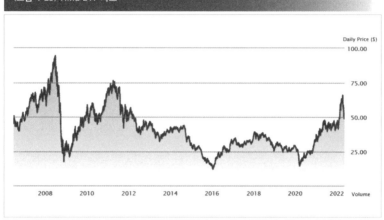

XME는 미국의 금속과 광업 부문에 투자하는 ETF다. 알루미늄, 석탄, 소비용 연료, 구리, 금, 은, 강철 등으로 구성되어 있다. 스테이트 스트리트에서 운용하고 총보수는 0.35%, 운용 규모는 27억 달러, 배당 0.58%다.

앞의 금, 원자재 ETF 차트를 보면 2008년 금융위기 리먼 사태, 2018년 미중 무역전쟁, 2022년 인플레이션·러시아 우크라이나 전쟁 등 주식 시장이 위기일 때, 오히려 이들 가격은 한 번씩 크게 오르거나 횡보하는 모습을 보여 주고 있다.

보수적으로 포트폴리오를 운영하는 경우 주식 외에 채권, 금, 은, 원자재 등에 골고루 자산을 분배해서 투자한다. 지금까지 다룬 ETF를 알아 두면 포트폴리오를 직접 만드는데 도움이 될 것이다.

| ETF로 메가트렌드에 투자하는 법 |

시대에 따라 트렌드가 변화한다. 그래서 매년 트렌드에 대한 책들이 나오고 있다. 주식 시장에서도 매년 주도 업종이 바뀐다. 2020년에는 코로나19로 인해 사람들이 모이질 못하고 회사도 재택근무를 하면서 언택트 비대면 업종이 대세였다.

집에서 시간을 많이 보내다 보니 자연스럽게 가구나 가전, 리모델링에도 관심을 갖게 됐다. 우리나라 삼성전자, LG전자, 네이버, 카카오를 비롯해서 미국의 애플, 아마존, 알파벳, 줌, 넷플릭스 등이 강세였다.

백신을 개발하고 나서는 위드 코로나 열풍이 불었다. 백신을 개발했던 미국의 모더나, 항공, 여행, 화장품, 엔터주들이 많이 상승했다. 2021년 말부터 시작된 인플레이션의 우려가 2022년 러시아-우크라이나 전쟁으로 더 심해지면서 2022년에는 원유, 원자재 등이 주식 시장을 주도했다.

4차 산업혁명에 따른 기술 발전으로 인한 트렌드 변화도 있다. 2020년 테슬라가 의미 있는 실적을 내면서 전기차 업종에 열풍이 불었다. 테슬라를 시작으로 니오, 샤오펑, 루시드, 우리나라 2차 전지 관련주였던 LG에너지솔루션, 삼성 SDI, SK이노베이션, 엘앤에프, 에코프로비엠 등의 상승이 대단했다. 그 다음은 메타버스, NFT 관련주가 급부상했다. 각 정부에서 탄소 중립을 선언하면서 친환경 관련주들도 많이 올랐다.

경제 신문을 꾸준히 보다 보면 그 해에 어떤 업종이 인기가 있는지를 알 수 있다. 또한 앞으로 세상이 어떻게 변화할지 흐름을 파악할 수 있다. 그 분야가 미래를 바꿀 만하다는 확신이 들면 해당하는 종목에 투자를 하면 된다. 이때 한 회사에 투자하는 것이 부담스럽고 불안하다면 그 업종의 ETF를 활용하자. ETF로도 손쉽게 메가트렌드에 투자할 수 있다.

〈그림 4-24〉테슬라, LIT, QQQ 차트

출처 야후파이낸스

〈그림 4-24〉는 2020년 3월 16일부터 2022년 5월 25일까지 테슬라, LIT, QQQ 주가 수익률을 나타내고 있다. 테슬라는 투자금 대비 약 517%, LIT 약 212%, QQQ 약 53%로 수익이 났다. 2020년부터 테슬라가 미국 주식 시장을 주도했다. 앞으로 친환경 전기차가 대세가 될 것이라고 한다.

테슬라 한 기업에만 투자하는 것이 부담스럽다면, 전기차와 관련된 ETF인 LIT에 투자하면 된다. 분산 투자기 때문에 테슬라만큼 주가 상승은 못했지만, 나스닥 100 지수 추종 QQQ보다는 높은 수익률을 달성했다.

반도체 업종도 4차 산업혁명을 이끌어 갈 주도 업종 중의 하나다. 우리가 사용하고 있는 전자 제품에는 대부분 반도체가 들어간다. 전 세계가 주목하고 있는 자율주행 전기차·클라우드 등에도 많은 양의 반도체가 필요하다. 엔비디아는 미국 반도체 분야의 대표적인 주식이다. 그 외에 퀄컴, 인텔, TSMC, AMD 등 많은 반도체 관련주가 있다. 각 기업을 분석해서 투자해도 좋지만 반도체 관련 ETF에도 투자할 수 있다.

〈그림 4-25〉를 보면 같은 기간 엔비디아, SMH, QQQ 수익률이 각각 180%, 93%, 53%다. 엔비디아의 수익률이 가장 좋지만 반도체 ETF인 SMH 수익률도 좋다. 운용사가 알아서 주기적으로 실적 체크를 하면서 좋은 회사로 리밸런싱 하기 때문에 우리는 편하게 투자할 수 있다.

신문을 읽다 보면 자주 언급되는 산업 분야와 회사를 알 수 있고, 그와 관련된 ETF를 찾아서 분산 투자를 할 수 있다. 개별 종목보다는 안전하고 편하게 투자하면서, 지수 추종 ETF보다 높은 수익률을 얻을 수 있다는 점에서 좋다.

〈그림 4-26〉 델타항공, JETS 차트

JETS는 미국 항공주 ETF다. 2020년 3월 코로나19로 인해 락다운이 되면서 급락을 했었다. 그러다가 12월 미국 화이자에서 만든 백신이 승인되면서 '위드 코로나' 분위기가 형성되고 상승을 했다. 다시 코로나 전 일상으로 돌아가자는 분위기 속에서 마스크를 벗는 나라들이 생겼고, 여행도 재개됐기 때문이다. 이런 흐름은 경제 신문을 꾸준히 보면 충분히 알아챌 수 있다.

신문을 보다가 앞으로 세상이 이렇게 돌아가겠다는 것이 보이면 그쪽 섹터 ETF나 종목을 찾아서 투자하면 된다. 2020년 3월 24일부터 2021년 3월 31일까지 델타 항공은 약 67%가 올랐고, 항공 ETF인 JETS는 74%가 올랐다.

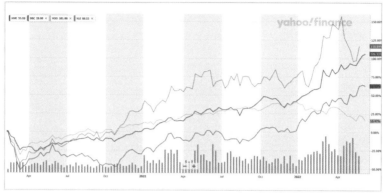

〈그림 4-27〉 XME, DBC, XLE, VOO 차트

출처 야후파이낸스

XME(금속·광업), DBC(원유·농산물), XLE(에너지)는 미국 원자재 관련
ETF다. 2020년 초 급락을 했다가 2021년 초 전 고점을 회복했다. 그
리고 다시 산업 생산이 활성화되면서 상승을 시작했다.

2021년 말부터 양적 완화로 인해 시중에 돈이 많이 풀리면서 물가
상승, 인플레이션에 대한 우려 의견이 나왔고 실제로 원자재 값들이
많이 상승했다. 2022년 2월 러시아가 우크라이나를 침공하면서 원자
재 값은 더 급등을 했다. 러시아와 우크라이나는 전 세계 원자재 최대
공급 국가 중 하나기 때문이다. 전쟁을 하니 원자재 공급이 원활하지
않았고, 수요와 공급 법칙에 의해 부르는 것이 값인 상황이 된 것이다.

2021년 말부터 시작된 주식 시장의 흐름과 대조적인 움직임을 보
이고 있다. 이런 식으로 인플레이션 시대에 유연하게 대응해서 수익을
얻을 수 있다.

지금까지 내용을 정리해 보면 테슬라, 엔비디아, 델타, 원자재 등

시대 흐름을 주도하는 기업과 업종이 있다. 그와 관련된 ETF에만 투자해도 충분히 좋은 수익률을 올릴 수 있었음을 차트로 확인했다. 다음 장에서는 메가트렌드 주식이 포함된 ETF를 찾을 수 있는 방법을 설명할 것이다. 또한 자산 배분 전략과 메가트렌드 투자를 따로 운용할 수 있는 계좌 활용법도 안내할 것이다.

〈표 4-13〉 알아 두면 좋은 업종별 ETF

업종	ETF	업종	ETF	업종	ETF
지수	DIA	전기차 친환경	LIT	사이버보안	CIBR
	VOO		ICLN	우주항공	ARKX
	QQQ		PBW		ROKT
	IWM	헬스케어	XLV	5G	FIVG
	VTI		XBI		NXTG
배당	VNQ		IHI	항공	JETS
	VYM	반도체	SOXX	광고	XLC
	VIG		SMH	건설	ITB
	SCHD	전자상거래	ONLN	금융	XLF
	VEA	핀테크	IPAY	에너지	XLE
채권	SHY	게임	ESPO	산업재	XLI
	IEF		HERO	필수소비재	XLP
	TLT	클라우드	SKYY	임의소비재	XLY
금	IAU		CLOU	유틸리티	XLU
은	SLV		BOTZ		
원자재	XME 광물 금속	인공지능	KOMP		
	DBC 원유 농산물	정보기술	XLK		
	XLE 에너지				

원하는
ETF 찾는 법

구글에 '미국 ETF 추천, 나스닥 ETF, 배당 ETF, 채권 ETF, 반도체 ETF' 등을 검색해도 정보가 많이 나온다. 하지만 2차 가공된 정보만으로는 부족하다. 작성된 날짜에 따라 자산 규모, 배당률, 투자 섹터, 투자 종목 등이 바뀌기 때문이다. 이 장에서는 ETF 정보를 직접 찾을 수 있는 방법과 주로 어떤 내용을 주의 깊게 봐야 하는지 다루고자 한다. 이것만 할 줄 알아도 당신은 ETF 전문가가 될 수 있다.

| ETF 선택할 때 꼭 봐야 할 것 |

해외 ETF 정보를 볼 수 있는 사이트는 ETF.com과 ETFDB.com이 유명한데, ETF.com에서 검색하는 방법과 중요한 정보를 어디에서 볼 수 있는지 소개하겠다. 영어라 당황할 수도 있지만 중요한 어휘 몇 개만 알면 된다. 계속 반복해서 보다 보면 익숙해지니까 미리 겁낼 필요 전혀 없다. 마우스 오른쪽 버튼을 클릭해서 '번역' 기능을 활용해도 된다.

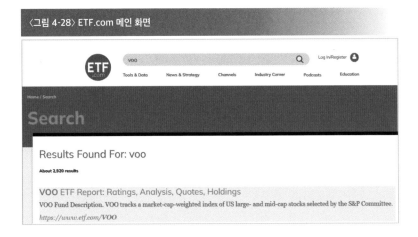

〈그림 4-28〉 ETF.com 메인 화면

ETF.com에 접속해서 검색창에 'voo'라고 티커를 입력하면, 아래에 VOO ETF Report가 나온다. 클릭해서 들어가 보자.

VOO

Vanguard S&P 500 ETF

➕ Add to watchlist

Closing Price
$362.18

Change (%)
-2.63 (-0.72%)

Ⓐ
94

4:00:00 p.m. (ET) 05/24/22 Cboe BZX Real-Time Quote

ETF.com segment: Equity: U.S. - Large Cap
Popular VOO Comparisons: VOO vs SPY, VOO vs IVV, VOO vs SPLG, VOO vs SCHX, VOO vs IWB
Related ETF Channels: North America, Broad-based, S&P 500, Vanilla, U.S., Size and Style, Large Cap, Equity
Find more ETFs with our ETF Screener and Database

*Unless otherwise stated, data provided by FactSet.

· Closing Price : 종가 $362.18
· Change(%) : 가격 변화율

VOO의 종합 점수, 인기 비교 종목, 어디와 연관된 ETF인지 볼 수 있다.

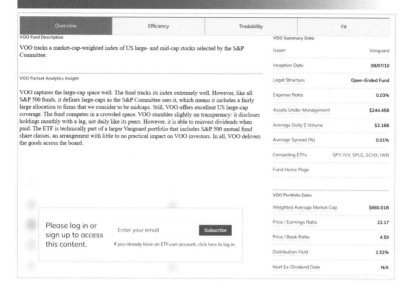

〈그림 4-30〉 VOO Overview 화면

Overview	Efficiency	Tradability	Fit

VOO Fund Description

VOO tracks a market-cap-weighted index of US large- and mid-cap stocks selected by the S&P Committee.

VOO Factset Analytics Insight

VOO captures the large-cap space well. The fund tracks its index extremely well. However, like all S&P 500 funds, it defines large-caps as the S&P Committee sees it, which means it includes a fairly large allocation to firms that we consider to be midcaps. Still, VOO offers excellent US large-cap coverage. The fund competes in a crowded space. VOO stumbles slightly on transparency: it discloses holdings monthly with a lag, not daily like its peers. However, it is able to reinvest dividends when paid. The ETF is technically part of a larger Vanguard portfolio that includes S&P 500 mutual fund share classes, an arrangement with little to no practical impact on VOO investors. In all, VOO delivers the goods across the board.

Please log in or sign up to access this content.

Enter your email   Subscribe

If you already have an ETF.com account, click here to log in.

VOO Summary Data

Issuer	Vanguard
Inception Date	09/07/10
Legal Structure	Open-Ended Fund
Expense Ratio	0.03%
Assets Under Management	$244.45B
Average Daily $ Volume	$2.16B
Average Spread (%)	0.01%
Competing ETFs	SPY, IVV, SPLG, SCHX, IWB
Fund Home Page	

VOO Portfolio Data

Weighted Average Market Cap	$660.01B
Price / Earnings Ratio	23.17
Price / Book Ratio	4.59
Distribution Yield	1.52%
Next Ex-Dividend Date	N/A

Overview 화면 오른쪽에 VOO Summary Data에 중요한 정보가 거의 다 요약되어 있다.

- Issuer : 운용사 뱅가드
- Inception Date : 상장일 2010.09.07
- Expense Ratio : 총보수 0.03%
- Assets Under Management(AUM) : 운용 자산 규모 2440억 달러(1B=10억)
- Competing ETFs : VOO와 비슷한 ETF들
- Fund Home Page : 더 자세한 정보를 볼 수 있는 ETF 홈페이지
- Price/Earnings Ratio : PER 주가 수익 비율. 현재 주가가 순수익 대비 23.17배
- Price/Book Ratio : PBR 주가 순자산 비율. 현재 주가가 순자산 대비 4.59배 (PER, PBR은 5장에서 자세히 다루겠다)
- Distribution Yield : 분배율(배당률과 비슷한 개념)

〈그림 4-31〉VOO 차트

ETF 차트를 1개월, 3개월, 1년, 3년, 5년 등 기간을 설정해서 볼 수 있다.

> · PERFORMANCE : 수익률

오른쪽에는 VOO와 SPY를 비교해 놨다.

> · YTD(Year To Date) Return : 연초 대비 수익률
> · AUM(Assets Under Management) : 운용 자산 규모
> · Number of Holdings : 보유하고 있는 종목 수

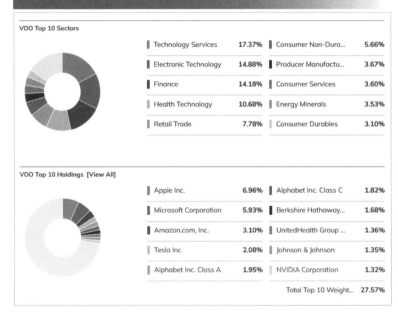

VOO Top 10 Sectors

Technology Services	17.37%
Electronic Technology	14.88%
Finance	14.18%
Health Technology	10.68%
Retail Trade	7.78%
Consumer Non-Dura...	5.66%
Producer Manufactu...	3.67%
Consumer Services	3.60%
Energy Minerals	3.53%
Consumer Durables	3.10%

VOO Top 10 Holdings [View All]

Apple Inc.	6.96%
Microsoft Corporation	5.93%
Amazon.com, Inc.	3.10%
Tesla Inc	2.08%
Alphabet Inc. Class A	1.95%
Alphabet Inc. Class C	1.82%
Berkshire Hathaway...	1.68%
UnitedHealth Group ...	1.36%
Johnson & Johnson	1.35%
NVIDIA Corporation	1.32%
Total Top 10 Weight...	27.57%

VOO 투자 섹터 비중과 상위 투자 기업 10개를 알 수 있다. [View All]을 클릭하면 투자하고 있는 모든 기업을 높은 비중부터 볼 수 있다.

지금까지 ETF를 검색해서 중요한 정보를 보는 방법을 알아봤다. 이 정보들 중 가장 중요한 것은 운용사, 상장일, 총보수, 자산 규모, 분배율, 투자 섹터, 투자 기업이다. 운용사 자체가 오래 되고 튼튼한 기업이면서 상장일이 빠를수록 좋다. 그만큼 오랜 세월 투자 시장에 존재하면서 수많은 위기를 극복해 왔다는 것을 알 수 있기 때문이다.

총보수는 저렴할수록 좋고, 자산 규모는 클수록 좋다. 비슷한 기업에 투자하는 ETF라면 보수가 적을수록 좋은 것은 당연하다. 자산 규모가 크다는 것은 그만큼 사람들이 돈을 믿고 맡긴다는 의미다. 분배율

(배당)은 배당 투자를 원하는 경우에는 꼭 비교해 봐야 한다. 마지막으로 투자 목적에 맞는 투자 섹터와 기업인지를 확인하자. 어떤 섹터, 어떤 기업에 투자하는지 알아보는 것은 기본이다.

| ETF.com 다양하게 활용하는 네 가지 |

투자 카페나 신문, 포털 사이트 등 어디선가 들어본 ETF에 대해 조사하는 방법을 앞에서 다뤘다. 이제 ETF.com 사이트에서 제공하고 있는 메뉴를 활용해서 인기 있는 ETF를 알아보는 방법을 소개하고자 한다. 일단 〈그림 4-33〉에서 ETF.com 메인 화면 상단에 있는 메뉴를 보자. 홈페이지 업데이트로 사이트의 화면 구성이 변경될 수 있다.

〈그림 4-33〉 ETF.com 메인 화면

좀 더 자세히 ETF.com 사이트를 활용해 보자.

❶ 운용 자산 규모 순으로 ETF 알아보기

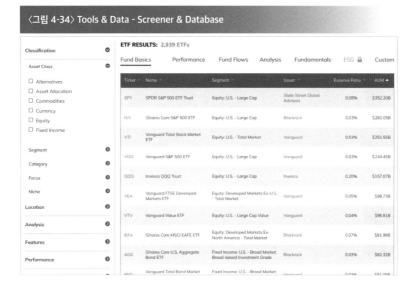

〈그림 4-34〉 Tools & Data - Screener & Database

2,939개의 ETF를 운용 자산 규모 순으로 나열해서 볼 수 있다. 왼쪽 메뉴에서 ETF 필터를 적용해서 다양한 조건을 클릭해 가면서 ETF 리스트를 찾을 수도 있다. ETF 상품의 전체적인 큰 그림을 알고 싶을 때 활용하면 좋다.

❷ 기간별 거래대금 순으로 ETF 알아보기

〈그림 4-35〉 Tools & Data - Fund Flows

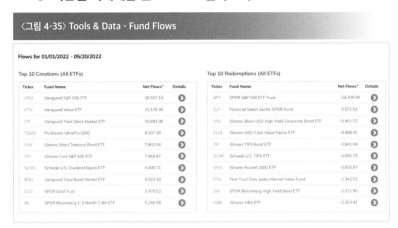

원하는 대로 기간을 설정해서 거래대금이 많은 것부터 TOP 10 종목을 알 수 있다. 2022년 1월 1일부터 5월 20일까지 VOO, VTV, VTI, TQQQ, SHV순으로 거래가 많았다는 것이다.

❸ 특정 종목을 포함한 ETF 찾기

〈그림 4-36〉 Tools & Data - Stock Finder

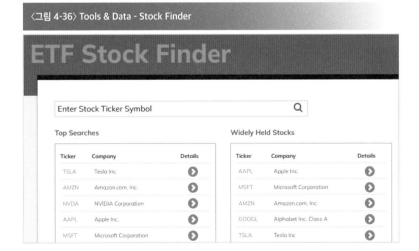

- Top Searches : 사람들이 많이 찾아 본 기업
- Widely Held Stocks : 많이 보유되고 있는 기업

티커 TSLA Details를 클릭해 보자.

〈그림 4-37〉 TSLA가 포함된 ETF 정보

TSLA
Tesla Inc

294	65.1M	SPY	XLY
ETFs Hold TSLA	TSLA Shares in ETFs	Biggest Holder	Largest Allocation

테슬라가 포함된 ETF가 총 294개, ETF가 보유하고 있는 테슬라 주식 수는 총 6,510만개, 그 중 테슬라 주식 수를 가장 많이 보유한 ETF는 SPY, 테슬라 투자 비중이 가장 높은 것은 XLY라는 뜻이다. 검색창에 궁금한 다른 기업 티커를 입력할 수도 있다.

〈그림 4-38〉 Channels - Dividend ETFs

ETFs with the most TSLA Exposure

Ticker	Fund Name	% Allocation
XLY	Consumer Diecretionary Select Sector SPDR Fu...	20.71%
UGE	ProShares Ultra Consumer Goods	19.53%
VCR	Vanguard Consumer Discretionary ETF	16.65%
FDIS	Fidelity MSCI Consumer Discretionary Index E...	15.59%
WANT	Direxion Daily Consumer Discretionary Bull 3...	14.76%

ETFs with the most TSLA shares

Ticker	Fund Name	# OF SHARES
SPY	SPDR S&P 500 ETF Trust	8.88M
QQQ	Invesco QQQ Trust	8.86M
IVV	iShares Core S&P 500 ETF	6.99M
VOO	Vanguard S&P 500 ETF	6.44M
VTI	Vanguard Total Stock Market ETF	5.35M

왼쪽을 보면 XLY의 테슬라 비중이 20.71%, 그 다음이 UGE라는 것을 알 수 있다. 오른쪽을 보면 SPY가 테슬라 주식을 888만 개, QQQ가 886만 개를 갖고 있다는 것이다.

❹ 분야별 ETF 보기

〈그림 4-39〉 Channels - Dividend ETFs

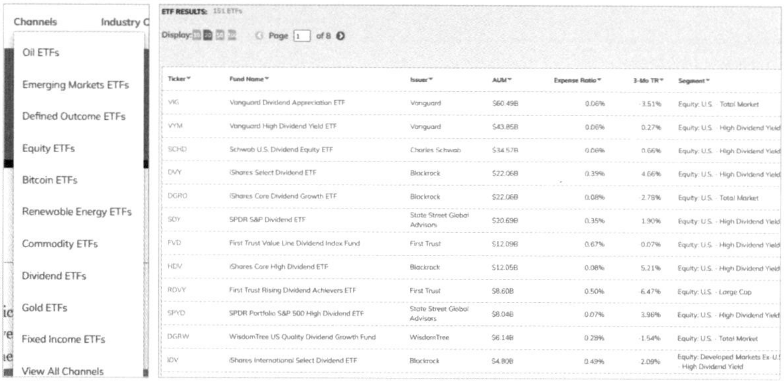

Ticker	Fund Name	Issuer	AUM	Expense Ratio	3-Mo TR	Segment
VIG	Vanguard Dividend Appreciation ETF	Vanguard	$60.49B	0.06%	-3.51%	Equity: U.S. - Total Market
VYM	Vanguard High Dividend Yield ETF	Vanguard	$43.85B	0.06%	0.27%	Equity: U.S. - High Dividend Yield
SCHD	Schwab U.S. Dividend Equity ETF	Charles Schwab	$34.57B	0.06%	0.66%	Equity: U.S. - High Dividend Yield
DVY	iShares Select Dividend ETF	Blackrock	$22.06B	0.39%	4.66%	Equity: U.S. - High Dividend Yield
DGRO	iShares Core Dividend Growth ETF	Blackrock	$22.06B	0.08%	-2.78%	Equity: U.S. - Total Market
SDY	SPDR S&P Dividend ETF	State Street Global Advisors	$20.69B	0.35%	1.90%	Equity: U.S. - High Dividend Yield
FVD	First Trust Value Line Dividend Index Fund	First Trust	$12.09B	0.67%	0.07%	Equity: U.S. - High Dividend Yield
HDV	iShares Core High Dividend ETF	Blackrock	$12.05B	0.08%	5.21%	Equity: U.S. - High Dividend Yield
RDVY	First Trust Rising Dividend Achievers ETF	First Trust	$8.60B	0.50%	-6.47%	Equity: U.S. - Large Cap
SPYD	SPDR Portfolio S&P 500 High Dividend ETF	State Street Global Advisors	$8.04B	0.07%	3.96%	Equity: U.S. - High Dividend Yield
DGRW	WisdomTree US Quality Dividend Growth Fund	WisdomTree	$6.14B	0.28%	-1.54%	Equity: U.S. - Total Market
IDV	iShares International Select Dividend ETF	Blackrock	$4.80B	0.49%	-2.09%	Equity: Developed Markets Ex-U.S. - High Dividend Yield

채널 메뉴를 보면 배당 ETF를 모아둔 곳이 있다. 151개의 배당 ETF를 AUM(운용 자산 규모)순으로 정렬해서 볼 수 있다. 이외에도 오일, 이머징마켓, 비트코인, 에너지, 배당, 금 등 다양한 분야의 ETF를 찾아볼 수 있다.

지금까지 ETF.com 사이트에서 운용 자산 규모, 기간별 거래대금 순으로 ETF 보는 법, 특정 종목을 포함한 ETF 찾는 법, 분야별 ETF 보는 법까지 네 가지를 알아봤다. 무료로 공부할 수 있는 좋은 사이트이니 잘 활용하길 바란다. 투자자를 위한 정보는 널려 있다. 공부하고 정보를 재조합해서 자신에게 맞는 투자를 하는 것이 당신의 몫이다.

자동으로 돈 버는 시스템
만드는 법

투자의 핵심은 당신이 잠자는 동안에도 일을 하는 자동으로 돈 버는 시스템을 만드는 것이다. 이제부터 소개할 자산 배분을 이해하고, 앞에서 다룬 미국 ETF를 활용할 줄 알면 누구든지 시스템을 가질 수 있다.

| 자동 수익 시스템의 세 가지 조건 |

❶ 경제 위기에도 안전해야 한다

2020년 3월 코로나19로 인해 S&P 500 지수가 30% 하락했었다. 지수가 이 정도로 하락하면 개별 종목 하락 폭은 더 심하다. 문제는 이

러한 경제 위기가 반복된다는 것이다. 투자를 통해 은퇴 후 생활비를 마련하려면 수익이 꾸준히 나와야 하는데, 어떻게 투자해야 안전할까?

많은 방법이 있지만 일단 여유 자금으로만 투자하면 안전하다. 당장 2~3년 안에 쓸 돈으로 투자하면 안 된다. 돈이 필요한 순간에 자산 가격이 하락한 상태면 손해를 보고 매도해야 하기 때문이다. 당장 쓸 일이 없는 돈으로 투자했다면 경제 위기 때 일희일비할 필요가 전혀 없다. 미국 시장은 결국 우상향한다.

그리고 변동성이 작도록 포트폴리오를 만들어서 투자하면 된다. 만드는 방법은 뒤에 나오는데, 한 번 알아 두면 평생 써먹을 수 있고 쉽고 간단하다.

물론 투자의 일정 비율은 변동성이 크지만 그만큼 수익도 높은 성장주 투자를 해도 된다. 은퇴 자금을 굴리면서 생활비를 얻어야 한다면, 성장주 투자와 안전한 포트폴리오 투자의 비중을 잘 생각해서 투자하자.

❷ 쉽고 편해야 한다

우리는 편하게 돈을 많이 얻기 위해 사업과 투자를 한다. 사업을 할 때 처음에는 사업주의 노력과 많은 시간의 투입이 필요하다. 하지만 결국은 사장 없이도 돌아갈 사업 시스템을 만들어야 한다. 계속 사업주가 시간을 쏟아야 한다면 그건 진정한 부자가 아니다. 노동자와 똑같이 시간과 공간의 제약을 받기 때문이다. 연봉이 높은 노동자일 뿐이다.

투자도 마찬가지다. 투자를 하는데 너무 많은 시간과 에너지를 뺏긴다면 삶의 질이 좋아졌음을 느끼지 못할 것이다. 게다가 투자는 시작하자마자 성과를 얻을 수 있는 영역이 아니다. 지속적으로 자산을 모아 가고, 그 자산이 황금알을 낳는 거위가 될 때까지 보살펴야 한다. 씨앗을 땅에 뿌렸으면 열매를 맺을 때까지 기다려야 한다. 투자를 시작하기까지 마음먹기도 어렵지만 그것을 유지하는 것은 더 어렵다. 사람들은 투자가 어렵고 지루해서 포기한다.

직관적으로 이해할 수 있는 목표를 세우고, 큰 원칙을 만들어서 그것만 반복적으로 실행하면 되도록 단순한 포트폴리오를 만들고 실천해야 한다. 쉽고 편하게 반복하기만 하면 되는, 시간이 흐를수록 알아서 풍요로워지는 구조를 만들어야 한다.

❸ 기계처럼 지속 가능 해야 한다

당신이 아닌 누가 운용하더라도 같은 결과를 낼 수 있는 마음 편한 투자를 해야 한다. 당신이 판단하고 결정해야 할 일을 최대한 줄여야 좋은 결과가 나올 수 있다. 사람은 감정에 치우치고 본능에 충실하기 때문이다.

주식 시장이 아무리 급등락을 반복해도 기계처럼 감정 없이 투자를 할 수 있어야 한다. 투자 성공과 실패가 전부 여기에 달렸다. 언제 상승하고 하락할지 그 타이밍은 누구도 100% 맞출 수 없다. 타이밍을 맞추려 애쓰지 말고 멀리 내다볼 수 있어야 한다. 당신이 만든 '돈 버는 시스템'을 믿고 기계처럼 투자를 지속할 때 비로소 풍성하게 맺힌 열매를 얻을 수 있다.

| 자산 배분이란 |

자산 배분이란 주식, 채권, 금, 원자재, 부동산 등 기대 수익과 위험이 다른 다양한 자산으로 포트폴리오를 구성해 분산 투자 효과를 추구하는 것이다. 자산 배분 투자는 왜 할까? 다음과 같은 장점이 있다.

첫째, 주가가 하락할 때는 채권 가격이 오르고, 주식과 채권 가격이 모두 하락할 때는 원자재가 이를 보완한다. 이런 것을 '각 자산의 상관성이 낮다'고 말한다. 상관성이 낮은 자산 군에 투자하면 포트폴리오의 MDDMaximum Drawdown를 낮출 수 있어서 좋다.

둘째, 개별 자산의 가격 변동이 포트폴리오 성과에 미치는 영향을 줄이면 장기적으로 안정적 수익을 기대할 수 있다. 상관성이 낮은 자산 군에 골고루 투자하기 때문에 안정적이면서 장기적으로 꾸준한 수익률을 얻을 수 있다.

셋째, 기본적으로 주식, 채권, 금, 원자재, 부동산은 장기적으로 우상향하는 자산이다.

또한 자산 배분 투자는 앞에서 말한 '자동 수익 시스템'의 세 가지 조건을 모두 충족시킨다. 한 번 포트폴리오를 만들어 놓으면, 반복되는 경제 위기에 좀 더 수월하게 대응할 수 있다. 쉽고 편하며 지속적으로 투자가 가능하다. 내가 판단하고 결정을 내려야 할 일이 없기 때문이다. 포트폴리오를 운용하는 방법은 간단하고 단순하다. 주기적으로 백테스트와 리밸런싱만 할 줄 알면 된다.

자산 배분으로 레이 달리오의 '올웨더 포트폴리오'가 유명하다. 올웨더All Weather란 어떤 날씨에도 상관없다는 뜻이다. 즉, 어떤 경기 상황이 오더라도 안정적으로 수익률을 얻을 수 있는 포트폴리오라는 것

이다. 레이 달리오는 실제 이 포트폴리오로 과거 40년 동안 단 네 번의
해를 제외하고 모두 꾸준한 수익을 얻었다.

〈표 4-14〉 올웨더 포트폴리오		
투자 자산		비중(%)
위험 자산 (50%)	미국 주식	12
	미국 외 선진국 주식	12
	신흥국 주식	12
	금	7
	원자재	7
안전 자산 (50%)	미국 장기 채권	18
	물가 연동채(만기 15년 이상)	18
	미국 회사 채권	7
	신흥국 채권	7

레이 달리오의 올웨더 포트폴리오는 사계절 포트폴리오라고도 불
린다. 〈표 4-14〉와 같이 자산을 분배해서 투자한다. 적립식이든 거치
식이든 이 비율대로 투자하고 리밸런싱한다.

〈그림 4-40〉 올시즌 포트폴리오 구성

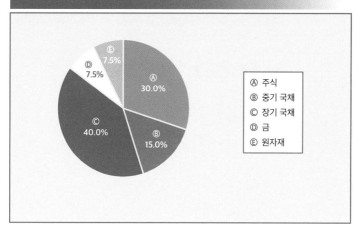

Ⓐ 주식
Ⓑ 중기 국채
Ⓒ 장기 국채
Ⓓ 금
Ⓔ 원자재

〈그림 4-40〉은 올웨더 포트폴리오를 조금 더 단순하게 만든 올시즌 포트폴리오다. 미국 주식 30%, 중기 국채 15%, 장기 국채 40%, 금 7.5%, 원자재 7.5%의 비율로 투자한다.

〈표 4-15〉 올시즌 포트폴리오 통계(1970.1~2022.2)

초기 자산(달러)	최종 자산(달러)	연평균 수익률(%)	MDD(%)
10,000	1,054,684	9.2	13.1

올시즌 포트폴리오는 토니 로빈스의 《머니》에서 레이 달리오가 공개했다. 약 50년 동안 연평균 수익률 9.2%, MDD 13.1%이었고, 자산이 약 105배가 됐다.

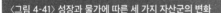

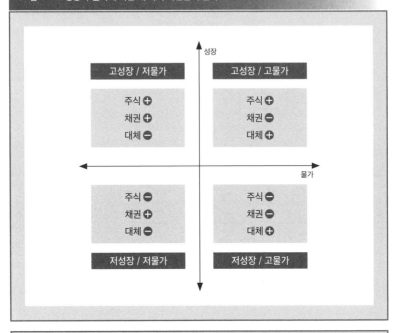

〈그림 4-41〉 성장과 물가에 따른 세 가지 자산군의 변화

고성장 / 저물가	고성장 / 고물가
주식 ➕ 채권 ➕ 대체 ➖	주식 ➕ 채권 ➖ 대체 ➕
주식 ➖ 채권 ➕ 대체 ➖	주식 ➖ 채권 ➖ 대체 ➕
저성장 / 저물가	저성장 / 고물가

- · 주식 : 경제 고성장 시기에 오른다
- · 채권 : 저물가, 저금리 시기에 좋다
- · 원자재 : 고물가, 인플레이션 시기에 오른다

주식, 채권, 원자재(금 포함)에 자산을 배분하는 이유는 〈그림 4-41〉
과 같이 경제 상황에 따라 서로 다른 움직임을 보이기 때문이다.

주식은 전반적으로 경제가 성장하는 시기에 수익이 높다. 경제가
좋으면 기업 생산과 이익이 증가하기 때문이다. 물가가 상승하면 주식
시장이 좋지 않다. 물가가 상승하면 기업에서 기본적으로 지출해야 할
비용이 많아져서 수익률이 낮아지기 때문이다.

물가 상승이 낮으면 경제 활성화를 위해 금리를 낮추고 시중에 통화량이 많아지도록 한다. 채권은 금리가 하락할 때 가격이 오르는 자산이기 때문에 저물가, 저금리 시기에 좋다.

금은 채권과 반대로 물가가 상승할 때 가격이 오른다. 물가가 상승하면 화폐 가치가 떨어지기 때문에 금 같은 실물 자산이 오르는 것이다. 원자재도 금과 비슷한 흐름을 보인다.

다만 금은 주식 시장에 큰 하락장이 왔을 때 달러처럼 안전 자산 역할을 하지만, 원자재는 안전 자산 역할은 하지 못한다.

우리는 미래의 경제 성장률, 물가 상승률이 어떻게 될지 알 수 없다. 그래서 장기적으로 우상향하는 자산, 상관관계가 낮은 자산에 골고루 투자해야 한다.

| '포트폴리오 비주얼라이저'로 백테스트 하는 방법 |

영구, 올웨더, 올시즌 포트폴리오 외에도 다양한 자산 배분 포트폴리오가 있다. 다른 사람의 포트폴리오를 참고해서 투자해도 괜찮지만, 자기만의 포트폴리오를 직접 만들어 보길 추천한다. 나이, 소득, 투자 성향, 상황에 맞게 투자 비중을 조절해야 하기 때문이다. 또한 나에게 맞는 투자 포트폴리오를 고민하다 보면 좀 더 공부하게 되고, 그 과정에서 투자에 대한 확신도 더 생긴다. 왜 그렇게 결정했는지 이유를 말할 수 있기 때문이다.

앞으로 나올 내용을 공부하면 평생 써먹을 수 있는 자신만의 무기를 가질 수 있다. 다양한 자산군의 ETF 상품, 개별 종목 등을 입력해서 각 포트폴리오의 수익률과 MDD를 볼 수 있는 쉬운 방법이 있다. 이를 '백테스트'라고 한다.

〈그림 4-42〉 포트폴리오 비주얼라이저 메인 화면

Backtest Portfolio

Backtest a portfolio asset allocation and compare historical and realized returns and risk characteristics against various lazy portfolios.

Backtest Asset Allocation »
Backtest Portfolio »
Backtest Dynamic Allocation »

〈그림 4-43〉 포트폴리오 비주얼라이저 - Backtest Portfolio

Time Period ❶	Year-to-Year
Start Year ❶	2000
End Year ❶	2022
Include YTD ❶	No
Initial Amount ❶	$ 10000 .00
Cashflows ❶	None
Rebalancing ❶	Rebalance annually
Leverage Type ❶	None
Reinvest Dividends ❶	Yes
Display Income ❶	No
Factor Regression ❶	No
Benchmark ❶	None
Portfolio Names ❶	Custom
Portfolio Name #1 ❶	all weather
Portfolio Name #2 ❶	spy
Portfolio Name #3 ❶	qqq

- Start Year : 백테스트를 시작하는 해. 제일 빠른 해가 1985년으로 되어 있는데, ETF 상품 상장일이 2000년이면 알아서 변경되어 결과가 나온다.
- Initial Amount : 초기 금액. 설정된 $10,000으로 그냥 두면 된다.
- Rebalancing : 리밸런싱 주기 선택. 매월, 분기, 6개월, 매년 다양하다. 일 년으로 설정하자.
- Reinvest Dividends : 배당 재투자 여부. Yes로 둔다.
- Portfolio Names : 포트폴리오 여러 개를 비교할 경우 Custom으로 두고 #1, #2, #3에 포트폴리오 이름을 입력할 수 있다.

〈그림 4-44〉 세 가지 포트폴리오 입력

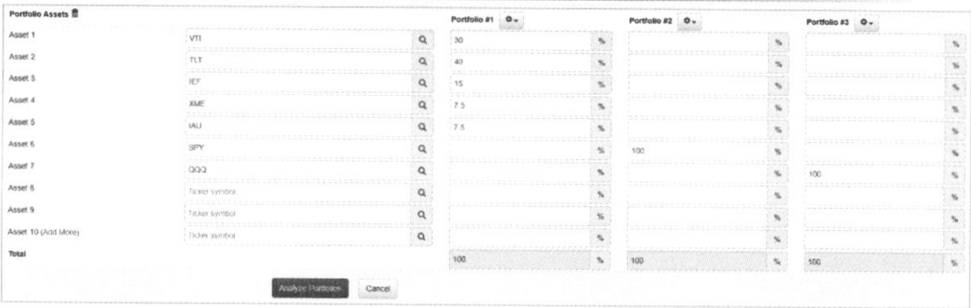

〈표 4-16〉 세 가지 포트폴리오

	포트폴리오 ① 올시즌	포트폴리오 ② S&P 500	포트폴리오 ③ 나스닥 100
ETF 구성	미국 주식 전체 VTI 30% 장기 채권 TLT 40% 중기 채권 IEF 15% 원자재 XME 7.5% 금 IAU 7.5%	SPY 100%	QQQ 100%

〈그림 4-45〉 세 가지 포트폴리오 백테스트 결과(2007년~2022년)

> · Final Balance : 최종 자산 금액 · Best Year : 최고의 수익률
> · CAGR : 연평균 수익률 · Worst Year : 최악의 수익률
> · Stdev : 표준편차 · Max. Drawdown : MDD 최대 낙폭

여기서 MDD란 무엇일까?

> MDD = (고점 가격 - 저점 가격) ÷ 고점 가격 × 100
> = (1,000-650) ÷ 1,000 × 100 = 35%

특정 기간 동안 고점 대비 최대 35%가 하락을 했다는 뜻이다. MDD
가 높다면 특정 구간에서 변동이 심하다는 뜻이다. 그래서 MDD를
스트레스 지수라고도 한다.

백테스트 결과를 보면, 연평균 수익률은 QQQ가 14.76%로 가장
높다. 하지만 최대 낙폭이 약 50%다. 어떤 해에는 50% 하락을 했다는
뜻이다. 반면 올시즌 포트폴리오는 연평균 수익률은 7.64%지만, 최대

낙폭이 약 14%로 안정적인 모습을 보여준다.

아직 은퇴까지 많은 시간이 남아 있고 높은 MDD를 견딜 수 있는 사람은 공격적으로, 곧 은퇴거나 수익률은 좀 낮더라도 안정적인 투자를 원한다면 보수적으로 포트폴리오를 짜야 한다.

〈그림 4-46〉 두 가지 포트폴리오 입력

		Portfolio #1		Portfolio #2	
QQQ	나스닥 100	40	%	40	%
VYM	배당	20	%	10	%
VNQ	리츠	20	%		%
IAU	금	10	%	10	%
IEF	중기 채권	10	%	20	%
TLT	장기 채권		%	20	%
Ticker symbol			%		%
Ticker symbol			%		%
Ticker symbol			%		%
Ticker symbol			%		%
		100	%	100	%

〈그림 4-47〉 두 가지 포트폴리오 백테스트 결과(2007년~2022년)

Portfolio Returns

Portfolio	Initial Balance	Final Balance	CAGR	Stdev	Best Year	Worst Year	Max. Drawdown
Portfolio 1	$10,000	$47,542	10.70%	13.43%	33.05%	-28.17%	-42.07%
Portfolio 2	$10,000	$45,460	10.38%	8.94%	27.61%	-14.34%	-18.13%

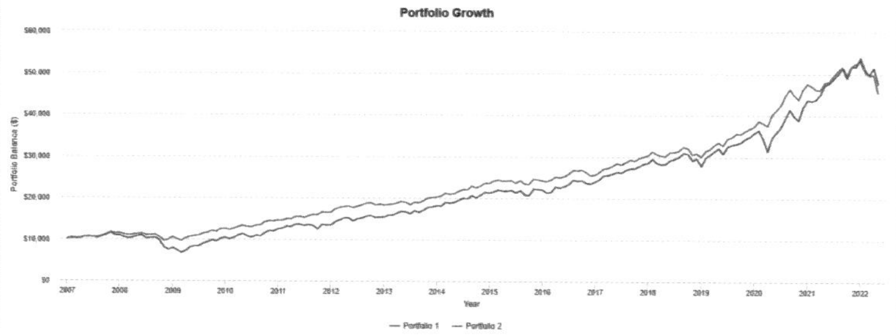

포트폴리오 ①은 나스닥 100 지수 40%, 배당과 리츠를 20%씩, 금 10%, 중기 채권 10%로 구성했다. **포트폴리오 ②**는 나스닥 100 지수 40%, 배당 10%, 금 10%, 중기 채권 20%, 장기 채권 20%로 구성했다. 연평균 수익률은 비슷한데 MDD가 42%, 18%로 **포트폴리오 ②**가 좀 더 안정적인 모습을 보여준다.

이런 식으로 주식(성장주, S&P 500, 배당주, 리츠주), 채권(단기, 중기, 장기), 금, 원자재 등의 ETF를 다양하게 섞어서 비중을 정하고 백테스트를 직접 진행할 수 있다. 이외에도 앞에서 정리한 업종별 ETF를 다양하게 추가해 보면서 포트폴리오를 만들어 보자.

| 자산 배분 전략의 핵심, 리밸런싱 |

리밸런싱rebalancing이란 운용하는 자산에 대하여 일정한 주기로 편입 비중을 재조정하는 것을 말한다. 처음에 주식, 채권, 금, 원자재 등의 비율을 정해 놓고 투자를 시작하는데, 시간이 지나면 어떤 자산은 오르고 어떤 자산은 떨어지면서 그 비율이 달라진다. 이렇게 달라진 비율을 처음 비율로 맞추는 작업이 바로 리밸런싱이다.

주식이 오르면 일부 매도를 해서 수익실현을 하고 상대적으로 덜 오른 자산을 산다. 반대로 주식이 많이 떨어졌을 때 덜 떨어진 자산을 매도해서 그 자금으로 주식을 사는 것이다. 또는 기존 투자금 외에 더 투자할 돈이 있다면 비율이 맞게끔 새로 매수를 진행할 수도 있다.

리밸런싱에는 정기 리밸런싱과 수시 리밸런싱, 두 가지가 있다.

- 정기 리밸런싱 : 6개월에 한 번 또는 1년에 한 번
- 수시 리밸런싱 : 급격한 변화가 있을 때

정기 리밸런싱은 연 1회~2회 정해진 날짜에 한다. 기억하기 좋은 날로 정해 두면 좋다. 수시 리밸런싱은 갑자기 큰 목돈이 생겨서 추가로 투자하거나 코로나19처럼 주식 시장에 큰 변화가 와서 저렴해진 주식을 더 사고 싶을 때 한다.

처음 포트폴리오를 짤 때 자산마다 비율을 정했다면, 그 비율에 맞게 매수 금액이 결정된다. 일 년 후 정기 리밸런싱을 한다면 그때까지 매달 정해 놓은 금액대로 매수를 해 나간다. 매수를 하다 보면 비율이 자주 변하는데 일 년 정도는 그냥 처음 비율 그대로 매수를 진행해도 된다. 어느 정도 투자금이 모여야 리밸런싱도 의미가 있기 때문이다.

〈표 4-17〉 포트폴리오 종목과 비중 계획

	목표 비율	투자금	주가(달러)	첫 달 매수 개수
QQQ	30%	30만 원	309	1개
VYM	50%	50만 원	112	5개
IEF	20%	20만 원	104	5개

예를 들어 QQQ 30%, VYM 50%, IEF 20% 비중으로 한 달에 100만 원씩 적립식 투자를 계획했다고 하자. 그럼 각 종목을 30만 원, 50

만 원, 20만 원씩 매수하면 된다.

<표 4-18> 일 년 진행 후 리밸런싱

	일 년 진행			리밸런싱		
	투자금	평가금액	총 평가금에서 차지하는 비율	평가금 목표 비율	비율 조정	리밸런싱 후 평가금액
QQQ	360만 원	440만 원	33%	30%	1,320만 원의 3%(40만 원) 매도	400만 원
VYM	600만 원	660만 원	50%	50%		660만 원
IEF	240만 원	220만 원	17%	20%	1,320만 원의 3%(40만 원) 매수	260만 원
합계	1,200만 원	1,320만 원	100%	100%		1,320만 원

그렇게 일 년을 진행하면 총 투자금은 1,200만 원인데, 평가금액이 달라져 있을 것이다. 종목별로 투자금보다 오른 것도 있고 내려간 것도 있기 때문이다. 일 년 후 총 평가금액 1,320만 원에 대해서 각 평가금 비율 33%, 50%, 17%를 처음 목표 비율 30%, 50%, 20%로 만드는 것이 리밸런싱이다. 33%가 된 QQQ를 1,320만 원의 3%만큼 매도하고, 17%가 된 IEF를 3%만큼 매수하면 된다.

매도하면서 리밸런싱하는 것이 싫다면, 그 달에만 투자금을 더 늘려서 리밸런싱하는 방법도 있다. <표 4-18>의 상황에서는 어떤 종목을 얼마씩 더 매수해야 할까? 현재 총 평가금에서 차지하는 비율이 QQQ가 33%로 가장 높다. 따라서 QQQ가 30%가 되도록 만드는 것을 기준으로 계산하면 된다.

440만 원 ÷ X × 100 = 30%

X(추가 매수를 통해 만들 총 평가금) = 1,470만 원

현재 총 평가금액이 1,320만 원이므로, 추가 매수할 금액은 150만 원(1,470만 원 - 1,320만 원)이다.

이때 VYM : 1,470만 원의 50%는 735만 원, 현재 660만 원이므로 차액인 75만 원 추가 매수, IEF : 1,470만 원의 20%는 294만 원, 현재 220만 원이므로 차액인 75만 원(정확히는 74만 원이지만 대략적 금액) 추가 매수를 하면 된다.

즉 총 150만 원을 추가 매수해야 하는데, VYM을 75만 원, IEF를 75만 원 매수하면 되는 것이다. 그럼 QQQ : VYM : IEF의 비율이 처음 목표로 했던 비율인 30 : 50 : 20이 된다.

국내 상장된 ETF로 자산 배분 투자를 하고 싶을 때

1. 한국형 올웨더 포트폴리오

앞에서 다룬 영구, 올웨더, 올시즌 포트폴리오의 자산 배분 기준은 다음과 같다.

---

❶ 주식, 채권, 금, 원자재 등 다양한 자산에 투자한다.

❷ 변동성이 높은 자산일수록 투자 비중이 작다.

금, 원자재 투자 비중이 가장 작고, 그 다음이 주식, 채권 비중이 가장 크다.

여기에 원화, 외화, 선진국, 개발도상국까지 고려해서 만든 포트폴리오가 '한국형 올웨더'다. 김성일의 《ETF 처음공부》, 강환국의 《퀀트 투자 무작정 따라하기》를 참고하길 바란다.

한국형 올웨더 포트폴리오 구성

투자 자산		비중(%)	국내 상장 ETF
위험 자산 (50%)	미국 주식	17.5	TIGER S&P 500
	한국 주식	17.5	KOSEF 200TR
	금	15	KODEX 골드 선물(H)
안전 자산 (50%)	미국 중기 채권	25	TIGER 미국채 10년 선물
	한국 중기 채권	25	KOSEF 국고채 10년

각 투자 자산에 국내 상장된 ETF로 투자할 수 있다.

한국형 올웨더 포트폴리오 통계(2000.1~2022.4)			
초기 자산(억 원)	최종 자산(억 원)	연평균 수익률(%)	MDD(%)
1	5.43	7.9	7.2

더 분산해서 투자한 만큼 다른 포트폴리오보다 MDD가 낮다.

2. 올시즌 포트폴리오

올시즌 포트폴리오의 투자 자산은 전부 미국 상품이다. 기본적으로 미국에 상장된 ETF로 투자하는 것이다. 그런데 미국 ETF와 거의 똑같은 구성으로 만든 국내 상장 ETF가 있다. 그래서 국내 상장 ETF로 투자해도 된다.

올시즌 포트폴리오 구성				
투자 자산		비중(%)	국내 상장 ETF	미국 상장 ETF
위험 자산 (45%)	미국 주식	30	TIGER S&P 500	SPY, VOO
	금	7.5	KODEX 골드 선물(H)	GLD, IAU
	원자재	7.5	미래에셋 원자재 선물 ETN(H)	DBC
안전 자산 (55%)	미국 장기 채권	40	KODEX 미국채울트라30년선물(H)	TLT
	미국 중기 채권	15	TIGER 미국채 10년 선물	IEF

올시즌 포트폴리오 통계(1970.1~2022.2)			
초기 자산(달러)	최종 자산(달러)	연평균 수익률(%)	MDD(%)
10,000	1,054,684	9.2	13.1

그럼 국내 상장 ETF와 미국 상장 ETF의 차이점이 무엇인지 궁금할 것이다. 각 ETF의 특징과 세금을 비교해 보자.

ETF 비교		
	국내 상장 ETF	미국 상장 ETF
상품		미국에 상장된 ETF가 훨씬 많고, 자본 규모도 크다.
거래 화폐	원화	달러
증권사 수수료(%)	0.015	0.25
증권 거래세	없음	없음

일단 미국에 상장된 ETF 상품이 다양하게 많고, 전 세계에서 미국에 투자하기 때문에 자본 규모도 크다. 매수, 매도 시 거래하는 화폐가 국내 상장 ETF는 원화, 미국 상장 ETF는 달러다. 투자 방법은 각각 국내 주식, 미국 주식 거래하는 방법과 같다. ETF 자체 수수료 외에 증권사 수수료를 내야 하는데, 요즘에는 증권사 이벤트로 수수료를 할인하거나 면제하는 경우가 많다. 주식을 매도할 때 국내 주식, 해외 주식 모

두 0.25%의 증권 거래세를 부과하는데, ETF의 경우는 국내, 해외 모두 증권 거래세가 없다.

ETF 세금

	국내 상장 ETF		미국 상장 ETF
	국내 주식형 ETF	기타 ETF	
상품 예시	KOSEF 200TR	TIGER S&P 500 TIGER 미국채 10년 선물	SPY, IEF
매매 차익	없음	- 매매 차익에 배당 소득세 15.4% - 연간 손익통산 불가 - 금융 소득 종합과세에 합산됨	- 매도 수익 250만 원 초과 시 - 250만 원 기본 공제 후 수익에 대해 양도소득세 22% - 연간 손익통산 가능
분배금 (배당금)	- 분배금의 15.4% 원천징수 - 분배금이 금융 소득 종합과세에 합산		

Q. 국내 상장 ETF 중 '기타 ETF'의 매매 차익이란?

매도 수익과 과표 기준가 상승분 중 작은 것을 매매 차익으로 보고 배당 소득세 15.4%를 과세한다.

	시장 가격	과표 기준가
매수	5,000원	5,500원
매도	5,500원	5,800원
차익	500원	300원
매매 차익 세금	500원 × 100주 × 15.4% = 7,700원	300원 × 100주 × 15.4% = 4,620원

예를 들어 국내에 상장된 '미국 S&P 500 ETF'를 100주 매수했다고 하자. 매수, 매도하던 순간에 시장 가격과 과표 기준가가 다르다. 각각 매매 차익의 15.4%를 계산한 후 둘 중 작은 것으로 과세한다. 즉 7,700원, 4,620원 중 더 작은 4,620원이 매매 차익 세금이 되는 것이다. 국내에 상장된 미국 ETF가 기타 ETF에 해당한다.

Q. 기타 ETF의 매매 차익이 금융 소득 종합과세에 합산된다는 것이 무슨 말일까?

A의 근로 소득이 4,000만 원이라고 하자. 그럼 연말정산 과세 표준 15%가 적용된다. 그런데 A가 미국 ETF 매매 차익 5억 원을 얻었다고 한다. 이때 미국 ETF가 국내 상장, 미국 상장인 경우 세금이 어떻게 되는지 각각 계산해 보자.

	국내 상장 미국 ETF	미국 상장 ETF
매매 차익	5억 중 2,000만 원은 분리과세 배당 소득세 2,000만 원 × 15.4% = 최대 308만 원	5억 중 250만 원 기본 공제 후 22% 양도소득세
	(과표 기준이 더 작을 수 있으므로 최대 308만 원)	(5억-250만) × 22% = 1억 945만
금융 소득 종합과세	5억 중 2,000만 원 초과분인 4억 8,000만 원은 근로 소득 4,000만 원과 합산	매매 차익과 노동 소득 분리과세
	금융 소득 종합과세 (4억 8,000만+4,000만) × 42% - 3,540만 = 1억 8,300만	4,000만 × 15% - 108만 = 492만
세금 합계 (원)	308만 + 1억 8,300만 = 1억 8,608만	1억 1,437만

결론은 매매 차익이 크면 금융 소득 종합과세 때문에 미국에 상장된 ETF가 유리하다. 그리고 2023년에 세금 관련법이 개정될 예정이라 어떻게 바뀌는지 다시 비교를 해 봐야 한다.

수익률을 높여 줄
핵심 전략

주식 투자를 하다 보면 매수와 매도에 대한 두 가지 방법을 놓고
고민을 하게 된다.

〈표 4-19〉 마켓 타이밍에 따른 매수, 매도에 대한 생각

	타이밍 상관없다	타이밍 어느 정도는 필요하다
매수	미국 주식 시장은 어차피 우상향 타이밍 상관없이 매수하면 된다	주식 시장 위기는 늘 온다 조금이라도 쌀 때 많이 사자
매도	무조건 장기 보유 황금알을 낳는 거위의 배를 가르지 말라 타이밍은 아무도 맞힐 수 없다 매도는 돈이 필요할 때 그 회사 실적이 별로일 때	적당히 수익 실현을 해야 한다 수익 실현해야 내 돈이다

나도 이 두 가지 투자 방법에 대해 많은 고민을 했다.

"길게 보면 미국 주식은 우상향하니까 장기 투자가 좋은 것은 잘 알겠어. 그런데 당장 회사를 그만두고 싶은데, 계속 모아 가기만 하라고? 조금이라도 생활비에 보탤 수 있는 방법이 없을까?"

이런 고민 끝에 생각한 것이 두 계좌 전략이다. 장기 투자도 하면서 중간에 적당히 수익 실현도 할 수 있는 방법이다.

| 두 계좌 전략 |

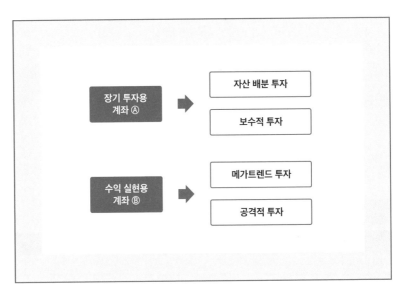

한 증권사에서 주식 계좌를 여러 개 만들 수 있다. 각 증권사 비대면 계좌 개설 앱으로 쉽게 가능하다. 일단 최소 두 개를 만들자.

Ⓐ는 웬만하면 매도를 하지 않고 장기 보유할 목적의 계좌다. 앞

에서 다룬 자산 배분 포트폴리오나 정말 좋게 보는 성장주, 배당주 등에 장기로 투자한다. Ⓑ 계좌에서는 현금을 갖고 있다가 주식 시장에 위기가 왔을 때 매수하거나, 그 해의 메가트렌드라고 판단되는 섹터에 투자를 한다. 그 후 적당히 매도를 해서 수익을 얻는다.

물론 Ⓑ에서 산 것도 장기로 보유하고 싶어지면 그렇게 해도 된다. Ⓐ와 Ⓑ 투자금 비율을 8:2, 7:3, 6:4, 5:5 등으로 정하자. 안정적이고 편안한 투자를 선호할수록 Ⓐ 계좌 투자 비중을 높이면 된다.

| 수익률을 높이는 두 가지 방법 |

예를 들어, 한 달에 100만 원씩 적립식 투자를 한다고 가정해 보자. Ⓐ와 Ⓑ를 6:4 비율로 정했다면, 60만 원은 Ⓐ에서 매수, 40만 원은 Ⓑ에서 매수한다.

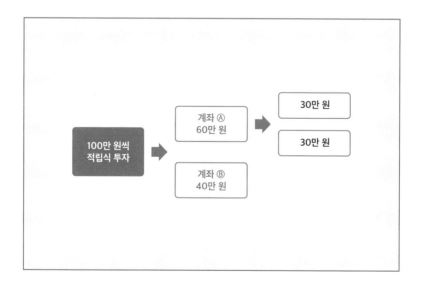

ⓐ에서 주식을 매수할 때도 매월 60만 원씩 기계처럼 같은 날 살 수도 있지만, 분할 매수도 가능하다. 30만 원은 타이밍을 생각하지 않고 적금처럼 매수, 나머지 30만 원은 따로 모아 두다가 주식 시장에 위기가 찾아왔을 때 집중 매수를 한다.

전고점 대비 20%, 25%, 30% 등 하락하면 분할 매수를 진행하는 것이다. 하락률은 그 주식의 특성에 따라 다르게 설정하면 된다. 변동성이 작은 주식이라면 10%, 15%, 20%로 하락 시 매수하는 식으로 계획을 짤 수 있다.

미국 주식 시장이 결국 우상향할 거라는 믿음을 갖고 투자하는 거니까 하락을 기회로 삼아 좋은 주식을 싸게 사서 장기로 보유하면 된다. 이제 ⓑ 계좌 활용법을 소개하겠다.

❶ 주식 시장에 큰 위기가 왔을 때

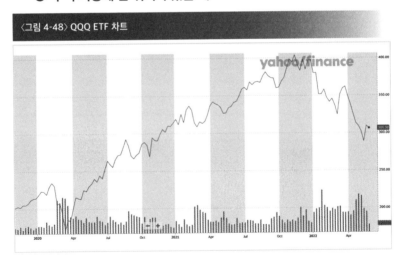

〈그림 4-48〉 QQQ ETF 차트

2020년 3월처럼 주식 시장에 큰 위기가 왔을 때 지수 추종 ETF VOO(S&P 500 지수), QQQ(나스닥 100 지수) 등을 활용해 수익을 낼 수 있다. Ⓑ 계좌는 장기 투자가 아닌 수익 실현이 목적이기 때문에 분할 매도를 하면서 수익을 확정한다.

분할 매도 예시
· 20% 수익 ⇨ 보유 수량의 20% 매도
· 30% 수익 ⇨ 보유 수량의 30% 매도
· 40% 수익 ⇨ 보유 수량의 30% 매도
· 50% 수익 ⇨ 보유 수량의 20% 매도

---

❷ 잘 알고 있는 종목으로 수익 실현하는 법

테슬라는 2020년 미국 주식 시장의 주인공이었다. 전기 자동차에 대한 비전은 있었지만, 아직 뚜렷한 실적이 없던 테슬라가 드디어 연속해서 흑자를 낸 것이다. 전기차가 막연한 꿈이 아닌 현실이라는 것을 알게 된 투자자들의 뜨거운 관심을 받았다. 전기차가 앞으로 대세가 될 것이고 그 중심은 테슬라라는 생각이 확고하다면 Ⓐ 계좌에서 장기 투자를 해도 된다.

하지만 테슬라는 변동성이 심한 주식이라 전고점 대비 떨어졌을 때 매수해서 목표로 하는 수익을 얻었을 때 매도하는 방식으로 투자를 할 수도 있다. Ⓐ에서는 매도 없이 장기로 투자하고, Ⓑ에서는 분할 매수, 분할 매도하면서 수익을 실현하는 것이다. 평소에 그 기업의 실적과 주가 움직임 등을 알고 있을 때 활용할 수 있는 방법이다.

미국 주식 실전 투자 매뉴얼

한 주라도 매수를 해 봐야 투자에 관심이 생기고 공부가 된다. 앞에서 말한 S&P 500 지수를 추종하는 VOO ETF를 한 주 매수해 보자. 주식 거래를 혼자 하는 방법으로 HTS, MTS가 있는데 차이점은 다음과 같다.

● HTS(Home Trading System, 홈 트레이딩 시스템)
투자자가 주식을 사고팔기 위해 증권사 객장에 나가거나 전화를 거는 대신 집이나 사무실에 설치된 PC를 통해 거래할 수 있는 시스템을 말한다.

● MTS(Mobile Trading System, 모바일 트레이딩 시스템)
휴대폰 증권사 앱을 이용해서 주식을 거래할 수 있는 시스템이다. 여러 개의 정보를 띄워 놓고 투자하려면 HTS를 이용해야 한다. 그러나 대부분의 거래는 MTS로도 충분하다. 휴대폰만 있으면 되는 것이기에 시간과 공간의 제약을 받지 않고 거래할 수 있어서 편리하다.

여기서는 휴대폰의 '키움증권' 앱으로 거래하는 방법을 다루겠다. 하나씩 따라해 보길 바란다.

VOO 매수 6단계

미국 주식을 매수하려면 다음 6단계를 거쳐야 한다. 처음에 딱 한 번만 설정해 놓으면 다음부터는 매수, 매도만 하면 되기에 굉장히 편하다. 제일 첫 고비를 넘기자. 뭐든 처음이 어렵다. 첫 시작이 어렵고 귀찮아서 몇 년째 미루는 사람도 봤다. 하루 날 잡고 무조건 처음부터 끝까지 모두 성공하길 바란다. 그 하루가 앞으로의 당신 인생을 완전히 바꿔 놓을 거라고 확신한다.

---

❶ 비대면 계좌개설
❷ 이벤트 신청 네 가지
❸ 계좌에 원화 입금
❹ 환전하는 법, 원화주문 신청하는 법
❺ 매수 방법 네 가지
❻ 체결내역, 잔고, 원화 평가 현황, 실현손익 확인하는 법

---

❶ 비대면 계좌 개설

휴대폰 앱 스토어에서 '계좌개설'이라고 검색한다. 그중 하나를 선택해서 계좌개설 앱을 설치한 후 안내하는 대로 따라서 하면 된다. 여기에서는 '키움증권' 앱으로 설명하고 있는데, 메뉴 구성 및 사용 방법은 모든 증권사가 거의 비슷하다. 계좌개설을 할 때 본인 신분증과 입금 확인용 계좌 번호가 필요하다.

❷ 이벤트 신청 네 가지

키움증권에서 '40달러 받기', '0.07% 해외주식 거래 수수료 우대', '95% 환전 우대' 이벤트를 신청하자. 여기에 실시간 시세 신규 고객 당월 무료 이벤트도 있다. 원래 미국 현지에서 거래되는 가격을 15분 후에 볼 수 있는데, 실시간 시세를 신청하면 바로 바로 현지 가격을 볼 수 있다. 증권사 이벤트는 언제든지 변경될 수 있다.

❸ 계좌에 원화 입금

개설된 계좌에 원화를 입금한다. VOO는 22년 6월 3일 기준 약 $378, 환율 1,300원으로 계산하면 491,400원이다. 일단 원화를 입금하고, 그걸 환전하든지 원화 주문을 하든지 해야 한다.

❹ 환전하는 법, 원화 주문 신청하는 법

[업무] - [환전] - [외화환전]

지금 이 계좌에 원화가 220만 원 정도 있다. 여기서 [원화] → [미국달러]를 터치한 후, 환전하고자 하는 금액을 입력하면 된다. 은행에서 환전 업무가 가능한 시간 외에도 증권사에서 환전을 진행할 수 있는데, 그때 적용하는 환율을 '가환율'이라고 한다. 정확한 환율이 아니라는 뜻이다. 다음 날 정식 환전 업무 시

간 때에 정확한 환율로 계산해서 알아서 입출금을 해 준다.

[원화주문]은 환전하지 않고 원화로 바로 거래를 할 수 있는 기능
이다. 미리 원화주문을 신청해 놔야 서비스를 활용할 수 있다. 이 서비
스를 신청해 놓으면 증권사에서 알아서 환전을 해서 주문하기 때문에
환전을 할 필요가 없다. 매도했을 때도 달러로 입금된다.

❺ 매수 방법 네 가지

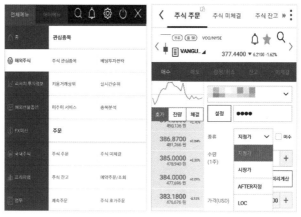

[전체메뉴] - [해외주식] - [주식 주문]

[주식 주문] 화면에서 오른쪽 위에 있는 돋보기 아이콘을 터치한
후 'voo'를 검색한다.

비밀번호를 입력하고 [종류]를 터치하면 '지정가, 시장가, AFTER
지정, LOC, wwap'가 나온다.

● 지정가 매수
내가 현재 호가 창을 보고 매수하고 싶은 가격을 설정해서 매수하는 것이다.

● 시장가 매수
현재 실시간으로 거래되는 시장가 가격에 매수하는 것. 내가 금액을 정하는 것이 아닌 현재 거래되는 가격으로 자동으로 매수된다.

● AFTER 지정 매수
미국 장은 프리마켓, 정규장, 애프터마켓이 있다. 정규장이 끝나고 애프터마켓에서 지정해 놓은 가격에 매수하는 기능이다.

● LOC 매수
종가 매수라고도 하는데 VOO를 $370에 'LOC 매수'를 걸어 둔다면, 그날 종가가 $370 이하일 때만 매수가 체결된다. 종가가 $371라면 매수 체결이 안 된다.

상황에 맞게 네 가지 기능을 잘 활용해서 매수하면 된다. 매수가 체결됐는지 안 됐는지 신경 쓰기 싫고 당장 체결되길 원한다면 시장가 매수를, 정해 놓은 가격에서만 매수하고 싶고 그것보다 비싸면 매수하지 않아도 된다는 생각이라면 지정가 매수나 LOC 매수를 한다.

❻ 체결내역, 잔고, 원화 평가 현황, 실현손익 확인하는 법

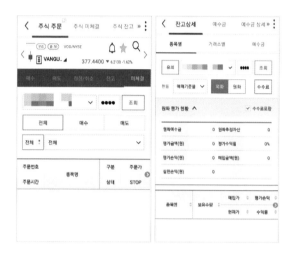

[주식 주문] - [미체결]

주문한 매수, 매도의 체결 유무를 확인할 수 있다.

[계좌] - [잔고상세]

화면 중간의 원화 평가 현황에서 현재 원화예수금, 원화추정자산, 매수한 주식의 평가금액, 수익률, 평가손익 등을 알 수 있다.

[계좌] - [실현손익]

체결 기간 최대 6개월까지 조회가 가능하다. 그 기간 동안 매도해서 실현한 손익(손해와 이익)을 볼 수 있다.

부의 삼각형 2단계 – 미국 주식

| 요약 정리 |

✔ 장기 투자는 미국 주식임을 기억하라

세계를 선도하는 기업이 현재도 많고 앞으로도 많을 곳, 성숙하고 주주 친화적인 문화를 갖고 있는 곳, 그 가치가 반영되어 주가도 지속적으로 오를 곳은 바로 미국이다. 외국이라 투자하기가 낯설고 어려운 마음 충분히 이해한다. 하지만 첫 허들만 넘으면 된다. 미국의 위대한 기업가들과 동업하는 인생을 시작하자.

✔ ETF만으로도 충분하다

첫 투자는 미국 ETF만으로도 충분하다. 너무 많은 선택지는 혼란만 줄 뿐이다. 정보의 호수 속에서 갈팡질팡 하다가 아무것도 하지 못하고 포기하는 경우가 얼마나 많은가. 나무가 잘 자라려면 가지치기가 필요하다. 투자 초보도 의도적으로 정보를 차단할 필요가 있다. ETF부터 시작하고, 어느 정도 경험과 자신감이 쌓이면 그때 개별 기업에 투자해도 늦지 않다. 오히려 그렇게 하는 것이 성공 확률도 훨씬 높고 부자로 가는 지름길이 될 것이다.

✔ 계좌별로 포트폴리오를 만들자

나도 계좌를 목적별로 여러 개 운용하고 있다. 장기 투자, 중기 투자, 배당주 투자 등 계좌를 분리해서 투자한다. 그래야 처음 계획했던 대로 매수, 매도를 할 수 있고 투자금이 섞이지 않는다. 관리도 편하고 멘탈에도 도움이 된다. 경제 상황과 상관없이 평온한 마음으로 투자를 유지할 수 있는 비결이다. 투자 목적과 투자 기간을 생각하고 그에 따라 계좌를 여러 개 만들어 운용하자.

▼

PART 05

부의 삼각형 3단계
국내 주식

개인 투자자들이
실패하는 이유

유튜브나 주식 관련 책을 통해 성공한 개인 투자자들의 이야기를 쉽게 접할 수 있다. 하지만 주식 카페나 종목 토론방, 투자 채팅방 등에서는 성공 사례를 찾기 어렵다. 실제로 개인 투자자 중 꾸준히 수익을 얻는 사람은 거의 없다고 한다. 몇 번은 운 좋게 수익을 얻었어도 꾸준하게 수익을 내는 것은 생각보다 더 어렵다.

〈표 5-1〉은 2020년 조세재정연구원이 11년간 '11개 금융투자회사가 보유한 개인 증권계좌'의 손익을 분석해 평균화한 통계다.

<표 5-1> 개인 투자자 주식 양도 차익 구간별 인원

	손실	0원 ~1,000만 원	1,000만 ~2,000만 원	2,000만 원 초과	총
비율	약 40%	약 50%	약 5%	약 5%	약 100%
인원(명)	약 240만	약 300만	약 30만	약 30만	약 600만

약 600만 명을 조사했는데, 이 중 40%는 주식 투자로 일 년 동안 손실을 봤고, 1,000만 원 이하의 수익을 낸 사람은 50%라고 한다. 즉 개인 투자자 10명 중 9명은 주식으로 돈을 잃거나 벌더라도 1,000만 원 이하의 수익을 얻었다는 것이다. 1,000만 원 초과 2,000만 원 이하의 수익을 낸 개인 투자자는 전체의 5%, 2,000만 원 넘게 수익을 낸 투자자도 불과 5%였다.

주식 시장에는 개인 투자자 말고도 기관, 외국인, 세력들이 존재한다. 이들은 매일 전문적으로 투자를 연구하고, 막대한 자금도 갖고 있다. 코스피, 코스닥 지수가 좋지 않을 때를 보면 기관, 외국인이 어마어마하게 매도하고 있는 경우가 많다.

이런 상황에서 개인 투자자는 승리하기 위해 어떤 무기가 있을까. 보통은 뉴스에서 발표되는 호재나 소문을 듣고 별 공부 없이 매수하거나 상승하는 종목이 갑자기 좋아 보여서 즉흥적으로 매수한다.

이것도 좋아 보이고 저것도 좋아 보여서 하나씩 사다 보면 종목이 몇 십 개가 되면서 관리가 안 되어 손을 놓게 된다. 그러다가 손절을 하거나 무리하게 돈을 끌어 와서 계획 없이 물타기를 한다. 이 정도면 바닥이라고 생각해서 더 매수했는데, 지하실을 경험하게 되고 손실은 건

잡을 수 없이 커진다. 아무런 무기도 없이 전쟁터에 나서니 처참한 치명상을 입는 것이다.

이런 악순환의 고리를 끊고, 개인 투자자가 개별 종목에서 꾸준히 수익을 얻기 위해서는 자기만의 무기, 원칙이 있어야 한다. 기관, 외국인이 가질 수 없는 것, 그걸 무기로 사용하면 된다. 기업의 재무, 내부 상황, 차트 분석, 호재 등 최신 뉴스에 대해서는 우리가 밀릴 수 있다.

하지만 우리는 높은 수익률을 빠른 시간 안에 얻어야 한다는 심리적 부담과 압박에서 자유로울 수 있다. 투자가 직업인 사람들은 단기간에 성과와 수익률을 내야 한다. 능력을 인정받아야 승진하는 데 유리하기 때문이다. 개인 투자자는 원하는 만큼 충분히 주식을 사 모으면서 기다릴 시간이 있다. 시간은 개인 투자자의 가장 강력한 무기다.

이때의 전제 조건은 좋은 기업을 찾아야 한다는 것이다. 아무 기업 주식이나 사 놓고 희망 회로를 돌리면서 무작정 기다리라는 말이 아니다. 할 수 있는 선에서 최대한 기업을 조사해야 한다. 내가 그 회사를 인수하는 경영자라는 마음으로 말이다.

그리고 매수하기 전에 이 기업의 주가가 내 예상대로 흘러가지 않고 많이 하락하면 어떻게 할까에 대한 시나리오가 있어야 한다. 그런 상황이 오더라도 지속적으로 투자할 마음이 있는지 점검해 보는 것이다. 보통은 주가가 올라갈 것만 생각하고 매수하는데, 주가는 대부분 예상대로 흘러가지 않는다.

주식 시장에서 승리하기 위해서는 남들과는 다른 나만의 전략과 통찰력이 있어야 한다는 것을 늘 생각해야 한다. 사람들의 욕망이 실시간으로 빠르게 반영되기 때문에 그만큼 주식 투자에서 성공하는 것이 어렵다.

소크라테스의 "너 자신을 알라"는 이 말은 투자자에게 딱 맞는 말이다. 세상에는 수많은 주식 투자 방법들이 있다. 이때 자기 자신에 대해 잘 알아야 승률을 높여 줄 투자 방법을 찾을 수 있다.

100% 항상 성공할 수는 없지만 경험을 쌓으면서 나 자신에 대해 탐구하다 보면 조금은 더 괜찮은 방법을 찾게 된다. 부디 성공 확률을 높여 줄 자기만의 방법을 찾기를 바란다.

워런 버핏이 배당금으로만
2년마다 원금 회수하는 주식

　　워런 버핏이 운영하고 있는 버크셔 해서웨이는 1988년에서 1994년 사이에 코카콜라를 주당 3.25달러에 매수했다. 4억 주, 지분 총 취득가는 12억 9,900만 달러다. 이 지분을 통해 최근에 받고 있는 배당금이 연 6억 7,200만 달러로 2년마다 배당금으로만 원금을 회수하고 있다. 버핏은 이 돈으로 다른 기업들의 지분과 주식을 매수하는데 사용하고 있다. 배당뿐만이 아니라 현재 버핏이 보유하고 있는 코카콜라 주식의 가치는 212억 1,600만 달러라고 한다.

| 배당주 투자의 위력 |

보통 배당주 투자라고 하면 시시하게 생각한다. 겨우 2~5%의 배당을 받아서 언제 부자가 되냐고, 배당을 받아도 주가가 떨어지면 손해라고 하면서 말이다. 주가가 많이 오르는 성장주, 급등주를 선호하고 배당주 투자는 소외를 받는다.

하지만 조기 은퇴를 꿈꾼다면, 특히 초보 투자자라면 배당을 주는 기업부터 투자하길 권한다. 경제 위기가 와서 주가가 하락해도 배당을 받을 수 있기 때문이다. 회사가 벌어들이는 순이익이 일정하게 유지된다면 주가의 하락에 상관없이 배당을 줄 수 있다.

배당주 투자를 하면 구체적인 목표를 세울 수 있어서 좋다. 몇 주를 보유했을 때 얼마의 배당을 받을 수 있는지 계산이 가능하기 때문이다.

투자자에게 주는 심리적 안정감도 큰 장점이다. 그 누구도 코로나19와 러시아—우크라이나 전쟁과 같은 일들을 예측할 수 없다. 아무리 주식이 떨어져도 매년 배당을 받을 수 있다면 조금은 덜 힘들게 하락장을 버틸 수 있다. 주식은 하루아침에 결정되는 자산이 아니다. 평생에 걸쳐 하락장, 상승장을 무수히 경험하면서 천천히 그러나 확실하게 큰 부자를 만들어 주는 자산이다. 하락장을 잘 견뎌내면 다시 상승장이 온다. 하락장에서 손해를 덜 볼 방법, 지쳐서 나가떨어지지 않을 방법을 찾아야 한다. 그 시간을 버텨내다가 상승장이 왔을 때 의미 있는 수익을 거두고 자산이 점프하는 것이다.

| 삼성전자로 노후 준비 가능한가 |

은퇴 후 필요한 노후 자금은 얼마일까? 1인 가구 기준 월 150만 ~ 160만 원으로 일 년이면 1,920만 원이다. 만약 55세에 은퇴해서 90세까지 산다면 총 6억 7,200만 원이 필요한 것이다.

25세부터 55세까지 30년간 노후 준비를 한다고 가정하자. 이때 저금과 주식으로 준비하는 경우를 비교해 보자.

〈표 5-2〉 25세부터 30년간 노후 준비 비교

저금	30년 동안 매월 140만 원을 저금 연 2% 이자	⇨	6억 8,200만 원
	55세에 연 2%의 예금에 넣어 두면 이자 소득세 15.4%를 제하고 실수령액 약 월 100만 원 사용 가능	⇨	생활비가 모자란다
주식	30년 동안 매월 50만 원씩 적립식 투자 연 10% 수익률	⇨	10억
	배당률 3% 연 배당금 3,000만 원 배당 소득세 15.4%를 제하면 실수령액 2,538만 원	⇨	원금 사용 없이 배당으로만 월 211만 원 사용 가능

30년간 매월 140만 원씩 저금해서 연 2%의 이자를 받는다면 6억 8,200만 원이 된다. 사실 저금 만기 때마다 이자 소득세를 내야하므로 이 금액보다 적을 것이다. 이 돈을 연 2%의 예금에 넣어 두면 이자 소득세를 제하고 한 달에 약 100만 원 정도 사용이 가능하다. 결론적으로 노후 생활비가 부족하다는 것이다. 국민연금이나 개인퇴직연금 등 나

머지 생활비에 대한 계획이 또 있어야 한다.

만약에 배당도 주면서 연평균 수익률이 10%인 주식회사에 투자를 한다면, 매월 50만 원만 적립식으로 투자해도 10억이 된다. 여기에 배당금을 재투자한다면 더 큰 금액이 될 것이다. 10억에 대해 배당 3%만 받아도 3,000만 원이고, 세후 월 211만 원을 사용할 수 있다. 원금을 인출할 필요가 없다.

결과적으로 노후를 저금으로 준비한다면 30년간 매월 140만 원을 적립해도 부족하지만, 투자로 한다면 매월 50만 원만 적립해도 충분하다는 것을 알 수 있다. 물론 물가 상승률을 반영한다면 조금 더 넉넉하게 저금하고 투자해야 한다.

그렇다면 핵심은 연평균 10% 이상의 수익을 꾸준히 내는 회사, 배당을 주는 회사에 투자를 해야 한다는 것이다. 지금까지는 삼성전자가 이 조건에 해당됐는데 그 이유를 살펴보자.

삼성전자는 2002년 4,200원, 2022년 58,400원으로 20년간 약 14배 상승했고 연평균으로 환산하면 13%의 수익률이다. 2021년 한 주당 배당금은 1,444원, 2022년 6월 주가는 58,400원으로 배당 수익률을 계산하면 2.47%다.

> 배당 수익률 = 한 주당 배당금 ÷ 매수한 주가 × 100
> = 1,444원 ÷ 58,400원 × 100 = 2.47%

지금 삼성전자를 1,000주, 약 6,000만 원으로 매수하고, 연평균

10%로 계산하면, 30년 후 10억 5,000만 원이 된다. 원금은 6,000만 원 뿐이지만 30년 후에는 10억 5,000만 원이 되고, 그때 배당으로 3%를 받는다면 배당금만 약 3,000만 원이 된다. 세금을 떼고도 매월 생활비로 사용이 가능하다.

삼성전자는 우리나라 시가 총액 1위 기업이고, 가전에서 휴대폰, 반도체까지 세상이 변화하는 트렌드에 맞게 사업을 발전시켜 왔다. 앞으로도 사업을 통해 보유한 현금을 통해 다양한 사업에 투자할 것이다. 삼성전자는 2022년에 앞으로 5년간 450조 원을 투입해 반도체, 바이오, 신 성장 IT(인공지능 AI·차세대 통신 6G) 등 미래 먹거리를 키우겠다고 발표했다. 450조 원은 삼성이 지난 5년간 투자한 330조 원보다 약 36%나 많은 규모다.

시스템 반도체를 세계 1위로 만들고, 바이오 사업으로 '제2의 반도체 신화'를 구현하는 것이 목표라고 한다. 미래 산업 경쟁력을 좌우할 핵심 기술인 AI와 6세대(6G) 통신 분야 연구를 위해서도 대대적인 지원을 한다.

꼭 삼성전자로 노후 준비를 해야 한다는 말이 아니다. 앞에서 말했듯이 개인 투자자의 주식 투자 성공은 매우 어렵기에 우리만의 무기가 있어야 하는데, 배당도 주면서 지속적으로 성장도 하는 그런 회사가 무기가 될 수 있다는 것을 말하고 싶다. 이런 주식을 '배당 성장주'라고 한다.

| 배당 성장주 |

워런 버핏의 코카콜라 또는 삼성전자처럼 배당도 주면서 성장하는 기업에 투자하면, 매년 배당금도 받으면서 주가도 올라 큰 수익을 얻을 수 있다. 비전이 있고 사회 변화에 맞게 잘 대응하며 사업을 하는 회사, 강력한 돈 버는 기술이 있는 회사를 고르면 된다. 코카콜라의 경우 지난 30여 년 시간 동안 유럽, 아시아, 아프리카, 중남미 등 신흥시장에 진출하여 괄목할 성장을 거뒀다. 삼성전자도 반도체 기술을 통해 전 세계 기업 시가 총액의 22위까지 올라갔다.

이런 기업을 골랐다면 이제 투자자에게 필요한 것은 합리적인 가격에 매수하는 것과 오래 보유할 수 있는 참을성이다. 그 열매로 매년 배당을 받아서 재투자할 수 있고, 2~30년 후에는 원금이 몇 배로 불어나 있을 것이며 배당만으로 노후 생활비를 충당할 수 있을 것이다.

| 경제 위기가 왔을 때 |

기업은 주주에게 주식 한 주당 똑같은 금액을 배당한다. 하지만 개인의 배당 수익률은 모두 다르다. 그 주식을 한 주당 얼마에 샀느냐에 따라 달라지기 때문이다.

예를 들어 SK텔레콤의 경우 2020년 말에 한 주당 2,000원을 배당했다. A는 이 주식을 2020년 3월에 약 28,000원에 매수했다고 하자. 그럼 배당 수익률은 2,000원 ÷ 28,000원 × 100 = 7%이다. B는 이 주식을 50,000원에 샀다고 하자. 배당 수익률은 2,000원 ÷ 50,000원 × 100 = 4%이다.

SK텔레콤은 우리나라 통신사 중 시가 총액 1위이고 배당도 준다. 이런 회사의 주식을 경제 위기 때 매수한다면 평소보다 2배에 가까운 배당을 받을 수 있다. 경제 위기에 저렴한 가격으로 매수했기 때문이다. 심지어 2021년에는 한 주당 2,660원을 배당했다. 그럼 A의 배당 수익률은 2,660원 ÷ 28,000원 × 100 = 9.5%이다. 거기에 2022년 6월 기준으로 주가도 88%가 올랐다. 매년 10%에 가까운 배당을 받으면서 주가 상승도 기대해 볼 수 있는 것이다.

배당주 투자는 일반적인 사람들 생각보다 훨씬 매력적이다. 그래서 개인 투자자들이 알아 두면 좋을 비교적 안전하면서도 편한 투자 방법이다. 처음에는 드라마틱한 수익이 없어서 지루할 수도 있으나 그 고비를 넘기면 결국은 확실하게 승리할 수 있는 전략이다.

"첫 번째 규칙은 절대로 돈을 잃지 마라.

두 번째 규칙은 첫 번째 규칙을 절대로 잊지 마라."

투자의 귀재 워런 버핏의 유명한 명언이다. 이 말을 처음 접했을 때 '이게 무슨 말이야? 돈을 많이 벌 생각을 해야지, 왜 잃지 말라고 하는 거지?'라고 생각했었다. 이제는 이 말의 의미를 어렴풋이 알 것 같다. 주식 시장은 변동성이 심하다. 기업의 가치는 변함이 없어도 외부 환경에 의해 주가가 하락하는 일이 많다. 이런 순간에도 덜 잃을 방법, 투자를 오래 지속할 수 있는 방법을 찾는 것이 성공 투자의 핵심이다.

배당주 투자
주의할 점

누구나 처음 주식 투자를 시작할 때는 슈퍼개미가 되는 꿈을 꿀 것이다. 내가 사는 것마다 상승을 할 것 같은 느낌, 책이나 영상에서 알려준 방법대로 하면 금방 부자가 될 것 같은 착각에 사로잡힌다.

처음에는 워런 버핏, 피터 린치, 앙드레 코스톨라니 등 주식 대가들의 책을 읽다가 '아, 이렇게 해서 언제 부자가 되고 언제 회사를 그만둘 수 있을까' 하는 생각에 결국 단기매매를 시작하게 된다. 나도 겪었던 과정이기에 그 마음을 이해한다.

단기매매로 성공한 사람들도 있다. 문제는 그 방법으로 성공하는 사람이 극소수라는 것이다. 자기 자신을 냉정하게 돌아봐야 한다. 정말 공부의 양이 많은지, 또는 감이 좋은지, 앞으로의 트렌드를 미리 파악해서 주가가 쌀 때 미리 매수할 수 있는 능력이 있는지, 매일 차트와 거래량을 분석하면서 종목을 고르는 안목이 있는지 말이다.

그리고 기댓값을 계산할 줄 알아야 한다. 단기투자는 빨리 부자가 될 수 있지만 성공 확률이 매우 낮고, 장기투자는 부자가 되는 데 시간은 걸리지만 성공 확률이 매우 높다. 후자의 기댓값이 높다. 빠른 자산 증식은 부동산 투자를 병행하면 가능하다. 그리고 그 돈을 주식으로 안전하게 운용하면서 현금 흐름을 만들어야 한다. 부동산 자산이 많아도 현금 흐름을 만들지 못한다면 경제적 자유를 얻을 수 없다.

앞으로 주가가 어떻게 될지 예측하는 것은 아무도 할 수 없지만, 일 년에 배당금을 얼마나 받을 수 있을지는 예측이 가능하다. 기업의 실적이 안정적이고 현금이 많은 회사를 고르고, 가끔씩 제대로 돈을 벌고 있는지만 체크하면 된다. 이때 주의할 점은 배당을 오랜 기간 해 왔고, 점점 배당금을 늘려 온 회사, 앞으로도 돈을 잘 벌 회사, 성장할 회사를 골라야 한다는 것이다.

❶ 네이버 금융에서 과거 3년 배당금 확인

'네이버 금융'을 검색해서 클릭하면 상단에 [국내증시] 메뉴가 있다. 클릭 후 좌측을 보면 [배당] 메뉴가 있다. 코스피, 코스닥, 전체 주식에 대한 정보를 볼 수 있다. 현재 배당 수익률을 내림차순으로 정렬해서 확인할 수 있다.

가장 오른쪽에 '과거 3년 배당금'에서 최근 배당금을 얼마씩 줬는지 봐야 한다. 효성티앤씨, 금호석유우의 경우 배당률이 13.7%, 11%인데 일 년 전 결산 배당금(2022년 기준으로 2020년 배당금을 말한다)이 평년보다

〈그림 5-1〉 네이버 금융에서 배당주 목록 보는 법

국내증시

| 주요시세정보
코스피 | 코스닥 | 선물
코스피200 | 코넥스
시가총액 | 배당
업종 | 테마 | 그룹사
ETF | ETN
상승 | 보합 | 하락
상한가 | 하한가
급등 | 급락
거래상위 | 급증 | 급감
투자자별매매동향
외국인매매 | 기관매매
프로그램매매동향
증시자금동향
신규상장
외국인보유
장외시세
IPO

| 투자자보호
관리종목
거래정지종목
시장경보종목

| 조건검색
골든크로스 | 갭상승
이격도과열 | 투심과열
상대강도과열

| 기업 전자공시

| 공매도 거래 현황

금융홈 > 국내증시 > 배당

| 배당

전체 코스피 코스닥

종목명	현재가	기준월	배당금	수익률 (%)	배당성향 (%)	ROE (%)	PER (배)	PBR (배)	과거 3년 배당금		
									1년전	2년전	3년전
이크레더블	16,900	21.12	2,720	16.09	235.23	22.98	17.04	3.75	700	740	670
효성티앤씨	364,500	21.12	50,000	13.72	28.01	76.22	2.93	1.58	5,000	2,000	1,000
한국ANKOR유전	1,550	21.12	180	11.61	-	-	-	-	120	185	215
NH투자증권우	9,660	21.12	1,100	11.39	35.63	14.77	4.08	0.58	750	550	550
금호석유우	92,100	21.12	10,050	10.91	14.29	47.76	2.83	0.92	4,250	1,550	1,400
NH투자증권	9,630	21.12	1,050	10.90	35.63	14.77	4.08	0.58	700	500	500
한국금융지주우	57,200	21.12	6,212	10.86	20.37	27.12	2.82	0.64	3,062	2,962	1,862
삼성증권	35,350	21.12	3,800	10.75	35.15	16.94	4.15	0.66	2,200	1,700	1,400
동양생명	5,780	21.12	620	10.73	35.06	-	3.86	0.34	220	230	100
대신증권우	14,050	22.01	1,450	10.32	15.31	26.41	2.62	0.47	1,250	1,050	670
대신증권2우B	13,750	22.01	1,400	10.18	15.31	26.41	2.62	0.47	1,200	1,000	620
한국금융지주	61,500	21.12	6,150	10.00	20.37	27.12	2.82	0.64	3,000	2,900	1,800
DB금융투자	5,030	21.12	500	9.94	17.66	13.66	2.38	0.30	300	250	250
금호건설	8,160	21.12	800	9.80	19.38	28.40	2.89	0.64	500	500	500
세아베스틸지주	15,600	21.12	1,500	9.61	26.18	10.81	3.84	0.39	200	300	850
대신증권	15,200	22.01	1,400	9.21	15.31	26.41	2.62	0.47	1,200	1,000	620
이베스트투자…	6,530	21.12	600	9.19	23.30	19.27	3.67	0.60	550	345	485
리드코프	8,780	21.12	800	9.11	50.95	9.57	5.80	0.52	800	150	150
HD현대	61,200	21.12	5,550	9.07	-296.46	-1.98	-32.06	0.60	3,700	3,700	3,700
세아특수강	14,450	21.12	1,200	8.30	38.34	8.25	5.17	0.40	700	900	900
동아타이어	12,250	21.12	1,000	8.16	83.03	4.49	10.21	0.46	800	500	300
한양증권	11,050	21.12	900	8.15	14.99	20.28	2.62	0.48	750	350	250
DGB금융지주	7,750	21.12	630	8.13	21.18	9.63	3.15	0.29	390	410	360
효성	80,700	21.12	6,500	8.06	29.53	18.04	4.55	0.72	5,000	5,000	5,000

출처 네이버 금융

많았음을 알 수 있다. 뭔가 특수한 일이 있었던 것이다.

단순히 배당 수익률이 높다고 무조건 좋은 기업이라고 생각하면 안 된다. 일시적으로 배당을 많이 줬거나 재무가 그다지 튼튼하지 않아도 배당을 많이 주는 기업도 있기 때문이다.

'네이버 금융'에서 최근 투자지표와 배당금 흐름을 확인한 후에 '아이투자'에서 10년간의 정보를 보자. 배당 수익률 1위인 이크레더블 회사에 대해 검색해 봤다.

〈그림 5-2〉 이크레더블 정보

투자지표	22.03월	21.12월	20.12월	19.12월	18.12월	17.12월	16.12월	15.12월	14.12월	13.12월	12.12월	12.09월
주당순이익(EPS,연결지배)	199	1,156	1,084	1,134	1,040	905	817	647	537	495	27	467
주당순이익(EPS,개별)	175	1,096	1,033	1,076	980	853	768	584	477	443	18	450
PER (배)	N/A	17.04	21.69	16.37	15.10	16.07	16.15	15.01	15.82	14.35	252.31	13.89
주당순자산(지분법)	2,739	5,260	4,804	4,460	3,996	3,486	3,111	2,714	2,416	2,199	1,721	1,994
PBR (배)	7.19	3.75	4.89	4.16	3.93	4.17	4.24	3.58	3.52	3.23	3.96	3.25
주당 배당금	N/A	2,720	700	740	670	530	530	420	350	320	17	300
시가 배당률 (%)	N/A	13.8	3.0	4.0	4.3	3.6	4.0	4.3	4.1	4.5	0.2	4.6
ROE (%)	N/A	21.98	22.56	25.42	26.02	25.97	26.28	23.85	22.24	22.50	1.57	23.40
순이익률 (%)	26.48	30.47	30.42	33.36	33.63	32.02	31.25	30.48	32.18	31.22	11.42	30.60
영업이익률 (%)	32.39	39.87	39.33	40.87	41.14	39.45	38.53	36.96	37.83	36.81	9.56	35.19

출처 아이투자 사이트

2022년 투자지표는 아직 3월 1분기만 알 수 있다. 화면 중간에 주당 배당금과 시가 배당률을 보면 2021년에 특별히 배당을 많이 줬음이 확인된다. 그래서 최근 것만 조사하면 안 된다.

10년간의 EPS, PER, PBR, ROE 추이를 보자. 자세한 내용은 뒤에서 다루겠다.

배당 성향도 계산해야 한다. 배당 성향이란 주당 순이익 대비 주당 배당금의 비율로, 기업이 벌어들인 순이익 대비해서 배당을 얼마나 주는지를 알 수 있는 지표다. 2021년 배당 성향은 2,720원 ÷ 1,156원 × 100 = 235%, 2020년 배당 성향은 700 ÷ 1,084 × 100 = 65%이다. 보통 65%의 배당 성향을 유지하고 있다.

배당 성향이 100%가 넘는 기업은 현재 벌어들이는 순이익보다 더 많은 돈을 배당으로 지급하는 것이다. 배당금을 계속 많이 주다 보면 부실기업이 될 것이다. 따라서 앞으로 순이익이 늘어나지 않는다면 배당금이 줄어들 확률이 높다.

반면, 배당 성향이 50% 이하인 기업은 앞으로 순이익이 지금처럼 유지되거나 늘어난다면 배당도 더 많이 줄 가능성이 있기에 눈여겨봐야 한다.

❸ 배당 기준일, 배당락일, 배당 지급일

〈표 5-3〉한 주 당 배당금

(단위 : 원)

종목명	분기 배당	반기 배당	결산 배당	21년 배당 합계
하나금융지주		700	2,400	3,100
KB금융지주		750	2,190	2,940
신한금융지주	300	260	1,400	1,960
우리금융지주		150	750	900

배당에는 크게 결산 배당, 중간 배당 두 가지가 있다. 연말 사업 결산일을 기준으로 배당하는 것을 결산 배당, 결산 배당 전에 하는 배당을 중간 배당이라 한다. 중간 배당은 다시 분기 배당, 반기 배당으로 나뉜다.

〈표 5-3〉은 우리나라 대표적인 금융지주회사 네 곳의 21년 중간 배당(분기·반기), 결산 배당 금액을 정리한 것이다. 배당주 투자를 할 때

는 일 년 동안의 총 배당금만 확인하지 말고 중간 배당을 하는지, 분기 배당인지 반기 배당인지 검색해 보자.

배당 기준일이란 기업에서 배당을 시행할 때 배당을 받는 주주들을 결정하는 기준이 되는 날을 말한다. 기업들은 배당 기준일에 주식을 보유하고 있는 사람들을 대상으로 배당을 실시한다. 그런데 주식을 매수한 후 해당 회사의 주주로 이름이 등재되는 데까지 이틀의 시간이 걸리기 때문에, 영업일 기준으로 배당 기준일 이틀 전까지 주식을 매수해야 한다.

6월 28일(화)	6월 29일(수)	6월 30일(목)
배당금 받을 수 있는 마지막 날	배당락일	배당 기준일

예를 들어 중간 배당의 배당 기준일이 6월 30일인 경우 영업일 기준 이틀 전인 6월 28일까지 해당 주식을 매수해야 하는 것이다. 그런데 6월 28일이 휴장이라면 27일까지 매수해야 한다. 영업일 기준으로 이틀 전이기 때문이다.

배당락일이란 배당금을 받을 수 있는 권리가 처음으로 사라지는 날이다. 6월 28일까지 매수를 해야 배당을 받을 수 있기 때문에, 29일에는 주식을 매수해도 중간 배당을 받을 수 없다. 그렇다면, 28일에 매수해서 29일에 매도하는 경우 배당을 받을 수 있을까? 받을 수 있다. 그래서 배당락일에는 주가가 떨어지는 현상이 일어나기도 한다. 배당 받을 권리를 이미 가진 사람들이 배당락일에 매도하는 경우가 있기 때문이다.

정리하자면 배당을 받기 위해서는 배당 기준일로부터 영업일 기준 이틀 전에는 꼭 매수를 해야 하고, 그 다음 날에 매도를 하더라도 배당을 받을 수 있다는 것이다.

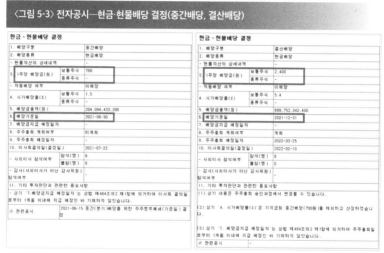

〈그림 5-3〉 전자공시—현금·현물배당 결정(중간배당, 결산배당)

이사회에서 중간 배당, 결산 배당 금액을 정하고 주주총회의 승인을 얻으면 얼마를 배당금으로 지급할 건지 최종 결정이 된다.

배당 지급일이란 실제로 배당금이 입금되는 날이다. 결산배당의 경우 다음 해 4월, 중간 배당의 경우 배당 기준일로부터 두 달 후쯤 배당이 지급된다.

❹ 배당 수익률 직접 계산하기

> 배당 수익률 =
> 한 주당 배당금 ÷ 매수한 주가 × 100

얼마에 주식을 매수했느냐에 따라 배당 수익률이 다르므로 직접 계산해 보기를 권한다. 특히 중간 배당이 있는 경우 얼마가 입금될지 확인하고 배당금을 어떻게 활용할지에 대한 계획을 미리 만들어 보자.

❺ 매수 후 실적 확인하기

어떤 기업에 배당주 투자를 하기로 결정하고 매수했다면, 그 후로는 분기별 또는 연도별로 회사의 이익과 배당금을 간단히 확인하면 된다. 그리고 일 년에 한 번은 최종 사업 보고서를 읽자. 회사의 이익이 안정적이면, 언젠가 주가도 오를 테고 매년 배당도 받으니 일석이조다.

반면, 회사가 적자이거나 이익이나 배당금이 줄어든다면 매도하고 다른 더 좋은 배당주를 찾아야 한다. 다시 회복될 수도 있지만 어쨌든 위험 요소가 있는 기업이기 때문이다.

트렌드를 알면
돈을 벌 수 있다

트렌드trend란 사상이나 행동 또는 어떤 현상에서 나타나는 일정한 방향을 뜻한다. 메가트렌드megatrend는 현대 사회에서 일어나는 거대한 조류를 이르는 말로, 미국의 미래학자 네이스빗의 저서 《메가트렌드》에서 유래했다.

매년 그 해를 주도하는 패션, 영화, 예능, 가수, 배우, 책, 문화 등이 있다. 이런 것들은 대중들이 어디에 돈과 시간을 많이 쓰는지 관찰하면 쉽게 알 수 있다. 무엇을 많이 보고, 듣고, 읽고, 사는지 보면 된다. 이와 같은 현상은 정책이나 산업에서도 나타난다. 이런 트렌드에는 대중의 돈이 몰리고, 투자자의 돈도 몰린다. 따라서 투자에 성공하려면 트렌드를 알아야 한다.

| 트렌드를 알 수 있는 세 가지 방법 |

❶ 국정과제

대통령이 새롭게 선출되면, 대통령직인수위원회에서 국정과제를 발표한다. '국정과제'라고 검색하면 '대한민국 정책브리핑' 사이트에 접속할 수 있다. 2022년 출범한 '윤석열정부 110대 국정과제'를 PDF로 다운받거나 바로 볼 수 있다.

〈그림 5-4〉 110대 국정과제 중 경제 분야

민간이 끌고 정부가 미는 역동적 경제 (26개)

04
경제체질을 선진화하여
혁신성장의 디딤돌을
놓겠습니다.

16. 규제시스템 혁신을 통한 경제활력 제고 | 국조실 🗗
17. 성장지향형 산업전략 추진 | 산업부 🗗
18. 역동적 혁신성장을 위한 금융·세제 지원 강화 | 기재부·금융위 🗗
19. 거시경제 안정과 대내외 리스크 관리 강화 | 기재부 🗗
20. 산업경쟁력과 공급망을 강화하는 新산업통상전략 | 산업부 🗗
21. 에너지안보 확립과 에너지 新산업·新시장 창출 | 산업부 🗗
22. 수요자 지향 산업기술 R&D 혁신 및 지식재산 보호 강화 | 산업부 🗗

05
핵심전략산업 육성으로
경제재도약을
견인하겠습니다.

23. 제조업 등 주력산업 고도화로 일자리 창출 기반 마련 | 산업부 🗗
24. 반도체·AI·배터리 등 미래전략산업 초격차 확보 | 산업부 🗗
25. 바이오·디지털헬스 글로벌 중심국가 도약 | 복지부 🗗
26. 신성장동력 확보를 위한 서비스 경제 전환 촉진 | 기재부 🗗
27. 글로벌 미디어 강국 실현 | 방통위·과기정통부 🗗
28. 모빌리티 시대 본격 개막 및 국토교통산업의 미래 전략산업화 | 국토부 🗗

06
중소·벤처기업이
경제의 중심에 서는
나라를 만들겠습니다.

29. 공정한 경쟁을 통한 시장경제 활성화 | 공정위 🗗
30. 공정거래 법집행 개선을 통한 피해구제 강화 | 공정위 🗗
31. 중소기업 정책을 민간주도 혁신성장의 관점에서 재설계 | 중기부 🗗
32. 예비 창업부터 글로벌 유니콘까지 완결형 벤처생태계 구현 | 중기부 🗗
33. 불공정거래, 기술탈취 근절 및 대·중소기업 동반성장 확산 | 중기부·공정위 🗗

출처 윤석열정부 110대 국정과제

국정과제는 정부의 핵심 전략 산업을 알려 준다. 핵심 산업으로 정했기 때문에, 예산을 많이 지원하고 규제 완화 등 산업하기 좋은 환경을 만들어 줄 확률이 높다. 또한 다른 선진국들이 나아가고자 하는 방향도 알 수 있다. 국정과제 경제 분야 중 특히 산업 부분을 알아 두면 큰 흐름을 아는데 도움이 된다.

❷ 경제 신문 및 트렌드 관련 도서

경제 신문을 보면 전 세계 경제, 산업, 기업에 대한 정보를 매일 쉽고 편하게 알 수 있다. 종이 신문을 구독해서 봐도 좋지만, 나의 경우 디지털 신문을 본다. 이동 시간 등을 이용해서 휴대폰으로 틈틈이 볼 수 있고 무료라 더욱 좋다.

네이버 앱에 접속하면 오른쪽 하단에 [뉴스·콘텐츠]라는 메뉴가 있다. 클릭하면 다양한 경제 신문이 나오는데, 자주 보는 신문을 선택하고 클릭해 보자.

〈그림 5-5〉 매일경제

나는 〈매일경제〉를 보는데 접속해서 메뉴를 오른쪽으로 넘기다 보면 [신문보기]라는 메뉴가 있다. 여기에서 종이 신문과 똑같은 구성과 순서로 A1면, A2면 등을 볼 수 있어서 좋다. 휴대폰 화면 오른쪽 하단에 점 세 개를 터치한 후 [홈 화면 추가]를 하자. 그럼 휴대폰 [홈] 화면에 〈매일경제〉를 바로 접속해서 볼 수 있는 아이콘이 생성된다.

기사를 보면 세상이 흘러가는 모습을 알 수 있다. 다만 주의할 점은 기사를 보고 성급하게 특정 종목을 매수하면 안 된다는 것이다. '악재에 사고, 호재에 팔아라'라는 말이 있다.

어떤 기업의 실적이 좋다는 기사가 나오면, 그때가 주가의 고점인 경우가 많다. 미리 그 기업의 주식을 모아 가다가 좋은 기사를 흘려보내서 개인 투자자들이 뒤늦게 몰려들면 매도를 하는 것이다.

정말 그 기업에 대한 확신이 있다면 상관없지만, 대부분의 개인 투자자들은 그런 장기적인 안목을 갖고 투자하지 않는다. 빨리 수익을 내고 싶어서 공부도 하지 않고 쉽게 매수하는 경우가 많기 때문에 하락하는 주가를 견딜 수 있는 힘이 없다. 호재 기사를 보고 덥석 주식을 매수하면 안 되는 이유다.

경제 신문은 일단 흐름을 알아가는 용도로 활용하자. 어떤 산업이나 기업에 대해 특히 관심이 생긴다면 그 산업·기업에 대한 긍정적인 기사, 부정적인 기사 모두 찾아보고, 실적과 앞으로의 발전 가능성을 꼼꼼하게 알아본 후 스스로 투자 판단을 내려야 한다.

매년 말이 되면 트렌드 관련 책들이 많이 출간된다. 《트렌드 코리아》를 필두로 해서 라이프 트렌드, 시니어 트렌드, 블록체인 트렌드 등 다양한 트렌드와 관련된 책들이 있다. 다 읽어 보기 힘들면 유튜브에

책 내용을 요약 정리해 놓은 영상들도 많으니 참고하자.

❸ 텐 배거 종목, 생활 속에서 찾기

텐 배거Ten Bagger란 투자자에게 10배 수익을 안겨 줄 대박 종목을 말한다. 1977년부터 1990년까지 13년간 운용한 마젤란 펀드로 연평균 29.2%의 수익률을 올린 미국 펀드 매니저 피터 린치가 사용한 용어다. 그가 출장 중에 딸과 아내와 쇼핑하면서 백화점이나 마트를 방문해 발굴한 종목들이 그에게 가장 높은 수익을 줬다고 한다. 그는 타코 벨(멕시칸 요리 프랜차이즈), 던킨 도너츠, 의류 회사 GAP 등을 생활 속에서 발견했다.

또는 일하고 있는 회사가 상장되었다면 그 기업부터 관심을 갖고 유심히 살펴보면 좋다. 회사가 속한 업무 현황이나 수주, 실적 등의 변화를 직원이 더 잘 알아챌 수 있기 때문이다. 여기서 조심할 점은 이미 주가가 많이 올랐는지 여부다. 내가 늦게 알아채서 그동안 이미 주가가 많이 올랐다면 그 기업에는 투자하면 안 된다. 아직 기업 가치 대비 주가가 덜 올랐을 때 종목을 발굴해야 수익을 얻을 수 있다.

| 성공 투자를 위한 매뉴얼 |

지금까지 미국 ETF로 하는 자산 배분 투자, 수익 실현용 투자, 배당주 투자, 성장주 투자에 대해 알아봤다. 처음 투자를 시작할 때부터 자기 상황에 맞게 투자 목적과 기간을 정하고 계좌를 여러 개 만들어서 자산을 운용하자. 자산 배분 투자는 최소 연 8% 수익률을 예측할 수 있다. 경제 위기를 기회 삼아 수익 실현용 투자를 하면 종자돈을 빨리 더 많이 모을 수 있다. 배당주 투자는 매년 배당금을 받을 수 있어서 좋다. 성장주 투자는 변동성이 크지만, 그 시기를 잘 넘기면 결국 높은 수익을 얻을 수 있다는 장점이 있다.

열심히만 한다고 성공하는 것이 아니다. 성공하는 사람은 좋은 전략을 갖고 있다. 전략을 바탕으로 인내심을 갖고 꾸준히 해야 한다. 이 책에서 다룬 전략들을 잘 활용해서 투자 성공 확률을 높이길 바란다. 평범한 사람이 따라 할 수 있는 쉽고 편한 방법이다.

이제부터 투자할 기업을 어떻게 골라야 하는지 기본적인 내용을 다룰 것이다. 최소 이 정도는 공부하고 개별 기업에 투자해야 한다.

기업의 자산,
부채, 자본 파악하는 법

기업이 돈을 버는 방법도 각 가정에서 투자를 통해 돈을 버는 것과 비슷하다. 예를 들어 어떤 사람이 5,000만 원을 모으고 대출을 1억 받아서 총 1억 5,000만 원으로 아파트에 갭 투자를 했다고 하자. 이때 모은 돈 5,000만 원을 자본, 대출 1억을 부채, 1억 5,000만 원을 자산이라고 한다. 1억 5,000만 원의 자산을 운영해서 수익을 창출하는 것이다. 기업도 자본과 부채를 합쳐서 만든 자산으로 사업을 해서 돈을 번다.

| 재무상태표란 |

〈표 5-4〉 재무상태표

자산	
· 유동 자산 　　 · 비유동 자산	
부채	**자본**(순자산)
· 유동 부채 · 비유동 부채	· 자본금 · 주식 발행 초과금 · 이익 잉여금

　　자산, 부채, 자본의 현재 상태를 알려 주는 것을 '재무상태표'라고 한다. 유동 자산은 일 년 내에 현금화할 수 있는 것으로 현금, 상품 재고나 판매 후 아직 돈으로 받지 못한 매출 채권 또는 예금 등 단기금융 상품 등을 말한다. 비유동 자산에는 금방 팔지 않을 금융자산, 공장, 땅 등 유형 자산, 기술 등 무형 자산 등이 있다.

　　부채는 은행에서 대출을 하거나 회사채를 발행해서 개인에게 투자금을 받는 것들이다.

　　자본에는 자본금, 주식 발행 초과금, 이익 잉여금이 있다. 자본금은 기업이 처음 주식을 발행해서 주주로부터 투자를 받은 돈이다. 예를 들어 액면가 5,000원에 발행된 주식 수를 곱하면 자본금이 된다. 그런데 이게 상장일에 10,000원에 팔렸다면 차액 5,000원에 주식 수를 곱한 만큼이 주식 발행 초과금이 된다. 이 기업이 사업을 해서 벌어들인 당기 순이익을 이익 잉여금이라고 한다.

기업은 사업을 통해 쌓은 이익 잉여금으로 공장도 사고 기술도 개발하는 등 사업에 재투자한다. 또한 주주에게 배당금을 주거나 자사주 매입, 무상증자 등을 통해 주주 환원 정책을 펼친다.

따라서 기업의 이익 잉여금이 많아야 앞으로 사업이 더 발전할 가능성이 높아지고, 그에 따라 주가도 오를 것이며 주주에게 나눠 줄 배당금도 많아진다. 기업에 투자하면, 주주는 주가 상승이라는 시세 차익과 배당금을 통해 기업의 사업 이익을 나눠 갖는다.

| 재무상태표 보는 법 |

〈그림 5-6〉 금융감독원 전자공시시스템

'전자공시'를 검색하면 '금융감독원 전자공시시스템' 사이트가 나온다. '공시통합검색'에서 삼성전자를 검색해 보자. 그럼 공시 자료가 많이 나오는데, 공시유형에서 '정기공시'를 체크한 후 검색하면 사업보고서들만 모아서 볼 수 있다. 상장된 기업들은 일 년에 네 번(3월, 6월, 9월, 12월) 보고서를 작성해야 한다. 12월에 작성한 보고서가 일 년 동안의 사업 내용을 총 정리한 것이다. 보고서는 작성일로부터 두세 달 후 볼 수 있다. '네이버 금융'에서 삼성전자를 검색하면 '전자공시' 메뉴가 있는데, 그곳에서도 확인이 가능하다.

〈그림 5-7〉 삼성전자 2021년 12월말 사업 보고서—요약재무정보	
구 분	제53기
	2021년 12월말
[유동자산]	73,553,416
· 현금및현금성자산	3,918,872
· 단기금융상품	15,000,576
· 매출채권	33,088,247
· 재고자산	15,973,053
· 기타	5,572,668
[비유동자산]	177,558,768
· 기타비유동금융자산	1,664,667
· 종속기업, 관계기업 및 공동기업 투자	56,225,599
· 유형자산	103,667,025
· 무형자산	8,657,456
· 기타	7,344,021
자산총계	251,112,184
[유동부채]	53,067,303
[비유동부채]	4,851,149
부채총계	57,918,452
[자본금]	897,514
[주식발행초과금]	4,403,893
[이익잉여금]	188,774,335
[기타]	△882,010
자본총계	193,193,732

출처 전자공시

자산, 부채, 자본이 얼마인지는 '전자공시'에 있는 '기업의 사업보고서—요약재무정보'에서 알아볼 수 있다. 또는 '네이버 금융'의 [리서치] - [종목 분석 리포트] 메뉴에서 지난 5년과 앞으로 3년간의 예측치를 볼 수 있다.

모르면 손해인
투자 지표 다섯 가지

기업의 자산이 어떻게 구성되어 있고, 그 자산으로 사업을 해서 주주에게 어떤 식으로 이익을 줄 수 있는지 앞에서 다뤘다. 이번에는 손익계산서와 다섯 가지 투자 지표에 대해 알아보자. 이 개념도 모르면서 기업에 투자하는 사람들이 너무나 많다.

| 손익계산서란 |

네이버 금융에서 '삼성전자'를 검색하면 〈그림 5-8〉과 같은 화면을 볼 수 있다. 이 표에서 제일 위에 있는 매출액, 영업이익, 당기순이익을 '손익계산서'라고 한다. 기업은 일단 상품을 판매해서 '매출액'을 얻는다.

여기에서 상품을 만드는데 사용한 매출원가, 판매·관리하는 데 필요한 판매비와 관리비를 빼면 '영업이익'이 나온다. 영업외 비용, 법인세 비용 등을 빼고 나면 최종적인 이익인 '당기순이익'이 된다. 이게 순수익인 셈이다.

그런데 이런 수치는 숫자가 커서 잘 와 닿지 않기 때문에, 주식 한 주당 기업의 가치를 편하게 알 수 있도록 다섯 가지 투자 지표(BPS, EPS, ROE, PBR, PER)를 만들었다. 하나씩 알아보도록 하자.

주요재무정보	최근 연간 실적			
	2019.12	2020.12	2021.12	2022.12(E)
	IFRS 연결	IFRS 연결	IFRS 연결	IFRS 연결
매출액(억원)	2,304,009	2,368,070	2,796,048	3,245,884
영업이익(억원)	277,685	359,939	516,339	621,293
당기순이익(억원)	217,389	264,078	399,074	480,574
영업이익률(%)	12.05	15.20	18.47	19.14
순이익률(%)	9.44	11.15	14.27	14.81
ROE(%)	8.69	9.98	13.92	14.95
부채비율(%)	34.12	37.07	39.92	
당좌비율(%)	233.57	214.82	196.75	
유보율(%)	28,856.02	30,692.79	33,143.62	
EPS(원)	3,166	3,841	5,777	6,949
PER(배)	17.63	21.09	13.55	8.29
BPS(원)	37,528	39,406	43,611	49,353
PBR(배)	1.49	2.06	1.80	1.17
주당배당금(원)	1,416	2,994	1,444	1,590
시가배당률(%)	2.54	3.70	1.84	
배당성향(%)	44.73	77.95	25.00	

| BPS, EPS, ROE, PBR, PER의 관계 |

BPS(Bookvalue Per Share, 주당 순자산) = 순자산 ÷ 주식 수
EPS(Earning Per Share, 주당 순이익) = 순이익 ÷ 주식 수

결국 투자할 때 기업에 대해 알아야 할 핵심은 순자산과 순이익이다. 순자산이 중요한 이유는 기업이 청산될 경우 부채를 먼저 상환하

고 남은 돈인 순자산을 주주에게 보유한 주식 수만큼 나눠주기 때문이다. 기업에 부채가 많고 순자산이 적었다면 주주에게 돌아올 몫이 적어지는 것이다. 순이익이 중요한 이유는 기업이 사업을 통해 벌어들인 돈 중 진짜로 기업의 이익 잉여금으로 쌓이는 돈이기 때문이다.

순자산과 순이익을 직관적으로 이해할 수 있도록 주식 수로 나눠서 한 주당 순자산과 순이익을 구한 것이 BPS(주당 순자산), EPS(주당 순이익)이다.

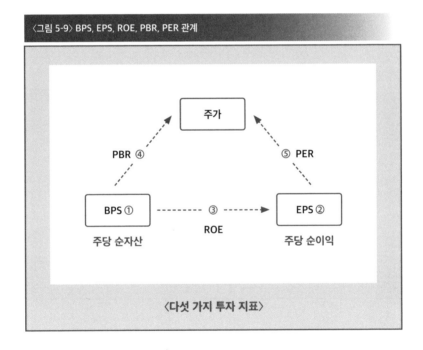

〈그림 5-9〉 BPS, EPS, ROE, PBR, PER 관계

〈다섯 가지 투자 지표〉

순자산(자본) 대비 순이익이 얼마인지도 중요하다. 기업이 효율적으로 일을 잘한다면 순자산 대비 순이익이 높을 것이다. 이걸 알려 주

는 지표가 ROERreturn On Equity, 자기 자본 이익률이다. 예를 들어 투자
자 A, B가 동일한 금액인 5,000만 원으로 투자를 했을 때 A가 1,000만
원의 순수익, B가 2,000만 원의 순수익을 얻었다면, A의 ROE는 20%,
B의 ROE는 40%이다. B가 투자를 더 잘한 것이다. ROE가 높을수록
일을 잘하는 좋은 기업이다.

ROE(Return On Equity, 자기 자본 이익률)
= 순이익 ÷ 순자산 × 100 = EPS ÷ BPS × 100

이제 마지막으로 중요한 지표 두 가지가 남았다. 현재 기업의 주가
가 자본, 이익 대비 몇 배인지를 알려 주는 지표인 PBR, PER이다.

PBR(Price to Book value ratio, 주가 순자산 비율) = 주가 ÷ BPS
PER(Price to Earning ratio, 주가 순이익 비율) = 주가 ÷ EPS

예를 들어 BPS(주당 순자산)가 1,000원인데 주가가 10,000원이라면
주가 순자산 비율인 PBR은 10이다. 즉 PBR이 10인 기업은 순자산 대
비 주가가 현재 10배라는 의미다. 〈그림 5-8〉을 보면, 2021년 삼성전
자의 PBR은 1.8로, 순자산 대비 주가가 1.8배라는 뜻이다. EPS(주당 순
이익) 500원, 주가가 10,000원이라면 주가 순이익 비율인 PER은 20이
다. 순이익 대비 주가가 현재 20배라는 것이다. 지금 이 기업을 인수하

면, 현재 순이익 기준으로 20년은 지나야 인수 자금을 회수할 수 있다고 해석할 수도 있다.

성장 기대감이 높은 회사인데 아직 순이익이 적은 기업의 경우 PER이 높다. 결국 PBR, PER은 현재 주가가 순자산, 순이익 대비 얼마인지 알려 주는 것으로, 그 기업에 대한 시장의 기대치, 산업 전망 등에 따라 정해진다고 볼 수 있다. 산업마다 평균 PER이 있으므로 기업의 PER과 그 기업이 속한 산업, 동종 업계 기업의 PER을 비교해 보면 좋다. 네이버 금융에서 볼 수 있다.

| 카페를 인수할 때 고려할 것들 |

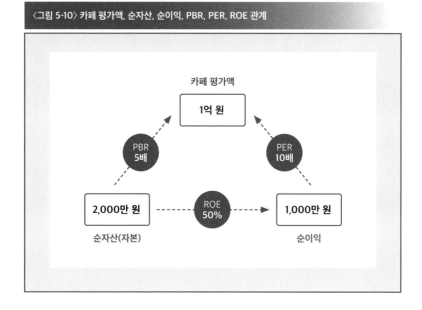

〈그림 5-10〉 카페 평가액, 순자산, 순이익, PBR, PER, ROE 관계

카페를 인수해서 사업을 한다고 가정해 보자. 인수하고 싶은 카페를 찾았는데 현재 평가액, 즉 인수할 때 지불해야 할 금액이 1억 원, 카페의 연 순이익이 1,000만 원이라고 한다. 현재 가지고 있는 순자산은 2,000만 원이다. 그럼 이 카페의 평가액은 현재 순자산 대비 5배, 순이익 대비 10배다. 순자산 대비 순이익은 50%가 된다.

매년 순이익 1,000만 원을 얻는다면, 10년 동안 카페를 운영해야 현재 평가액만큼 벌 수 있다. 카페를 인수해서 영업을 잘 해서 순이익을 2,000만 원까지 늘린다면, 5년 만에 평가액만큼 벌 수 있다. ROE가 100%까지 증가하는 것이다.

기업에 투자하는 것은 내가 사업을 할 카페를 인수하는 것과 같다. 기업의 현재 시가 총액이 카페의 평가액이다. 이렇게 생각하면 순자산, 순이익, PBR, PER, ROE가 좀 더 쉽게 이해될 것이다. 이 상황을 주식 한 주 기준으로 바꿔서 생각하는 것이 306쪽의 〈그림 5-9〉다.

잃지 않는
종목 선정 원칙 다섯 가지

주식 투자 방법은 다양하다. 같은 기업, 차트인데도 그걸 바라보는 관점이 모두 다르다. 그래서 자기만의 종목 선정 원칙, 투자 원칙이 있어야 한다. 성공 사례를 많이 읽고 연구해서 자기 성격과 상황에 맞는 것을 하나씩 정립해야 한다.

나의 경우 주식 투자 첫 해에는 단기 투자 위주로 공부했다. 대부분의 사람들이 처음 주식 투자를 시작하면 대부분 단기 투자를 하는데, 빠른 시간 안에 수익을 내고 싶기 때문이다. 거래대금, 거래량 많은 종목, 차트가 정 배열 우상향인 종목, 눌림목 매수, 테마주, 고점 돌파 종목 등의 투자를 했는데, 수익이 날 때도 있었지만 손실을 볼 때도 있었기 때문에 결과적으로 의미 있는 이익을 얻지 못했다.

주식 시장은 그렇게 호락호락하지 않다. 단기 투자로 성공하려면 많은 시간을 투입해야 하고 동물적인 감각이 필요하다. 매일 종목을 고르고, 지켜보면서 대응을 해야 하기 때문이다. 일 년 하면서 나에게는 맞지 않다는 생각을 했다.

나는 그렇게 발 빠르게 움직이질 못했고 매일 차트를 보면서 종목을 찾는 것과 대응하는 것이 번거로웠다. 이렇게 해서는 회사를 그만둘 수 없다고 생각했다. 다만 이런 과정을 게임처럼 생각하고 즐기는 사람에게는 좋은 투자법일 수 있다.

나는 이제 잃지 않는 투자, 편한 투자를 지향한다. 그동안 다양한 투자법을 적용해 보면서 내가 할 수 있는 투자, 나에게 맞는 투자를 찾은 것이다. 다음의 다섯 가지를 적용한다면 당신도 주식 투자로 돈을 잃을 확률이 줄어들 것이다. 돈을 잃지 않다 보면 어느 순간 수익이 난다. 물론 기다림과 인내가 필요하지만 투자를 하면서 마음이 편하고 수익도 얻을 수 있으니 이기는 게임이다.

❶ 좋은 기업을 싸게 사라

주식 투자로 돈을 벌려면, 결국 저평가된 종목을 싸게 사서 산 가격보다 비싸게 팔아야 한다. 기업이 앞으로 발전할 가능성이 있어야 하고, 내가 산 가격보다 주가가 올라야 한다. 일단 현재 꽤 오랜 시간 횡보하고 대중의 관심에서 소외된 것 중에 좋은 기업을 찾으면 안전하다. 현재 차트상 고점인 종목이 52주 신고가를 깨면서 계속 우상향 할 수도 있다.

하지만 주가라는 것은 기업 실적뿐만 아니라 심리도 반영되기 때문에 그것이 언제까지 지속될지, 얼마까지 오를지 정확히 예측하기 어렵다. 그래서 보유하고 있으면서도 불안할 수 있다. 이러다가 언제 하락할지 모른다는 마음에 하루에도 열두 번씩 증권사 앱에 접속하게 된다. 싼 것을 사면 마음이 편하다. 바닥에서 여유 있게 분할 매수를 하면서 차트가 정배열이 되고 전고점을 향해 가는 모습을 지켜보면서 수익을 실현하면 된다.

❷ 성장하는 기업을 사라

백화점에 쇼핑하러 가서 할인을 많이 한다는 이유로 덜컥 옷을 사고 집에 와서 후회한 경험이 있을 것이다. 나에게 어울리는 색상이 아니거나, 사이즈가 애매하거나, 집에 비슷한 옷이 있는데도 저렴한 가격에 혹해서 샀기 때문이다. 아무리 할인을 해도 정말 필요했고 나에게 어울리는 옷, 질 좋은 옷을 사야 후회가 없다.

주식 투자도 마찬가지다. 가격이 싸다고 아무거나 사면 안 된다. 앞으로 성장할 산업, 세상의 발전 방향에 맞는 업종을 선택해야 한다. 자본이 많고, 실적도 흑자인 좋은 기업을 골라야 한다. 그런 기업은 곧 제 가치를 평가받고, 그에 따라 주가도 오른다.

❸ 꼭 봐야 할 재무상태표, 손익계산서

앞에서 설명한 기업의 자산, 부채, 자본, 매출액, 영업이익, 당기순이익을 꼭 체크해야 한다. 사람들은 실거주 집을 살 때 여러 가지를 꼼꼼하게 살펴보면서 긴 시간 고민하고 신중하게 결정한다. 내가 가진 자본으로 살 수 있는 집 여러 개를 비교한다. 실제 살 집을 가 보고, 상환할 원리금도 계산하고, 대출할 은행도 고르는 등 심사숙고를 한다.

그런데 주식 투자할 회사를 고를 때는 그렇게 하지 않는 경우가 많다. 누가 좋다고 해서, 곧 오를 거라는 소문을 듣고, 주식 방송이나 유튜브나 신문 기사를 보고 쉽게 결정한다. 그래서 유독 주식하면 망한다는 이야기가 나오는 것이다. 잘 알아보지 않고 쉽게 매수하고 쉽게 팔기 때문에 수익을 얻기 어렵다.

❹ 주요주주 지분 현황

경제 위기와 변화는 반복된다. 그런 과정 속에서 살아남고 꾸준히 발전하려면 리더의 역할이 중요하다. 회사를 안정적으로 책임지고 경영하려면 최대 주주의 많은 지분이 필요하다. 최대 주주 지분이 적으면 적대적 M&A에 노출될 수도 있다. 적대적 M&A란 회사의 경영자가 회사를 매각할 의사가 없음에도 불구하고 회사를 원하는 매수자가 시장에서 지분을 매수하거나, 회사 지분 보유자를 설득하여 우호 지분으로 확보 후 인수하려는 움직임을 말한다.

또한 최대 주주의 지분이 많아야 주가부양이나 배당 등 주주 환원 정책에도 관심을 가질 것이다. 자신들도 회사 주식을 통해 점점 더 부를 축적할 수 있기 때문이다.

❺ 2~3년 보유할 수 있는 기업

워런 버핏의 스승인 벤저민 그레이엄의 주식 보유 기간이 2~3년 이라고 한다. 대략 그 정도 기간이면 보유했던 기업의 주가가 기업 가치에 수렴되어 주가에 반영된다고 한다. 내가 어떤 주식을 사자마자 오르고, 그런 일이 매번 반복된다는 것은 불가능하다.

오히려 그 반대로 진행될 확률이 더 높다. 따라서 저평가 종목을 찾았다면 2~3년은 분할매수로 모아 가면서 가치가 주가에 반영될 때를 기다려야 한다. 천천히 오르면 월급으로 계속 싼 값에 모을 수 있기 때문에 좋다. 잘 되길 응원하는 마음으로, 지속적으로 내 월급을 투자할 수 있는 기업을 찾아야 한다. 이렇게 하는 것이 바쁜 현대인들이 지속할 수 있으며 마음 편하고 안전한 투자 방법이다.

여유로운 마음으로 투자를 하다 보면, 경제 사이클상 주식 자체가 활황인 시기, 보유중인 기업의 업종이 투자자의 관심을 받는 시기가 무조건 온다. 안전하게 마음 편하게 그물을 내리고 있으면 수확을 반드시 얻을 수 있다. 다만 분기 사업 보고서, 뉴스 등을 체크해야 한다. 회사가 어떻게 일하고 있는지 실적은 어떤지 확인하면서 열매 맺는 때를 기다려야 한다.

주식 투자할 때 알아 두면 좋은 앱과 사이트

앞에서 아이투자, 네이버금융, 전자공시 사이트에 대해서 다뤘다. 그 외에 사용하기 편리한 앱과 사이트를 소개하겠다.

1. 증권플러스 앱

휴대폰으로 기업 정보를 알아 볼 때 '증권플러스' 앱을 자주 사용한다. 계좌를 개설하지 않아도 많은 정보를 편하게 확인할 수 있어서 좋다. 기업을 검색하면 상단에 분석, 요약, 재무, 기업, 배당 메뉴가 있다. [요약] 메뉴에서는 기업의 시가 총액, 업종, 홈페이지를 볼 수 있다. 특히 좋은 것은 시가 총액 순위를 알려 주는 것이다.

[재무] 메뉴에서 재무상태표와 손익계산서 최근 5년간을 볼 수 있다.

출처 증권플러스

[기업] 메뉴에서는 간단한 기업 코멘트, 매출 구성, 주요 주주 지분, 관계사 현황, 유통주식/외국인보유 정보, [배당] 메뉴에서는 배당

수익률, 주당 배당금, 배당 성향, 연간 배당 횟수, 배당금 계산, 배당 추이, 배당 이력 등을 볼 수 있다.

2. 한경컨센서스

'한경컨센서스'에 접속하면, 기업, 산업, 시장 등 분야별로 증권사 리포트를 무료로 볼 수 있다.

출처 한경컨센서스

3. 컴퍼니가이드

'컴퍼니가이드' 사이트도 활용하면 좋다. 사람들이 어떤 기업에 관심이 있는지 파악할 수 있다. 상단의 [리포트] 메뉴에서 리포트 동향, 요약 리포트를 주로 보고 있다.

출처 컴퍼니가이드

부의 삼각형 3단계 – 국내 주식

| 요약 정리 |

✔ 배당주 투자로 제2의 보너스를 받자

파이프라인은 많을수록 좋다. 수익형 부동산에서 월세를 받는 것
처럼 투자한 기업을 통해 배당을 받을 수 있다. 배당주에 투자하면, 주
가가 하락하더라도 배당은 꾸준히 받을 수 있기 때문에 현실적인 계획
이 가능하다. 심리적 안정감도 얻을 수 있다.

배당금을 받아서 생활비로 써도 되고, 재투자해서 복리 효과를 누
릴 수도 있다. 매출, 순이익, 배당금이 꾸준히 증가하는 기업을 찾아서
포트폴리오를 만들자. 이때, 배당 기준일, 배당 성향, 시가 배당률을 알
아야 한다. 그리고 일 년에 한두 번 정도는 투자한 기업의 이익, 배당금
을 확인해야 한다. 이익, 배당금이 줄어들면 매도하고, 다른 배당주를
찾아야 하기 때문이다.

✔ 잃지 않는 투자를 하자

1965년부터 워런 버핏의 연평균 수익률이 약 20%, S&P 500 지수의 수익률이 10%다. 개인 투자자들은 이 통계를 보고 현실적인 투자목표를 세워야 한다. 10~20% 정도를 목표로 투자하면 잃을 확률이 낮아진다. 큰 수익을 얻어서 빨리 부자가 되고 싶다는 욕심 때문에 투자에 실패한다.

현금의 가치는 물가 상승률만큼 매년 낮아진다. 힘들게 모은 월급으로 현금보다 더 나은 자산을 사 모으자. 처음 투자를 시작할 때 잃지 않는 것, 은행에서 받을 수 있는 예금 금리 그 이상의 수익을 얻는 것을 목표로 하자. 잃지 않다 보면 벌게 된다. 점점 더 많이 벌게 된다.

✔ 돈 잘 버는 기업을 괜찮은 가격에 인수하라

기업의 재무상태표와 손익계산서 보는 것에 익숙해져라. 기업의 상태를 파악할 수 있는 자료들이다. 순이익이 점점 증가하고, ROE가 높은 기업을 찾아야 한다.

결국 기업이 돈을 꾸준히 잘 벌어야, 주주에게 기업의 열매를 나눠 줄 수 있다. 주가 상승, 배당금 증가가 그것이다.

기업의 현재 PER, PBR을 그 기업의 10년간 평균과 비교해 보자. 또한 동종 업종의 PER, PBR과도 비교하라. 그럼 현재 주가가 비싼 상태인지, 매수해도 좋은 가격인지 판단할 수 있다.

좋은 기업을 괜찮은 가격에 매수했다면, 꾸준히 물을 주면서 그 기업의 가치가 시장에서 제대로 평가받을 때까지 기다리는 일만 남았다.

기업 분석 없이 고점에 사거나 종목을 잘 선정해 놓고도 기다리질 못해서 수익을 보지 못하는 개인 투자자가 대부분이다.

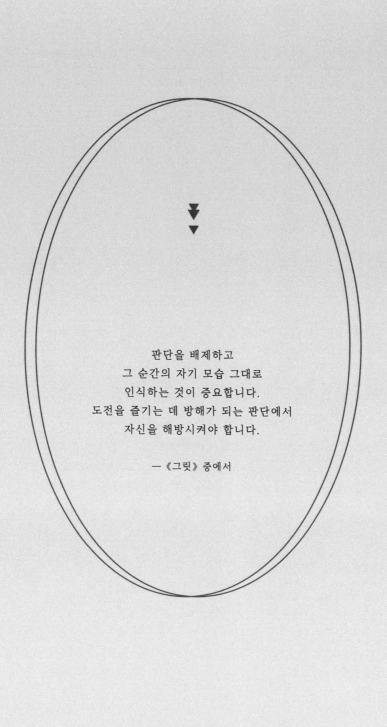

판단을 배제하고
그 순간의 자기 모습 그대로
인식하는 것이 중요합니다.
도전을 즐기는 데 방해가 되는 판단에서
자신을 해방시켜야 합니다.

—《그릿》중에서

▼

PART 06

평생 부자로 사는 인생, 이제 시작이다

단순하지만
확실한 성공 법칙

❶ 목표를 기록하라

어릴 때부터 나의 취미는 '독서와 상상, 기록하기'였다. 혼자 있는 시간에는 주로 책을 읽고, 내가 살고 싶은 인생의 모습을 마음껏 상상하면서 기록했다. 내가 했던 것들이 《시크릿》이라는 책에서 말하는 '끌어당김'이라는 것을 대학생이 되고 나서 알게 되었다.

나의 이런 취미는 취업·결혼·육아를 하면서도 지속됐다. 그리고 지금까지 내가 상상하고 기록했던 대부분이 현실이 됐다. 그저 우연일 뿐이라고 말하는 사람들도 있을 것이다. 하지만 이건 나만의 경험이 아니다. 성공한 사람들이 쓴 책을 읽어 보면 공통적으로 하는 말이다.

"목표를 기록하라. 그것이 이루어졌다고 생생하게 온몸으로 느

꺼라."

2008년 캘리포니아 도미니칸 대학교의 게일 매튜스 박사는 다양한 직업과 국적을 가진 267명의 실험 참가자를 선발해 실험을 했다. 그중 자신의 목표를 직접 적어 둔 사람은 그렇지 않은 사람보다 목표를 달성할 확률이 39.5%나 높았다고 한다.

왜 목표를 기록하면 이루어질 확률이 높아질까? 우리 뇌의 대부분은 잠재의식이 차지하고 있다. 목표를 지속적으로 기록하고, 읽고, 생각하면 목표가 잠재의식을 지배하게 된다.

자동차를 사야겠다고 생각하면 길거리를 지나갈 때 온통 자동차만 보인다. 다양한 자동차들을 보면서 나한테 어떤 자동차가 적합할지 고민한다. 온라인에서 정보를 수집하고 자동차 판매원들과 여러 번 상담도 한다.

이런 식으로 당신의 잠재의식에 프로그래밍 된 목표는 그와 관련된 정보를 수집하고 목표와 관련된 행동을 하게 만든다. 당신이 유튜브에서 어떤 영상을 보면 알고리즘이 그와 비슷한 영상을 추천해 주는 것과 비슷한 원리다.

지금 당장, 당신을 설레게 하는 원대한 목표를 꿈꾸고 기록하라. 종이에 적어서 잠들기 전, 잠에서 깨어난 후 소리 내서 읽자. 휴대폰에도 기록하여 부정적인 생각이 들고 힘들 때마다 읽어 보면 큰 도움이 된다.

특히 자신감이 없어지고 두려움을 느끼는 순간들이 있다. 그럴 때는 꼬리에 꼬리를 물고 부정적인 생각을 하게 된다. 머리로만 생각하지 말고 종이에 마구 끼적이면 생각 정리, 기분전환에 훨씬 도움이 된다.

하던 일을 덮고 좋아하는 음악을 들으며 산책하는 것도 효과적이다.

그리고 목표를 이루려면 어떻게 해야 하는지 방법을 찾자. 목표만 있다고 이룰 수 있는 것이 아니다. 무수히 많은 점이 모여서 선이 되듯이 당신의 행동 하나하나가 모여서 원하는 목표를 달성해 줄 것이다.

이때 지치지 않게 자신을 잘 돌보는 것이 중요하다. 특히 장기 목표는 쉽게 빨리 얻을 수 있는 것이 아니기에 지치기 쉽다. 휴식 시간을 확보하자. 사람마다 필요한 휴식 시간과 방법이 다르다. 목표를 향해 노력하는 시간과 휴식 시간의 균형점을 잘 찾아보길 바란다.

❷ '23 법칙'을 기억하라

자존감self-esteem(자아존중감)이라는 말을 자주 들어 봤을 것이다. 자존감이란 뭘까? 자신이 어떤 성과를 이루어낼 만한 유능한 사람이라고 믿는 마음, 인생의 역경에 맞서 자신의 능력을 믿고 자신의 노력에 따라 삶에서 성취를 이뤄낼 수 있다는 일종의 자기 확신이다. 객관적이고 중립적인 판단이라기보다 주관적인 느낌이다. 보통 어린 시절 양육자와의 관계가 자존감 형성에 많은 영향을 준다고 한다. 우리가 선택할 수 없었던 가정환경, 양육자와의 상호작용으로 자존감이 결정된다니 왠지 억울하다.

'갑자기 자존감을 왜 말하지?'라고 생각할 수도 있다. 하지만 자존감은 투자 성공에도 영향을 미친다. 스스로 판단하고, 결실을 맺기까지 자신을 믿고 지속할 힘이 있어야 하기 때문이다. 직접 결정하고 그에 따른 성공과 실패에 대한 책임을 져야 한다. 실패하더라도 다시 하면 된다, 결국은 성공한다는 긍정적인 태도가 중요하다.

만약 당신의 자존감이 높지 않다면 어떻게 해야 할까? 자존감은 후천적 노력으로 충분히 키울 수 있다. 내가 경험했기 때문에 확실하게 말할 수 있다. 그 방법을 소개하겠다.

하루에 최소 2시간씩 3년 동안 꾸준히 돈 공부를 하자. 내가 만든 '23 법칙'이다. 자기계발, 경제·경영, 투자 분야의 책과 경제 신문을 꾸준히 읽고, 예산을 세워 지출하고 많은 여유 자금을 확보하자.

편하게 갈 수 있는 길 말고, 본능을 거스르는 작은 목표를 정해서 열심히 하루를 살면 매일 성취감이 쌓인다. 그럼 자기 자신의 판단을 믿게 된다. 자신감이 생긴다. 지금 하나의 판단이 틀렸더라도, 다시 하면 된다고 스스로 격려하고 앞으로 나아갈 수 있는 힘을 얻게 된다. 아주 작은 것부터 성공 경험을 쌓아 나가면 높은 자존감을 갖게 되고, 투자에도 성공할 수 있다.

'1만 시간의 법칙'에 의하면 어떤 분야의 전문가가 되기 위해서 최소한 1만 시간 정도의 훈련이 필요하다고 한다. 1993년 미국 심리학자 앤더스 에릭슨이 발표한 논문에 처음 등장한 개념인데, 세계적인 바이올린 연주자와 아마추어 연주자 간 실력 차이는 대부분 연주 시간에서 비롯된 것이며, 우수한 집단은 연습 시간이 1만 시간 이상이었다고 주장하는 내용이다. 그 후 이 논문은 다른 수많은 논문과 저서에 인용될 정도로 심리학계에 큰 영향을 미쳤다.

나도 지난 10년간 긍정적인 생활 태도와 부자 마인드, 부동산·미국 주식·국내 주식 등 디테일한 투자 방법 공부에 하루 평균 최소 2시간 이상의 정성을 들였다. 이 시간을 계산해 보니 1만 시간을 넘었다. 그 시간 동안 많은 것을 알게 됐다. 고민하면서 실행했고, 실패와 성공을 통해 더 깊게 공부하면서 부족한 점을 보완했다.

그런 노력 덕분에 어느 정도 나에게 맞는 투자 방법을 찾았고, 주식 시장의 변동성에 조금은 더 의연한 태도를 갖게 됐다. 처음부터 1만 시간을 목표로 하면 지칠 수도 있다. 그래서 일단 '23 법칙'을 적용해 보길 바란다.

오래 지속하기 위해서 같은 목표를 가진 팀에 합류하는 것도 매우 좋다. 할 수 밖에 없는 환경을 만들고 목표를 선언하면 달성할 확률이 획기적으로 높아진다. 이때 다른 사람과 비교하면 안 된다. 비교는 자기 자신을 갉아 먹는 행위다. 인생은 길다. 모든 기준은 '어제의 나'다.

나에게 가장 필요한 부분을 목표로 삼고, 힘들 때는 조금씩 쉬어가면서 꾸준히 하다 보면 자존감도 높아지고, 풍요로운 부도 저절로 따라온다. 하루 2시간씩 3년이라는 노력도 하지 않으면서 쉽게 부자가 되려는 것은 욕심이다.

현재 나의 모습은 과거의 내가 했던 의사결정의 합이다. 나의 미래는 현재 내가 하는 선택과 행동에 달려 있다. 좋은 습관뿐만 아니라 나쁜 습관도 복리로 성장한다. 살아오던 방식대로 사는 건 편하고 익숙하지만, 아무런 변화도 없다.

나는 일하는 것만으로도 벅차고 여기까지가 최선이라고 생각하면 발전이 없다. 퇴근 후 집에 와서 소파에 누워 TV만 보는데 어떻게 더 나은 삶을 기대할 수 있겠는가.

최선의 범위를 조금 더 넓히자. '1%씩 더 노력해 보자'라는 삶의 태도를 가지면 내가 나 자신을 존중하고 신뢰할 수 있게 된다. 어떤 일을 하더라도 자신감이 생긴다. 학창 시절에 '내가 마음만 먹으면 공부를 잘할 수 있어'라고 말하는 친구들을 많이 봤다.

하지만 실제로 마음을 먹고 행동을 해서 공부를 잘하게 된 친구를 보지 못했다. 대부분의 사람들은 편한 것, 익숙한 것을 선택하고 그 대가로 길고 긴 노동자의 삶을 살아간다. 우리는 고통을 즐겨야 한다. 대부분의 사람들이 선택하지 않은 길을 선택하고, 행동해야 한다. 그러다 보면 물질적 풍요와 성공을 얻을 수 있다.

앞으로 펼쳐질 인생에 대한 기대감, 행복감, 높은 자존감도 저절로 따라온다.

나의 현실과 미래는 내가 만든다. 다른 사람의 시선과 외부의 사건으로 흔들리지 말자. 로마의 황제였던 스토아학파 철학자 마르쿠스 아우렐리우스는 이런 말을 했다.

"앞으로 이 규칙을 기억하라. 혹시라도 억울한 기분이 들려고 하면 '나는 불운해'라고 생각하지 말고, '이걸 잘 이겨내면 행운이 올 거야'라고 생각하라. 상처 느끼기를 거부하면 상처 자체가 사라진다."

문제가 생기고 힘들 때, 모든 걸 포기하고 싶을 때, 그것을 어떻게 생각하고 대처하는지는 전적으로 자신한테 달려 있음을 기억하자.

주식 투자자로 사는 것은
정말 멋진 일이다

투자를 단지 빠른 시간 안에 많은 수익을 얻는 것으로만 생각하면 힘들고 어렵게 느껴질 것이다. 조급한 마음 때문에 잘못된 선택을 하고 손실을 본 후 주식 시장을 떠난다. 마치 도박처럼 이거 아니면 저거에 배팅을 걸고 대박이 나기를 기다리다가 예상대로 흘러가지 않으면 괴로워한다. 나도 그런 순간들이 있었다.

이제는 '투자자'에 대해 이렇게 생각한다.

첫째, 투자자는 세상을 긍정적으로 바라보며 세상에 기여하는 사람이다. 투자자가 자기 자본을 기업에 빌려줬기 때문에 지금과 같은 발전(기차, 자동차, 기름·천연가스, 컴퓨터, 휴대폰, 친환경 재생 에너지, 의료 기술 발전 등)이 있었다.

기본적으로 이 세상이 점점 좋아질 것이라는 희망이 있기에 오랫동안 투자할 수 있다. 그렇게 하다 보면 투자를 통해 이익도 얻고 세상에 기여도 할 수 있다. 이런 삶의 태도는 시간이 흐를수록 빛을 발한다. 경제 위기가 와도 결국은 모든 것이 회복되고 오히려 더 좋아질 거라고 기대하며 산다는 것은 축복이다.

둘째, 투자자는 세상의 흐름을 알기 위해 끊임없이 공부하는 지성인이며 도전하는 사람이다. 현명한 투자를 하기 위해서는 많은 자료를 꾸준히 읽고 분석하고 판단해야 한다. 투자자는 경제 신문, 산업·기업 자료, 다른 투자자 의견, 다양한 분야의 책을 읽고, 사람들을 관찰하면서 빅데이터를 만들어 간다.

세월이 흐름에 따라 몸은 나이가 들어가지만 투자자의 뇌는 점점 더 발전하면서 좋은 판단을 내릴 수 있게 된다. 투자자는 변화하는 세상 속에서 새로운 흐름에 맞게 선택을 해야 한다. 그 선택은 틀릴 수도 있기 때문에 도전하는 인생이고, 그래서 지루하지 않고 즐겁다.

의학적으로 판단할 수 있는 능력이 사라질 때까지 자기 자신을 계속 업그레이드시킬 수 있다. 투자자의 경험은 절대 돈 주고 살 수 없다. 긴 시간 여유로운 마음으로 투자하면 누구나 큰 수익을 얻고 부자로 살 수 있다.

얼마 전 '로널드 제임스 리드'라는 투자자에 대한 기사를 읽었다. 깨달은 것이 많아 그 내용을 소개하려 한다. 그는 1921년 미국 버몬트주의 가난한 농가에서 태어났다. 가족 중 최초로 고등학교를 졸업했는데, 고등학교까지 매일 6.4km를 히치하이킹해서 다녔다고 한다.

리드는 25년간 주유소 정비사로 일했고, 17년간 JC페니 백화점에서 일 년 단위 파트타임 청소부로 근무했다. 그는 2014년 92세의 나이로 숨을 거뒀다. 이렇게 지극히 평범한 그가 어떻게 뉴스 헤드라인에 나오게 됐을까. 그건 바로 그가 남긴 재산 때문이다.

재산의 대부분이 주식이었는데 약 800만 달러(약 100억 원)였다. 유언장에는 의붓자식에게 200만 달러, 지역 병원과 도서관에 600만 달러를 준다고 작성되어 있었다. 2014년에 죽은 미국인 중 순자산이 800만 달러가 넘은 사람은 0.14%라고 한다. 정비사, 청소부였던 그가 어떻게 자산 상위 0.14%에 속하게 됐을까?

그는 평소에 검소한 생활을 했고, 아침에 카페에서 커피 한잔과 땅콩 머핀을 먹고 일했으며, 정기적으로 도서관에 가서 책을 읽는 등 단순하고 반복적인 일상을 살았다고 한다. 800만 달러를 만드는 데 별다른 행운은 없었다. 일하면서 받은 적은 월급으로 39세부터 50여 년간 우량 주식에 투자한 것이 전부다. 처음 투자를 시작한 돈이 260만 원이다. 그 260만 원과 매월 받았던 월급의 일부로 50년 동안 주식을 모으니 800만 달러가 된 것이다.

투자자로 산다는 것이 그렇게 복잡하고 어려운 것이 아님을 리드의 인생을 통해 알 수 있다. 우리는 그의 인생에서 두 가지 교훈을 배울 수 있다.

첫째, 개인투자자가 부자가 되려면 오랜 시간 동안 투자를 지속하며 복리 효과를 누려야 한다. 둘째, 부자가 되기 위한 선순환 루틴을 가져야 한다. 검소한 생활을 통해 최대한 투자금을 늘려야 하고, 꾸준히 독서를 하면서 세상 돌아가는 것을 알아야 한다.

누구나 부자가 될 수는 없다. 하지만 이 원리를 깨닫고 투자를 반복하는 사람은 부자가 될 수 있다. 시간은 남녀노소, 직업, 국가, 재산에 상관없이 모두에게 공평하게 주어진다. 이 시간을 노동자로만 살 것인지 투자도 병행하는 자본가로 살 것인지의 선택은 오롯이 당신의 몫이다.

투자에 성공하는 것, 멘탈 관리가 전부다

　부동산이든 주식이든 계속 오르기만 하는 자산은 없다. 경기 사이클은 회복기(반등), 활황기(절정), 후퇴기(안정), 침체기(수축) 이렇게 4단계를 반복하고 그에 따라 자산의 가격도 변한다. 이때 중요한 건 자산의 가치는 변하지 않는다는 것이다. 예를 들어 경제 위기 때문에 어떤 기업의 주가가 50%가 떨어졌어도 그 기업이 여전히 돈을 잘 번다면 기업의 가치는 유효하다. 주가가 50% 떨어진 이유는 그 기업의 가치가 훼손된 것이 아니라 거시 경제가 좋지 않아서다. 이렇게 자산의 가격과 가치는 다르다. 우리는 좋은 자산을 가져야 한다.

　원래 자산 가격은 변덕스럽게 움직인다. 자산을 보유한 상태에서 하락기·침체기가 왔다면 침착하게 기다리면 된다. 경제학자, 기자, 증권사 애널리스트들은 매일 경제와 기업에 대해 말하는 것이 그들의 일이다. 그런 내용들을 접하고 일상이 힘들 정도로 멘탈이 흔들리면 안된다.

결국 자산 시장은 우상향한다. 역사적으로 물가 상승률보다 자산 가격 상승률이 높았다. 자산을 보유한 사람들은 황금알을 낳는 거위를 갖고 있는 것이다. 그 거위는 시간이 흐를수록 점점 더 일을 잘 한다. 그런데 사람들은 당장 더 많이 빨리 내놓으라고 재촉하고, 거위가 아파서 일을 못할 때 배를 갈라 버린다. 그리고 다시는 거위를 갖지 않겠다고 잘못된 판단을 내리고 마음이 떠나 버린다.

자산 가격은 내가 마음이 급하다고, 간절하다고 해서 금방 상승하지 않는다. 철저히 수요와 공급의 법칙으로 움직인다. 마음이 떠났던 자본을 가진 투자자들이 다시 관심을 갖고 모여 들어야 가격이 상승한다.

투자하면서 흔들리지 않는 강한 멘탈을 가지려면 어떻게 해야 할까?

첫째, 스스로 공부해서 투자할 자산을 골라야 한다. '아는 만큼 보인다'라는 말이 있다. 투자할 때도 공부한 만큼 보인다. 충분히 연구해서 투자하면 불안하지 않다. 시간을 들여서 조사하고 분석하는 과정을 거치면서 스스로 확신이 생기기 때문이다. 다른 사람을 따라서 매수하면 거의 실패하는 이유가 바로 확신이 없어서다. 그 자산을 왜 샀는지, 얼마에 사서 얼마에 파는 것이 적당한지를 모르니까 불안하다.

책, 강의, 유튜브에 투자 공부에 도움될 만한 유익한 자료가 정말 많다. 그런데 현명하게 활용해야 한다. 결국 어디에 투자할지는 반드시 혼자서 결정해야 한다.

둘째, 투자 목적과 기간을 미리 계획해서 투자하자. 수익을 실현해서 돈을 확보하는 것, 장기로 보유하는 것 중 어떤 것이 목적인지를 분명히 하자. 몇 년 안에 수익 실현이 목표라면 사이클을 나름대로 판단해서 안전한 시기에 집중 투자를 해야 한다. 장기 보유가 목적이었다면 경기 사이클 상관없이 흔들림 없이 처음 계획대로 보유를 해야 한다.

전자의 경우 시장이 예상과 다르게 흘러가서 수익 실현이 어려워질 수 있기 때문에 반드시 여유 자금으로 투자해야 한다. 무리한 대출을 삼가고, 원리금 상환이 가능한 범위 내에서만 투자해야 한다. 손절할 것인지 상황이 돌아올 때까지 보유할 것인지도 정해서 투자를 시작하는 것이 좋다.

후자의 경우 자산 가격이 하락하는 상황을 지켜보는 것이 힘들 수 있다. 그래도 처음에 그렇게 하기로 마음먹었기 때문에 그대로 실행을 해야 한다. 그런 과정들 속에서 점점 더 성숙해지고 현명한 투자자가 된다고 생각한다.

앞으로 투자할 수 있는 시간은 많다. 당장은 기대처럼 자산 가격이 상승하지 않을 수 있다. 초조하면 지는 것이다. 인내심을 갖고 투자를 하면, 끝내는 최고의 결과를 얻을 수 있다.

유럽 증권계의 전설, 앙드레 코스톨라니는 말했다.

"주식 투자를 통해 최소한 두 번 이상 빈털터리가 된 사람이 아니라면 투자자라는 말을 들을 자격이 없다. 나 역시도 불행한 경험이 수도 없이 많았다."

셋째, 투자자의 무기는 첫째도 둘째도 경험이다. 경험이 쌓이면 단단한 멘탈을 가질 수 있다. 큰 위기와 손실도 겪어 봐야 내가 한 선택에 대해 진지하게 다시 공부하고 분석하게 된다. 이런 과정을 오랜 시간 차분하게 겪어 내면, 비로소 우리는 상위 1%의 통찰력과 부를 거머쥘 수 있게 된다.

자산 시장이 좋지 않아서 자꾸 가격을 확인하게 되고 마음이 우울하다면, 거리를 두고 약간 떨어져 지내는 것도 멘탈 관리에 도움이 된다. 다양한 분야의 독서, 명상, 산책, 유산소 운동, 기록을 하면 좋다. 이도 저도 다 귀찮을 때는 재미있는 드라마나 예능프로그램을 시리즈별로 정주행하는 것도 추천한다.

위기는 반드시 온다. 투자 중에 이 위기를 온몸으로 맞게 된다면 이럴 때 투자의 대가들은 어떤 선택을 할지 생각해 보자.

위기가 와서 무섭고 불행하고 우울해 할까? 아니면 여유 있는 마음으로 지켜보면서 좋은 자산을 더 매수하려고 할까? 당장의 위기보다 그 너머를 보길 바란다. 이 위기가 영원할까? 물가, 금리가 영원히 오르고, 자산 가격은 영원히 하락할까? 조금만 다르게 생각해 보길 바란다. 생각과 행동이 반복되면 큰 차이를 만들어 낸다.

찰리 멍거의 말을 기억하자.

"엄청나게 똑똑할 필요는 없다.

단지 다른 사람보다 아주 조금 더 현명하라.

단, 평균적으로, 장기적으로, 아주 긴 시간 동안."

평생 부자로 사는 인생, 이제 시작이다

| 요약 정리 |

✔ 자기 자신을 믿어야 한다

어떤 부동산을 살지, 어떤 기업에 투자할지 최종 결정은 투자자의 몫이다. 유료 리딩방, 카페, 유튜브, 오픈 채팅방, 종목 토론실 등에서 얻은 정보로 하는 투자는 성공하기 어렵다. 한두 번은 우연히 수익을 얻을 수도 있지만 지속적으로 얻기는 어렵다. 다른 사람이 주는 정보로 부자가 될 수 있다면 가난한 사람들보다 부자 수가 훨씬 많아야 한다. 다양한 정보를 참고할 수는 있다. 하지만 거기에 왜 투자를 하는지 그 근거를 말할 수 있어야 한다. 이런 과정을 거쳐야 실패하더라도 다시 시작할 수 있다. 스스로 선택하고 그 선택에 대해 책임지는 과정을 반복할 때 점점 더 현명한 투자자가 된다. 자신에 대한 믿음이 생긴다.

✓ 부자가 되는 것은 어렵지 않다

투자의 본질은 현금보다 더 좋은 자산을 사서 보유하는 것이다. 그 자산의 가치가 시장에 온전히 반영될 때까지 기다렸다가 열매를 얻으면 된다. 시시각각 변하는 자산의 가격보다 자산의 가치에 집중해야 한다. 경제 위기가 와서 자산 가격이 하락한다면 그때가 더 매수할 기회임을 기억하라. 반복되는 위기와 성장을 겪다 보면 단단한 멘탈을 갖게 된다. 나이가 들수록 점점 더 현명한 투자자가 되는 것이다. 얼마나 멋진 일인가. 부자가 되는 것은 어렵지 않다. 방법을 알았다면 이제 시작하기만 하면 된다. 시작하기 두렵고 귀찮아서 결정을 미루는 당신의 습관이 가장 큰 문제다. 그래서 소수의 사람이 대부분의 부를 독차지하고 있는 것이다. 이제 머리로만 계산하는 걸 멈추고, 행동을 해야 한다. 또한 긍정적이고 낙관적인 시선으로 세상을 바라보길 바란다. 결국 낙관론자가 승리한다.

부자 로드맵
5일 완성 액션 플랜

▼

▼

▼

MONEY

TRIANGLE

부자 로드맵
5일 완성 액션 플랜

▼

여기까지 책을 읽은 사람은 많지 않을 것이다. 이 책을 끝까지 읽었다는 것만으로도 앞으로 부자로 살 확률이 높아졌다. 왜 그럴까?

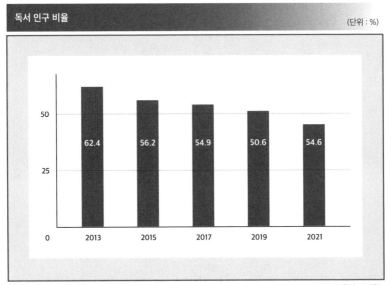

독서 인구 비율 (단위 : %)

출처 통계청

앞 그림은 독서 인구 비율이다. 독서 인구란 일 년에 책을 한 권 이상 읽은 사람을 말한다. 2021년 우리나라 만 13세 이상 1인당 평균 독서 권수는 7권이다. 매년 독서 인구와 1인당 평균 독서 권수가 줄어들고 있다. 소수의 사람만이 텍스트를 읽고 해석해서 자기의 것으로 만들 수 있다. 이런 경제 서적을 읽는 사람의 수는 더 적다. 그래서 끝까지 이 책을 읽은 것만으로도 부자로 살 확률이 높아졌다고 말한 것이다. 다른 사람들이 어려워하는 걸 오히려 더 열심히 하면 성공한다.

여기서 부자가 될 확률을 더 높이고 싶다면 무엇을 하면 될까. 책 내용을 바로 적용해서 사소한 것 하나라도 행동을 하면 된다. '나중에 해야지'는 없다. 당장 해야 한다. 빠른 시일 안에. 그래서 〈부자 로드맵 5일 완성 액션 플랜〉을 만들었다. 이대로 5일 동안 하면 많은 것을 얻을 수 있다. 상위 1%의 사람이 될 수 있다.

✓ 1일차 | 수입과 지출 내역 점검하기

부자가 되기로 결심했다면 무조건, 가장 먼저 이 단계를 거쳐야 한다. 현재 상황을 명확하게 알아야 목표를 세울 수 있다. 솔직하게 작성해 보자. 일 년 세후 수입에서 지출을 빼면 얼마인가? 수입보다 지출이 커서 신용대출을 사용 중인 사람들도 많다. 어떤 지출을 얼마까지 줄일지 정하자. 69쪽을 참고해서 수입과 지출 내역을 작성해 보자. 최대한 투자금을 많이 만들어야 한다. 결혼을 했다면 부부가 경제 상황을 공유하고 통장을 합치는 것을 적극 추천한다. 그래야 새는 돈을 막을 수 있어서 종자돈이 더 빨리 모인다. 같은 목표를 가진 팀이 되길 바란다.

✔ 2일차 | 목표 기록하기

❶ 저축 목표 세우기

일 년 동안 모을 저축 금액을 정하자. 이걸 먼저 정해서 월급을 받으면 바로 다른 통장에 입금을 해 놓자. 요즘엔 파킹 통장이나 증권사 CMA에서 일 복리 2~3% 이자를 준다. 이런 통장을 잘 활용하자. 부자로 가는 첫 걸음은 일단 저축이다. 어느 정도 의미 있는 종자돈을 모아야 투자가 가능하다.

❷ 체크카드 만들기

일 년 저축액을 정하면 매월 소비할 수 있는 금액이 나온다. 처음에는 목표에 맞게 지출을 통제하는 게 어렵다. 이때 체크카드를 활용하면 좋다. 식료품 구입, 외식비, 생활 물품 구입 등 체크카드로 사용할 항목을 정하자. 일주일 단위로 입금해서 사용하면 성공 확률이 높아진다.

✔ 3일차 | '4% 룰'로 은퇴 자금 계산하기

현실적인 일 년 총 생활비 예산을 작성해 보자. 너무 타이트하게 예산을 잡으면 실패한다. 예비비를 고려해야 한다. 1년 생활비에 25를 곱해 보자. 그 금액이 당신이 모아야 할 은퇴 자금이 된다.

예) 일 년 생활비 6,000만 원 ⇨ 은퇴 자금 6,000만 원 × 25 = 15억 원

✔ 4일차 | 은퇴 자금을 어떻게 만들 것인지 계획하기

마감 기한과 금액을 설정하라.

'앞으로 10년 동안 실거주 집 외에 15억을 모으겠다.'

그 다음 15억을 만들기 위한 구체적인 방법을 생각해야 한다. 부동산, 미국 주식, 국내 주식 투자의 큰 그림을 그려 보자. 목표는 실거주 집, 15억 이상의 순자산과 현금흐름이다.

성장주, 배당주, 채권, 원자재 투자, 달러 등의 비율을 정해서 포트폴리오 비주얼라이저로 모의 투자를 해 보자. 10년 동안 15억을 만들려면 어떻게 투자를 해야 할지 수치화해야 한다.

현재의 수입으로 계획이 불가능하다면 수입을 늘릴 방법도 생각해 보자. 당신이 현재 하고 있는 일과 연관된 일을 부업으로 하면 에너지 소모가 작으면서 추가 수입을 얻을 수 있어서 좋다. 요즘은 투잡으로 배달도 많이 한다.

상상만으로도 행복한 목표를 세우고, 그걸 달성할 방법을 찾아야 한다. 현재와 똑같이 살면서 더 나은 미래를 기대할 수는 없다. 목표를 정하고 거기에 맞춰서 살아야 한다.

✔ 5일차 | 미국 ETF VOO 한 주 매수하기

263쪽을 보고 계좌 개설부터 한 주 매수까지 해 보자. 미국 주식 투자에 대한 두려움이 사라지고 자신감이 생길 것이다. 자수성가한 부자들 중 처음부터 몇 십억, 몇 백억을 번 사람은 한 명도 없다. 그들도 처음엔 0원에서 시작했다는 것을 기억하자.

현금을 모아서 일 잘 하는 자산을 사자. 5,000만 원 정도 모아서 부동산을 사고 주식을 사는 경험을 통해 돈 그릇이 점점 커진다. 돈은 모여 있기를 좋아하고, 부자가 될 사람을 알아본다고 한다. 일해서 버는 돈도 소중하다. 하지만 당신의 자산이 함께 일하면 돈이 불어나는 속도가 빨라진다. 자산을 사는 경험, 그 첫걸음을 지금 당장 떼길 바란다.

모든 것은 작은 행동
하나에서 시작된다

신혼 때 부자가 쓴 책을 많이 읽었다. 특히 《부자 아빠 가난한 아빠》를 읽고 신선한 충격을 받았었다. 투자자, 사업가로 살아야 부자가 될 수 있다는 것을 깨달았다. 그래서 일단 내가 할 수 있었던 종자돈 모으기와 독서하기를 꾸준히 했다. 그 결과 내 생각보다 훨씬 빠른 시기에 퇴사를 할 수 있었다.

퇴사 후에는 취미 삼아 블로그를 시작했다. 시작 전에는 할까 말까 고민도 했었다. 익숙하지 않은 영역이기에 너무 많은 시간과 에너지를 뺏길 것 같아서 고민했다. 그러다 결국 하는 쪽을 선택했다. 해보지도 않고 머리로만 계산하면 나중에 후회할 것 같았다. 그때의 내 선택은 지금 나에게 새로운 인생을 선물로 줬다.

블로그 덕분에 책도 쓰고, 학교에서 경제 금융 교육도 하게 됐다. 또한 '리치맘 라이프' 유튜브 채널과 평생교육원 '리치맘 라이프 아카데미'도 운영하고 있다. 이제는 학교 수학 선생님이 아닌 전 국민의 경제 선생님이 된 것이다.

유튜브를 시작해야겠다고 생각했을 때도 길게 고민하지 않았다. 나는 고민하는 시간이 짧고 행동으로 빨리 옮기는 편이다. 그리고 어떤 분야에 관심이 생기면 일단 관련 책을 많이 읽는다. 유튜브 도전을 결심하고 이틀 동안 유튜브 책 6권을 읽었다. 그리고 8일 만에 첫 영상을 올렸다. 삼각대에 휴대폰을 올려 놓고 촬영했다. 조명도 없었고 편집할 줄도 전혀 몰랐다. 무언가 새로운 도전이 하고 싶으면 일단 시작하고, 진행하면서 부족한 점을 공부하고 보완해 가면 된다. 완벽하게 준비한 후 시작하려고 하면 결국 도전하지 못한다.

첫 시작은 누구나 미약하고 보잘 것 없다. 두려움 그 자체다. 가 보지 않은 길이기 때문이다. 하지만 할까 말까 고민될 때는 하는 편이 좋은 것 같다. 실패하더라도 잃는 것보다 얻는 것이 더 많기 때문이다. 두려움을 회피하지 않고 실행했다는 뿌듯함, 노력하는 과정에서 느꼈던 몰입의 즐거움, 앞으로 또 도전해 보고 싶다는 자신감 등. 실패한 경험은 허무하게 사라지는 것이 아니라 그 사람의 자양분이 된다.

성공도 습관이다. 그냥 일단 해 보자며 단순하게 생각하면 된다. 그런 하루하루가 쌓이면 작은 성공을 경험하게 되고, 점점 더 많이 성공하는 사람이 된다. 꼭 눈에 보이는 성공이 아니어도 괜찮다. 성과를 목표로 하면 엄청난 노력을 투입할 수 있는 원동력이 되기도 하지만, 그것이 너무 지나치면 마음이 힘들고 지치는 순간이 온다. 내 예상과 다르게 실패했을 때 실망감도 크다.

　그래서 나는 목표와 목적을 분리해서 생각한다. 목표는 구체적으로 설정한다. 하지만 그것보다 중요한 것은 삶의 목적이다. 목적은 수치화하지 않는다. '어제의 나보다 성장하는 사람, 세상에 도움이 되는 사람이 되자' 이것이 내 삶의 목적이다. 그럼 결과에 덜 연연하게 된다. 나를 더 성숙하고 멋진 사람으로 만들고 싶어서 독서도 하고 글도 쓰고 꾸준히 노력하면서 사는 것이다. 이 책을 끝까지 읽었다면 아주 사소한 것 하나라도 실천하길 바란다. 한 개를 시작하면, 두 번째, 세 번째 실천은 훨씬 더 쉽다.

　책을 읽고 행동하는 사람은 10명 중 1명이라고 한다. 9명은 해보지도 않고 책을 비판하거나 행동하지 않을 핑계를 만든다. 아니면 '음, 좋은 내용이네' 감상만 하거나. 나는 당신이 9명이 아닌 행동하는 그 한 명이 되면 좋겠다. 투자자로 살면 얻을 수 있는 열매가 너무나 풍성하기 때문이다.

　내가 생각하는 경제적 자유를 한 문장으로 요약한다면 '돈의 자유, 시간의 자유, 공간의 자유'이다. 돈 때문에 나의 소중한 시간을 내어 주지 않아도 되고, 있고 싶은 공간에 머물 수 있다. 나는 이제 하고 싶은 일만 할 수 있고, 만나고 싶은 사람만 만날 수 있다. 내가 원하는 것을, 원하는 시간에, 좋아하는 사람과 함께할 수 있다는 것이 정말 감사하다. 돈이 많다고 모두 행복한 것은 아니다. 다만 사람에게 자유를 주는 것은 확실하다.

　당신도 충분히 경제적 자유를 이룰 수 있다. 부자로 살 수 있다. 올바른 방향을 알고, 오랫동안 지속하면 된다. 자기 자신을 믿고, 원대한 목표를 세우길 바란다. 그렇게 했을 때, 온 우주가 당신을 도와주고 있다는 것을 경험하게 될 것이다. 우주에 떠다니는 돈은 어마어마하게 많다. 그 돈을 당신에게로 끌어당기길 바란다. 그리고 당신이 받은 축복을 세상으로 흘려보내고 나누는 기버giver가 되면 좋겠다. 선한 부자가 많아지는 세상, 그게 내가 꿈꾸는 세상이며 나의 비전이다. 나는 여러모로 아직 많이 부족하다. 그래서 이 책을 읽은 분들과 같이 성장해 나가고 싶다. 많은 사람과 가치를 공유하며 사회에 공헌하는 멋진 인생을 꿈꾼다. 반드시 그렇게 될 것이다.

나에게 새로운 인생을 선물로 주신 하나님과
사랑하는 나의 동반자 남편과 아이들에게 이 책을 바칩니다.

부의 삼각형

펴낸날 초판 1쇄 2022년 11월 17일
 6쇄 2024년 12월 3일

지은이 권은진

펴낸이 강진수
편 집 김은숙, 설윤경

인 쇄 (주)사피엔스컬쳐

펴낸곳 (주)북스고 **출판등록** 제2024-000055호 2024년 7월 17일
주 소 서울시 서대문구 서소문로 27, 2층 214호
전 화 (02) 6403-0042 **팩 스** (02) 6499-1053

ISBN 979-11-6760-037-0 03320

책 출간을 원하시는 분은 이메일 booksgo@naver.com로 간단한 개요와 취지, 연락처 등을 보내주세요.
Booksgo는 건강하고 행복한 삶을 위한 가치 있는 콘텐츠를 만듭니다.